GOLDMANN
RATGEBER

Buch

Die Gefahr ist groß, daß wir vor lauter Betriebsamkeit und Hektik gar nicht mehr wissen, was wir uns vom Leben erwarten, was wir verwirklichen wollen, warum wir leben. Nur wer sein Schicksal selbst in die Hand nimmt und sein Leben sinnvoll gestaltet, vermag das eine wie das andere in seinen Höhen und Tiefen zu meistern. Für jeden Menschen geht es darum, seine Begabungen zu entdecken und in den Dienst konkret gesteckter Ziele zu stellen. Die Entfaltung der Fähigkeiten gelingt allerdings kaum auf den eingeschliffenen Bahnen risikolosen Sicherheitsdenkens. Deshalb lohnt es auf jeden Fall, sich aus der Alltagsroutine zu lösen und sich neuen, faszinierenden Erfahrungen zu stellen.
Wer die Ratschläge des Autors beherzigt, wird mit all den unvermeidlichen Widrigkeiten leichter fertig, wird der Fülle des Lebens und seiner Chancen gewahr und sein Schicksal erfolgreich gestalten.

Autor

Professor Dr. Heinz Ryborz wurde 1935 in Berlin geboren. Er studierte Naturwissenschaften, Psychologie und Philosophie und lebt heute in Gummersbach.
Im Goldmann Verlag liegen noch folgende Bücher von ihm vor:

Die universellen Kräfte Ihrer Psyche (10929)
Die Kunst, zu überzeugen (10963)
Die Kunst, Ihr Leben zu meistern (10941)
Jeder kann es schaffen (10440)
Lebe besser, lebe gern (13509)
Wer ist dein Freund? Wer ist dein Feind? (10358)

HEINZ RYBORZ

Das Abenteuer, sinnvoll zu leben

GOLDMANN VERLAG

Der Goldmann Verlag
ist ein Unternehmen der Verlagsgruppe Bertelsmann

Made in Germany · 9/90 · 1. Auflage
Genehmigte Taschenbuchausgabe

Umschlaggestaltung: Design Team München
Umschlagfoto: ZEFA-Stockmarket, Düsseldorf
Druck: Elsnerdruck, Berlin
Verlagsnummer: 10499
DvW · Herstellung: Sebastian Strohmaier
ISBN 3-442-10499-8

Meiner Mutter
gewidmet

Inhaltsverzeichnis

Kapitel 1

Was Sie aus Ihrem Leben machen können

1. Das Bedürfnis, dem Leben einen Sinn zu geben

Das Lied des Milchmanns im Musical *Anatevka* beginnt mit den Worten: »Wenn ich einmal reich wär' . . .« Reich zu sein – wer wünschte sich das nicht? Und warum? Im tiefsten Herzen glaubt und hofft man, dann leichter ein Leben in eigenem Sinn führen zu können.

Haben Sie sich schon einmal gefragt, worin für Sie der Sinn des Lebens besteht? Welchen Sinn sehen Sie in Ihrem Dasein? Es gibt Menschen, die haben das Ziel des Milchmanns erreicht: sie sind reich, mächtig und angesehen. Dennoch lastet ein bedrückendes Gefühl der Leere auf ihnen, und sie klagen über die Sinnlosigkeit ihrer Existenz.

Das Bedürfnis, seinem Leben einen Sinn zu geben, ist wohl das tiefste Bedürfnis im Menschen überhaupt. Die innere Leere kennt der Arme und der Reiche, der Junge und der Alte, der Erfolgreiche und der Gescheiterte. Wer in seinem Leben keinen Inhalt, keine Aufgabe und kein Ziel erkennt, empfindet sich bald ohnmächtig und unbedeutend. Häufig erlebt der Mensch die Inhaltsleere seines Lebens am Sonntag, wenn die berufliche Betriebsamkeit unterbrochen wird. Er flüchtet vor dem Nichts, das er in seinem Inneren empfindet. Albert Einstein hat einmal bemerkt, wer sein Leben als sinnlos empfinde, der sei nicht nur unglücklich, sondern auch nicht lebensfähig. Und Friedrich Nietzsche meint: »Wer ein Warum zu leben hat, erträgt fast jedes Wie.«

Wohin führt das Gefühl der Sinnlosigkeit des Lebens? Der Verlust des Lebenssinns und der damit verbundene Entzug der Lebensenergien kann sogar ganze Menschengruppen befallen. 1867 beschrieb der englische Forscher N. GOLDIE eine Epidemie auf den Sandwich-Inseln, bei der viele Menschen einer Seuche erlagen, die man »Okuu« nannte und an deren Opfern sich keine organischen Veränderungen zeigten. Der Name Okuu bedeutet: »Weil die Menschen ihre Seelen aus freiem Willen entließen und starben.«

Das Phänomen des Verlustes an Lebenssinn konnte auch bei anderer Gelegenheit beobachtet werden. In Kriegsgefangenen- und Konzentrationslagern zum Beispiel starben immer diejenigen Menschen zuerst, die sich selbst aufgaben.

Nun kann man den Lebenssinn auch verlieren, ohne Kriegsgefangener, KZ-Insasse oder vielleicht hilfloser Kranker zu sein. Während vor etwa fünfzig Jahren viele unter einem großen Minderwertigkeitskomplex litten, so ist es heute vielfach ein abgrundtiefes Gefühl der Sinnlosigkeit, das sie erfüllt. Und in vielen Fällen ist es ihnen nicht einmal so recht bewußt.

Doch dieses Gefühl der Sinnlosigkeit mit all seinen negativen Auswirkungen muß nicht sein. Jeder Mensch kann seinem Leben Sinn geben, kann jederzeit neue Wege gehen. Dazu soll Ihnen dieses Buch verhelfen.

Die Frage nach dem Sinn seines Lebens stellt sich irgendwann jedem Menschen. Haben Sie vielleicht schon einmal über Ihre Situation nachgedacht? Wie spielt sich Ihr Leben ab?

Aufstehen, Frühstück, acht Stunden im Büro oder in der Fabrik, Autofahren, Essen, Arbeit, Essen, Schlafen. Montag, Dienstag, Mittwoch, Donnerstag, Freitag – jeder Tag verläuft nach demselben Rhythmus, der nur durch den Urlaub vorübergehend kurz unterbrochen wird.

Das ist unter Umständen für eine gewisse Zeit ein ganz bequemer Weg. Aber irgendwann dann fragt jeder einmal nach dem »Warum«. Mag sein, daß sich diese Frage zunächst nur aus einem momentanen Gefühl des Überdrusses heraus stellt. Doch bald wird es klar, daß dahinter eine zentrale Frage unserer Existenz steht.

Einige Menschen haben nach einer solchen Bilanz Selbstmord begangen. Andere wiederum haben sich bemüht, ihrem Leben einen neuen Sinn zu geben. Der Sinn des Lebens – worin besteht er? Wohl kaum in bloßem Lustgewinn. Die Ansicht SIGMUND FREUDS, daß das Lustprinzip das menschliche Leben steuert, wird von der Psychologie unserer Zeit nicht mehr aufrechterhalten.

Stellen Sie sich einmal vor: Ein Mensch liegt narkotisiert auf dem Operationstisch. Mittels kleiner Drähte im Gehirn versetzt man ihn in ständige Euphorie. Würden Sie mit diesem Menschen tauschen wollen? Wahrscheinlich würden Sie lieber die langweiligste Alltagsroutine über sich ergehen lassen, als auf diese Weise »glücklich« zu werden.

Nicht um eine banale Glückseligkeit geht es, sondern darum, dem Menschen die Fülle seines Lebens zu erschließen. Erst dann wird er auch fähig, sich mit den Schwierigkeiten auseinanderzusetzen, die das Leben mit sich bringt.

Die Frage nach dem Sinn wird also zur zentralen Frage für jeden Menschen. Wir werden erst dann glücklich, wenn wir das unserem Leben einen Sinn gebende Anliegen verwirklichen.

In der Schrift *Meine Beichte* schildert LEO TOLSTOI eine Krise, in die er auf dem Gipfel seines Lebens geriet. Sein Ruhm als Schriftsteller hatte den Höhepunkt erreicht; körperlich und geistig war er voller Kraft und Schwung; sein Familienleben war sehr glücklich. Und dennoch – es quälte ihn die Frage, was er mit all seinem Einsatz, seinem Streben, seinem augenscheinlichen Erfolg letztlich erreicht hatte.

»Meine Frage, die mich im fünfzigsten Lebensjahr zu Selbstmordgedanken brachte, war die allereinfachste Frage, die in der Seele eines Menschen ruht, vom dümmsten Kind bis zum weisesten Greis, die Frage, ohne die das Leben unmöglich ist, wie ich es tatsächlich an mir erfuhr. Die Frage besteht im folgenden: Was wird das Ergebnis sein von dem, was ich heute tue, was ich morgen tun werde – was wird das Ergebnis meines ganzen Lebens sein? – Anders ausgedrückt wird die Frage so lauten: Wozu lebe ich? Was begehre ich? Wozu handle ich?

Noch anders kann man die Frage so ausdrücken: Ist in meinem Leben ein Sinn, der nicht zunichte würde durch den unvermeidlichen, meiner harrenden Tod?«

Ähnlich wie Tolstoi empfinden nicht wenige Menschen. Viele haben Angst vor dem Altwerden, Angst vor dem Tod. In seinem Lichte finden sie das Leben nutzlos. Was bringt es, sich zu mühen, zu rackern, Besitz zu schaffen? Man stirbt ja doch!

Ohne Lebenssinn wird der Mensch seinen inneren Frieden nicht finden. Wenn jemand sich ein Ziel setzt, das ihn begeistert, wenn er sich einer Aufgabe widmet, in der er einen Sinn entdeckt, dann ist er glücklich – selbst wenn er dabei Opfer bringen muß. Wer aber im scheinbar besten Wohlergehen lebt, jedoch keinen Sinn in seinem Leben sieht, der kann seelischen Schaden nehmen. Wie soll der Mensch geistige Kräfte mobilisieren, wenn er nicht imstande ist, ein lohnenswertes Ziel zu finden, für das er diese Kräfte einsetzt? Wenn es also für Sie kein »Warum« zu leben gibt, dann werden Sie auch an keinem »Wie« Gefallen finden. Daher ist es für Sie so wichtig, Ihren ganz persönlichen Lebenssinn zu entdecken.

2. Eine Anekdote veranschaulicht die Problematik

Ein Mann begegnet in der Stadt seinem Hausarzt. In der Unterhaltung stellt der Mediziner bald fest, daß sein Patient offenbar ein wenig schwerhörig geworden ist. »Wahrscheinlich trinken Sie zuviel«, tadelt ihn der Hausarzt. Als sich beide einige Wochen später wieder begegnen und sich der Arzt mit lauter Stimme nach dem Befinden des Mannes erkundigt, entgegnet dieser: »Sie brauchen nicht so laut zu sprechen, ich höre wieder gut.« »Wahrscheinlich trinken Sie nicht mehr«, meint der Arzt, »machen Sie nur weiter so.«

Nach einigen Wochen trifft man sich erneut. »Wie geht es Ihnen jetzt?« fragt der Arzt. »Was sagen Sie?« erwidert der andere. Der Mediziner muß die Frage wiederholen. »Wie Sie merken, höre ich wieder schlechter.« »Gewiß trinken Sie wieder«, stellt der Arzt fest. Darauf der Patient: »Anfangs habe ich getrunken und schlecht gehört, dann hörte ich mit dem Trinken auf und hörte wieder besser. Doch was ich dann gehört habe, war längst nicht so gut wie der Alkohol. Darum trinke ich wieder.«

Da versucht einer, dem es offenbar an Lebenssinn fehlt, im Alkohol ein »Glück« ohne Sinnerfüllung zu finden. Doch das entfremdet ihn nur der Wirklichkeit, das »Glück« stellt sich als trügerisch heraus.

Das Verhalten des Mannes zeigt eine deutliche Parallele zu der in einer Versuchsreihe kalifornischer Forscher festgestellten Reaktion von Tieren. Ratten wurden Elektroden ins Gehirn eingepflanzt. Schloß man einen Stromkreis, so erlebten die Ratten eine Befriedigung des Hunger- und des Geschlechtstriebes. Die Ratten waren so begierig, sich auf diese Art Lust zu verschaffen, daß sie es bald erlernten, den Stromkreis selbst zu schließen. Doch was war die Folge? Die Tiere waren bald überhaupt nicht mehr am Geschlechtspartner und am Futter interessiert.

Auch die Gehirnzentren der Menschen lassen sich auf einfache Art chemisch (durch Alkohol) oder elektrisch (durch Stromstöße) reizen. Diese Reize mag der Mensch als angenehm empfinden, doch es erwächst ihm daraus kein Glücksgefühl. Der Mensch ist also Gott sei Dank nicht auf das obenbeschriebene »tierische Verhalten« festgelegt. Denken Sie daran: In Wirklichkeit ist dem Menschen Sinngebung wichtiger als subjektives Wohlbefinden. Er ist selbst in der Lage, seinem Leben einen Sinn zu geben. »Es ist das Höchste, wozu er fähig ist, und es ist das einzige, wozu er fähig ist. Alles andere macht das Vieh viel besser«, sagt Hermann Hesse.

Jeder von uns ist fähig, seinem Leben einen Sinn zu geben. Erst daraus erwächst Lebensglück. Die Fähigkeit dazu hängt weder von der Intelligenz, vom Bildungsniveau noch von der Geschlechtszugehörigkeit ab, auch nicht davon, ob man sich zu diesem oder jenem Glauben bekennt.

In der heutigen Wohlstandsgesellschaft werden zwar viele Bedürfnisse des Menschen angesprochen, nur nicht das tiefste Bedürfnis, nämlich dem Leben mehr Sinn zu geben und in den unterschiedlichen

Lebenssituationen einen Sinn zu finden. Spüren Sie daher selbst auf, was Ihrem Leben Sinn gibt.

Wenn Sie dieses Hauptproblem Ihres Lebens gelöst haben, dann werden Sie die in Ihnen schlummernden Fähigkeiten und Kräfte entdekken und entfalten können. Sie werden Enttäuschungen und Fehlschläge überwinden und sich den einzelnen Lebenssituationen in der richtigen Weise stellen können. Während so viele Menschen infolge der Enttäuschungen, die sie mangels eines Lebenssinnes erleiden, oder infolge Verlust dieses Sinnes vorzeitig von körperlichem und seelischem Verfall gezeichnet sind, erwächst Ihnen aus der Erfüllung des Lebenssinns eine gewaltige Kraft. Sinnsuche und Sinnerfüllung erhalten die Gesundheit und setzen immense Energien frei, die »Berge versetzen« und »Tote erwecken« können.

3. Worin können Sie Sinn finden?

Einer Gruppe von tausend nach dem Zufallsprinzip ausgewählten Passanten zwischen siebzehn und siebzig Jahren wurde die Frage gestellt: »Können Sie sagen, ob es für Sie persönlich etwas so Wertvolles gibt, daß Sie es als sinngebend für Ihr Leben bezeichnen würden, und wenn ja, können Sie diesen Sinn Ihres Lebens in wenigen Worten ausdrücken?«

Von den Befragten gaben 52 Prozent an, einen solchen Sinn gefunden zu haben. Als Bereiche, auf die sich ihr Streben nach Sinn richtete, wurden der Wichtigkeit nach folgende genannt:

1. Selbsterziehung (Fähigkeit, menschliche Werte zu entwickeln);
2. angenehmes Leben;
3. Beruf;
4. Familie;
5. Besitz;
6. soziale Aufgaben.

Bei seinen Zielsetzungen kann der Mensch von den unterschiedlichsten Motiven geleitet werden. Den Beruf kann er als Möglichkeit ansehen, seine Begabung zu verwirklichen, Macht auszuüben oder im Dienst am Nächsten und der Allgemeinheit zu wirken. Obwohl die Befragung ein großes Interesse der Menschen am eigenen Wohlbefinden zeigte, waren für die Hälfte aller Befragten Wertvorstellungen wichtig, die über bloßes Lust- und Machtstreben hinausgingen.

Wer um das eigene Überleben zu kämpfen hat, sieht natürlich bereits im Kampf gegen die materielle Not ein Ziel, einen sinngebenden Lebensinhalt. Strebt ein Mensch nichts anderes als den wirtschaftlichen und gesellschaftlichen Aufstieg an, so sieht er den Sinn seines Lebens nur darin, materielle Güter und Ansehen zu erwerben. Anderen Menschen wieder dient der materielle Wohlstand in erster Linie zur Sicherstellung des Wohlergehens der eigenen Familie oder als Mittel, Bedürftigen Hilfe zukommen zu lassen. Das Hauptziel solcher Menschen ist das Streben nach Gerechtigkeit, Solidarität und Liebe.

Das bloße Streben nach Wohlstand ist relativ jungen Datums. Seit Jahrtausenden haben Menschen als Sinn des Lebens die Verwirklichung anderer Anliegen angestrebt. Sie sahen in folgenden Möglichkeiten sinnvolle Lebensinhalte:

- Fähigkeiten zu entfalten und ihnen kreativ Ausdruck zu verleihen;
- die unterschiedlichsten Lebenssituationen optimal zu bewältigen;
- sich der Natur, der Wissenschaft, der Kunst, der Religion zu widmen;
- menschliche Werte durchzusetzen, wie das zum Beispiel im Streben nach Wahrheit und Erkenntnis, in Hilfsbereitschaft und Nächstenliebe zur Geltung kommt;
- persönliche Eigenarten und Verbindungen zu optimieren, wie das im Streben nach Optimismus, Selbsterkenntnis, Selbstbewußtsein oder in der Pflege von Freundschaft, Liebe usw. Ausdruck findet.

Beenden wir die Aufzählung, die gewiß nicht vollständig ist. Auch darf aus der Reihenfolge keine Klassifizierung abgelesen werden. Einzelne

Werte können in anderen enthalten sein, Kreativität beinhaltet zum Beispiel auch Mut, Risikofreude und Phantasie.

Welche Sinngebung der einzelne Mensch für sich selbst wählt, hängt von seinen Anlagen und Vorlieben, von seiner Aufgeschlossenheit und persönlichen Lebensreife ab.

Keineswegs beschränken sich Menschen nur auf die Verwirklichung eines Lebensinhaltes allein. Nur zu oft drängt sie das Bedürfnis nach sinnerfülltem Leben dazu, mehrere Möglichkeiten auszuschöpfen.

Für welche Werte entscheiden Sie sich? Nehmen Sie sich Zeit, darüber nachzudenken. Nicht auf die Bedürfnisse der anderen, auf Ihre eigenen kommt es an! Horchen Sie in sich hinein. Sinn ist nicht etwas, das von außen vorgegeben werden kann, selbst wenn sich Menschen in der Tiefe ihres Wesens ähnlich sind und daher ähnliche Bedürfnisse haben. Sinnfindung ist etwas, das sich in Ihnen selber vollzieht und, wenn Sie in sich hineinhorchen, klar wird.

Die Fähigkeit, Ihrem Leben Sinn zu geben, ist bereits in Ihnen angelegt. Vertrauen Sie darauf. Um Ihnen Ihr eigenes Sinnfinden und Ihre Sinnverwirklichung zu erleichtern, werden wir uns mit den hier keineswegs erschöpfend genannten Möglichkeiten der Sinnfindung noch ausführlich beschäftigen. Kapitel 5 und 6 werden Ihnen bei Ihrer Suche nach persönlicher Sinnfindung besonders zugute kommen. Sie geben Ihnen Hinweise, wie Sie in sich hineinhorchen sollen, um der Stimme Ihres Inneren folgen zu können. Vergessen Sie nicht: Sie selbst sind es, der oder die Ihrem Leben Sinn gibt. Und entscheidend für Ihr Lebensglück sind nicht die Länge oder die Umstände Ihres Lebens, sondern es ist die Antwort auf die Frage, ob es sinnvoll ist.

4. Fallen Sie nicht der Werbung und negativem Denken zum Opfer!

Wer auf der Suche nach dem Lebenssinn ist, muß sich sehr davor hüten, nicht den Verlockungen der Werbung zum Opfer zu fallen. Mit Strategien wie »Verwöhnen Sie sich« oder »Gönnen Sie sich einmal . . .«

werden Sehnsüchte des Menschen angesprochen – Sehnsüchte, aus der Fremdbestimmung der Wettstreitsituation auszubrechen. Die Werbung macht sich die Sehnsucht der Menschen nach inneren Werten geschickt zunutze. Sie gaukelt den Menschen vor, der bloße Besitz von Konsumgütern vermittle bereits diese inneren Werte. So wird zum Beispiel dem Mann eingeredet, einen großen Wagen zu fahren sei ein Beweis seiner Männlichkeit und Kraft. Doch durch die Anschaffung bloßer Requisiten hat sich noch nie jemand innerlich gewandelt.

Im Menschen steckt ein tiefes, ursprüngliches Bedürfnis, an Wunder zu glauben, das Unerforschliche zu verehren. Je weniger diese Sehnsucht durch die Religion befriedigt wird, desto größer ist das Risiko, den Werbern auf den Leim zu gehen. Halten wir fest: Ihre Sehnsucht nach einem sinnerfüllten Leben kann nicht durch die Angebote der Werbung befriedigt werden, selbst wenn Sie sich dies wider besseres Wissen wünschen.

Wer seinem Leben Sinn geben will, darf sich auch nicht von der Durchschnittsgeisteshaltung der Massen lenken lassen. Zu leicht kann er da ins Negative abgleiten und sein Denken auf Mißerfolg, Unglück, Leid und Krankheit fixieren. Gewiß müssen wir uns einer Fehlleistung, die uns unterläuft, oder dem Unglück und der Krankheit stellen, wenn sie in unser Leben treten. Doch sie dürfen nicht unsere Einstellung zum Leben bestimmen. Lassen Sie sich also nicht von negativen Gedanken und destruktiven Gefühlen lenken und leiten. Suchen Sie Ihren Lebenssinn und verwirklichen Sie ihn. Verfallen Sie nicht in den Fehler vieler Menschen, am eigenen unbefriedigenden Leben nur deshalb Gefallen zu finden, weil es anderen noch schlechter ergehen mag. Lassen Sie sich die Freiheit zur eigenen Sinnfindung weder durch die Werbung noch durch Konzessionen an den Massengeist nehmen. Es ist Ihr Leben, um das es geht!

5. Ziele, die über den Menschen hinausweisen

Der Mensch wird nicht nur von Triebregungen und Mangelbedürfnissen wie Hunger, Durst, Schlafen oder auch dem Drang nach Besitz und Macht gesteuert. Er verspürt auch einen Drang, sich frei und schöpferisch zu betätigen. Solche Bestrebungen orientieren sich nicht nur an den eigenen, egoistischen Bedürfnissen; sie weisen meist über den Menschen hinaus. Das gesteckte Ziel wird um seiner selbst willen bejaht.

Roald Amundsen und die Entdeckung der Pole
Seit seinem fünfzehnten Lebensjahr war Roald Amundsen von dem Wunsch durchdrungen, Polarforscher zu werden. Als solcher errang er großartige Erfolge; doch diese Erfolge waren für ihn nur ein Ansporn, sich immer noch höhere Ziele zu setzen. Damals waren weder Nord- noch Südpol entdeckt. Bei der Fahrt zum magnetischen Nordpol gelang Amundsen als erstem die Befahrung der Nordwestpassage, der nördlichen Umfahrung Nordamerikas. Beim Wettlauf zum Nordpol kam er zu spät; dafür erreichte er als erster Mensch den Südpol.

Nachdem er dieses höchste Ziel erreicht hatte, wandte er sich in den zwanziger Jahren dem Fliegen zu und erforschte die Arktis aus der Luft. Bei dem Versuch, mit dem Flugzeug den Forscher Umberto Nobile zu retten, fand er 1929 den Tod.

Stellen wir uns die Frage, wodurch sich die Erfahrungen eines solchen Forschers von einer Trieb- und Lustbefriedigung unterscheiden. Seine Erfahrungen enden nicht in einem Höhepunkt, in dem sich alle Spannung löst, weil das Bedürfnis befriedigt ist. Seine eigenen Motivationen finden kein Ende. Der Sinn seiner Lebensaufgabe lebt von Bestrebungen, die über die einzelnen Stadien des bereits Erreichten hinausgehen und auf immer neue zu erreichende Ziele ausgerichtet sind.

Gauguin, ein Leben für die Malerei
Paul Gauguin, der große französische Maler, ist ein anderes Beispiel für ein Streben nach einer Lebensaufgabe. Von Beruf war Gauguin

Bankangestellter. Geschickte Spekulationen brachten ihm ein kleines Vermögen ein; er legte sich eine Sammlung impressionistischer Gemälde zu. Die Malerei faszinierte ihn so, daß er 1874 mit sechsundzwanzig Jahren selbst zu malen begann. Mit Fünfunddreißig gab er seinen Beruf auf und lebte nur noch für seine Kunst.

Ein Leben in Not begann. 1891 floh er in die Südsee. Hier hoffte er, ein Leben wie im Paradies führen zu können (und seine Lungenkrankheit zu kurieren). Doch er fand fast alles anders vor, als er es sich vorgestellt hatte. In der Südsee gab es nicht nur europäische Waren, sondern auch europäische Krankheiten und eine korrupte europäische Verwaltung. Unter den Eingeborenen herrschten Geisterangst und große soziale Gegensätze. Auch hier wurde Gauguin von Not und Krankheit verfolgt. Jetzt aber nahm er sein eigenes Leben mit all seinen Widersprüchen an. Seine Auseinandersetzung mit der eigenen Not und sein Kampf für die Eingeborenen gegen die Kolonialverwaltung verbrauchten ihn frühzeitig.

Im Alter von fünfundfünfzig Jahren starb Paul Gauguin auf den Marquesas-Inseln. Sein menschlicher und künstlerischer Reifungsprozeß spiegelt sich wider in seinen beeindruckenden Südseebildern. Heute zählt man sie zu den großen Werken ihrer Zeit.

Anwar El Sadat – ein Leben für den Frieden

Als Anwar El Sadat 1970 als Nachfolger Gamal abd-el Nassers Präsident von Ägypten wurde, fand er einen Scherbenhaufen vor. Die Wirtschaft stand vor dem Zusammenbruch; die Sowjets spielten die Rolle der Schutzmacht; Agitatoren versuchten, Einfluß auf das Volk auszuüben. All diese Mißstände beseitigte Anwar El Sadat in wenigen Jahren. Er stellte das Recht wieder her und gab den Bürgern Freiheiten, die sie vorher nicht besessen hatten. Der Präsident führte Ägypten wieder zu Ansehen und Stärke.

Nach dem Yom-Kippur-Krieg gegen Israel versuchte er, den tiefen Haß zwischen Arabern und Israelis zu überwinden. Um eine echte Aussöhnung zu bewirken, reiste er sogar in die Hauptstadt seiner früheren Feinde. Als 1980 der Präsident einem Attentat zum Opfer fiel, war die ganze Welt betroffen und bedauerte schmerzlich den Verlust dieses großen Staatsmannes.

Was gab ANWAR EL SADAT die Kraft, seine Ziele mit solcher Energie und Ausdauer anzustreben? Was sah er als seinen Lebenssinn an?

Der Schlüssel zu seiner Persönlichkeit sind Erlebnisse, die er in der Einsamkeit der Zelle 54 eines Gefängnisses hatte, wo er sein wahres Selbst entdeckte und sich zu einem universellen Gefühl der Liebe und der Verbundenheit mit allen Menschen emporschwang.

Über diese inneren Erlebnisse schreibt er in seiner Autobiographie: »Um seine humane Wesenseinheit zu bewahren, sollte der Mensch in enger Bindung zur Schöpfung Gottes leben, denn ohne eine solche Gemeinschaft bliebe ihm nichts außer dem sehr vergänglichen Erfolg oder eben ein Mißerfolg. Er wäre zu einem Sklaven der Zeit und des Ortes reduziert. Seine Existenz wäre einfach unwirklich. Nur in einer solchen Bindung kann – so glaube ich – ein Mensch wirklich bestehen. Sein Bewußtsein wird sich dann ausweiten, das gesamte Universum umfassen, seine individuelle Wesenseinheit wird mit der der anderen Wesen verschmelzen (indem er sie liebt und für sie leidet), er wird mit einem Wort aufhören, individuell zu existieren.«

ANWAR EL SADAT war von der Vorstellung durchdrungen, daß jeder Mensch Verantwortung zu tragen habe, die ihm Gott anvertraut hat. Jeder habe eine ganz besondere Aufgabe zu erfüllen. Jeder solle seine ganz besondere Verantwortung auf sich nehmen.

Versuchen Sie, eine solche Überlegung auf Ihr Leben anzuwenden. Stellen Sie sich der Frage: Wozu drängt es mich? Zugegeben, die Beantwortung der Frage ist nicht leicht. Sie setzt voraus, daß Sie Ihr wahres Wesen begreifen und sich selbst erkennen. (Damit werden wir uns noch ausführlich beschäftigen.) Erst wenn Sie sich selbst erkannt haben, können Sie sich selbst treu sein.

Doch zurück zur Sinnfindung, die über das eigene Ich hinausgeht: Eine solche findet man nicht nur bei Entdeckern und Künstlern. Nicht wenige gereifte Menschen haben sich für ein Ziel entschieden, das über sie selbst hinausragt. Gibt es auch für Sie ein Ziel, das über Sie selbst hinausweist? Vermögen Sie einen solchen Lebenssinn zu entdecken?

6. Das Glück und die Selbsttranszendenz des Menschen

In dem vorangegangenen Abschnitt haben Sie erfahren: Der Mensch weist über sich selbst hinaus auf etwas anderes, das außerhalb seiner selbst liegt. Er überschreitet (transzendiert) die Grenzen seines eigenen Ich. Im Engagement gegenüber einer Sache oder in der Liebe zu seinen Mitmenschen erfüllt er sich als Mensch. Je mehr er im Dienst an der Aufgabe aufgeht oder sich in Liebe einem oder vielen Menschen widmet, desto mehr erfüllt er sich als Mensch. Mit anderen Worten: Wir vermögen unser Menschsein in dem Maße zu verwirklichen, in dem wir uns selbst vergessen.

Wer nur auf eigene Interessen und eigenes Vergnügen erpicht ist, der wird in seinem Glücksanspruch unerfüllt bleiben. Wer sich die Frage stellt: »Wofür lebe ich, wofür arbeite ich?«, der bringt damit bereits zum Ausdruck, daß er dies nicht allein für sich tun will und tun kann. Er sieht die Erfüllung seines Lebens in Werten, die sein Ich übersteigen.

Die Bedeutung der höheren Sinnfindung für den Menschen hat sich auch in den Vorstellungen der modernen Psychologie niedergeschlagen.

PHILIPP LERSCH unterscheidet in seiner Schichtentheorie über den Aufbau der Persönlichkeit folgende Ebenen:

1. Lebenswerte oder Antriebserlebnisse. Solche sind zum Beispiel Lust, Genuß, Tätigkeitsdrang, Erlebnisdrang.
2. Bedeutungswerte oder Antriebserlebnisse des individuellen Selbstseins. Zu ihnen sind zu rechnen beispielsweise Selbsterhaltungstrieb, Egoismus, Wille zur Macht, Streben nach Anerkennung und Geltung.
3. Sinnwerte oder Antriebserlebnisse des »Über-sich-hinaus-Seins«, in dem der Mensch Sinnerfahrungen findet. Solche sind zum Beispiel

Kontaktbereitschaft, Helfenwollen, Schaffensdrang, wissenschaftliches Interesse, Ideale, Aufgabenbewußtsein, Kunstschaffen, Suche eines Absoluten, mit denen sich der Mensch in den Dienst der Welt stellt und sich ihr sinnvoll eingliedert.

Lustgewinn allein befriedigt auf Dauer nicht. Nur wenn der Mensch in seinem Leben einen Sinn entdecken kann, wird er glücklich. Glück allein beschert uns noch keinen Lebenssinn, Lebenssinn aber führt zum Glück. Selbstverwirklichung wird uns dann nicht gelingen, wenn wir nur um die Entfaltung der eigenen Anlagen bemüht sind. Selbstverwirklichung kann also kein Selbstzweck sein. Der Wiener Seelenarzt VIKTOR FRANKL sagt dazu: »Der Mensch will in erster Linie nicht glücklich sein, sondern was er in Wahrheit will, ist nämlich einen Grund dazu zu haben. Und hat er einen Grund dazu, dann stellt sich das Glücksgefühl von selbst ein.«

Wer also nur nach dem Glück jagt, vertreibt es!

Die Hingabe an ein Ziel darf aber nicht in Unterwerfung münden. Sie darf nicht von dem Gefühl gesteuert werden, selbst nichts wert oder gar zum Opfer verpflichtet zu sein. Echte Hingabe ist nur dann möglich, wenn der Mensch seine eigene Kraft erfahren hat und den Wert der eigenen Person bejaht. Hingabe besteht also weder in der Unterdrükkung eigener Wünsche noch in einer Anpassung aufgrund von Zwang oder Furcht. Nur wenn Sie Ihre eigenen Kräfte und Fähigkeiten entwickeln, sind Sie auch zu Hingabe bereit.

7. Sie brauchen nicht den Beifall der anderen, um kreativ tätig zu sein

Eine kreative oder – ohne das Wort mit dem üblicherweise hochgestochenen Anspruch zu verbinden – eine schöpferische Tätigkeit kann darin bestehen, daß man etwas erfindet, schafft, herstellt, baut, entwikkelt – und seien es auch nur Ideen. Kreative Tätigkeiten sind zum Beispiel:

- Das Bauen einer Sandburg durch ein Kind oder einer Brücke durch einen Meister seines Fachs;
- das Ausarbeiten eines Vortrags oder das Schneidern eines Kleides;
- das Malen eines Bildes oder die Konstruktion eines Taschenrechners;
- das Bemalen einer Spielzeugkiste oder das Anlegen eines schönen Gartens.

Nie kommt es dabei auf den Beifall der Umwelt an. Entscheidend ist nur, daß der Ausführende selbst das Gefühl hat, etwas geleistet zu haben. Allein die Bedeutung der Tätigkeit für ihn selbst entscheidet über ihren Sinn. Die Produkte schöpferischen Schaffens werden niemals bei allen Menschen die gleiche Resonanz finden. So schrieb im sechzehnten Jahrhundert der Baumeister HILLBORCH an das von ihm in Wernigerode am Harz gebaute Rathaus: »Der eine bedacht's, der andere betracht's, der dritte verlacht's, was macht's.«

Was auch immer Sie tun mögen – finden Sie an der Tätigkeit selbst Vergnügen! Hüten Sie sich davor, sich von außen leiten zu lassen; schielen Sie nicht nach dem Beifall der anderen; andernfalls werden Sie nur allzuschnell enttäuscht werden. Nur wenn Sie sich von solchen Abhängigkeiten freimachen, wird es Ihnen gelingen, weiterhin Ihre schöpferische Kraft zu bewahren.

Natürlich ist es für den einzelnen nicht immer einfach, sein kreatives Schaffen im Beruf zu entfalten. Doch wenn das Bedürfnis wirklich stark ist, dann finden sich auch Mittel und Wege, zumindest in der Freizeit schöpferisch tätig zu sein.

8. Frau Müller bewältigt eine Lebenssituation kreativ

Nachdem ihr jüngstes Kind eingeschult war und sie am Vormittag mehr Zeit für sich hatte, begann Frau Müller, zweiunddreißig Jahre alt, sich ohne ersichtlichen Anlaß unwohl zu fühlen. »Was ist denn nur mit mir los?«, fragte sie sich und dachte mit Wehmut an die energiegeladene, lebenslustige Frau, die sie früher einmal gewesen war. Eine ärztliche

Untersuchung ergab keine organischen Schäden. Der Arzt empfahl ihr, einen Seelenarzt zu konsultieren.

»Sinn meines Lebens ist es bisher immer gewesen, meinen Mann und meine Kinder glücklich zu machen«, berichtete sie dem Psychiater. »Meiner Familie Freude zu schenken, war das einzig Wichtige in meinem Leben.« Die Antwort des Psychiaters überraschte sie: »Sie haben bisher immer nur versucht, die Wünsche der anderen zu erfüllen. Es wird nun Zeit, daß Sie auch einmal etwas für sich tun.«

Verwirrt verließ sie die Praxis. Lange dachte sie auf der Heimfahrt über das Gespräch nach. Konnte es tatsächlich sein, daß sie sich in der Rolle, nur für die anderen da zu sein, im Inneren ihres Herzens nicht wohl fühlte? War da vielleicht noch etwas anderes in ihr verborgen, das nach Verwirklichung verlangte? War es für sie nun an der Zeit, sich zu einer neuen Rolle, einer neuen Identität durchzuringen?

Frau Müller fiel es zunächst nicht leicht, diese Frage zu beantworten. Dennoch spürte sie: Irgend etwas belastete sie.

Frau Müllers Verhalten ist typisch für das Verhalten vieler Menschen, die am Übergang zu den Dreißigern oder Vierzigern das Gefühl haben, es bedrückten sie Entscheidungen, die sie früher einmal getroffen hatten.

Frau Müllers Reaktion ist kein Einzelfall. Der Übergang in eine neue Lebensphase ist allgemein mit Unbehagen verbunden. Doch wer seinem Leben mehr Sinn geben will, darf schwierigen Lebenssituationen nicht ausweichen. Gerade jene Menschen, die mit Schwierigkeiten fertig werden mußten, konnten ihrem Leben mehr Sinn geben. Solche Menschen hatten Veränderungen in ihren persönlichen Bindungen, Ansichten und Werten durchgemacht. Nicht selten wechselten sie sogar ihren Beruf. All das zeigt, wie falsch die landläufige Meinung ist, das Leben eines Menschen sei dann glücklich, wenn es ohne große Veränderungen verläuft.

Doch zurück zu Frau Müller, die nach einem neuen Weg suchte. Am Abend sprach sie mit ihrem Mann. Er ging auf sie ein, hatte einen konkreten Vorschlag zur Hand: Sie sollte sich ein Hobby suchen –

töpfern, eine Sprache erlernen oder was ihr sonst auch immer Freude machen würde. Frau Müller entschied sich für die Malerei und belegte einen Kurs an der Volkshochschule. Nach einem Monat konnte sie ihrem Mann sagen: »Ich fühle mich jetzt wieder großartig. Es ist so befriedigend, etwas Eigenes in Farben auf die Leinwand zu bringen. Es ist herrlich, kreativ zu sein.«

9. Kreatives Handeln ist sinnvoll und lebensnotwendig

Kreatives Handeln ist, wie schon angedeutet wurde, durchaus nicht nur künstlerisches Schaffen. Kreativ ist auch der Mensch, der seine Probleme auf neue Art löst. Kreativität ist ein Schaffen oder Entwickeln aus dem tiefen Grund der Persönlichkeit heraus. Dabei kann der Mensch seine Möglichkeiten ausschöpfen und zur Anwendung bringen. Lebenssinn besteht darin, menschliche Möglichkeiten zu verwirklichen; und so verhilft Kreativität dazu, dem Leben Sinn zu geben. Kreatives Handeln ist deshalb immer sinnvolles Handeln. Wenn auch Kreativität nicht ohne Intelligenz möglich ist, so führt demgegenüber Intelligenz allein nicht zur Kreativität. Ebensowenig erhöht Intelligenz allein die Sinnbilanz, wohl aber bringt das Kreativität zustande.

Jede Bewältigung eines Lebensproblems aus eigenem Gestaltungsvermögen und nach eigenen Maßstäben ist kreativ; mit Kreativität verwirklichen Sie Ihre Möglichkeiten. So führt Kreativität zu mehr Lebenssinn. Kreativ zu sein bedeutet, sich von stumpfen Gewohnheiten und eingeschliffenen Verhaltensweisen zu trennen, etwas Neues zu entdecken. Kreativität kann deshalb wie im Fall der Frau Müller dazu führen, sich nicht länger nur am Gewohnten, Bekannten und Vertrauten zu orientieren. Die Neuorientierung erfolgt nicht deshalb, weil etwa das Alte schlecht ist, sondern weil die alleinige Orientierung an Bisherigem zur inneren Verhärtung und Unterdrückung der eigenen Möglichkeiten führt. Nur Kreativität ermöglicht es, auf die Vielfalt der Herausforderungen mit sinnvollen Lösungen zu reagieren. Festgelegte Verhaltensmuster hingegen erlauben keine Anpassung an die Vielfalt und führen damit zu sinn-losen Lösungen.

Kreativität ist eine Eigenschaft, über die jeder Mensch verfügt – also auch Sie! Sie ist jedem Menschen angeboren. Leider bewahrt sich nicht jeder diese Fähigkeit der Kreativität, die ihn als Kind ausgezeichnet hat. Aus Anpassung und dem Zwang zur Konformität wird diese Eigenschaft unterdrückt. Aber anstatt die eigene Fähigkeit der Kreativität zu entfalten, bestaunen die meisten Leute jene Menschen, die sich diese Eigenschaft erhalten haben. Dennoch ist es nie zu spät. Jeder Mensch ist in der Lage, die vielleicht unterdrückte Fähigkeit der Kreativität zu neuem Leben zu erwecken.

Blicken wir einmal in den Spiegel der kreativen Persönlichkeit. Sie zeichnet sich durch folgende Eigenschaften aus:

Sie ist

- gestaltungsfreudig;
- risikofreudig, mutig, abenteuerlustig;
- begeisterungsfähig, phantasievoll und gedankenreich;
- erlebnisfähig, neugierig, experimentierfreudig;
- aktiv und zupackend;
- vielseitig und ohne Grenzen;
- anpassungsfähig und beweglich;
- unabhängig in der Meinung, innerlich frei, ohne Vorurteile;
- spontan und entspannt, frei von Angst;
- offen, tolerant, großzügig;
- gelassen und selbstbewußt;
- in den Interessen vielseitig und tief;
- aus der Vergangenheit lernend, aber gegenwartsbezogen lebend und mehr auf zukünftige Ziele ausgerichtet.

Erwecken Sie die in Ihnen schlummernde Kreativität zu neuem Leben! Sie verhilft Ihnen, Ihre Persönlichkeit zu entfalten, und gibt Ihrem Leben mehr Sinn. So können Sie gleichsam alte Schalen abwerfen und zu Ihrem eigentlichen Selbst vorstoßen. Der Entwicklung Ihrer Persönlichkeit sind keine Grenzen gesetzt!

10. Auch Erlebnisse können einen für Sie wichtigen Sinn haben

Stellen Sie sich vor, Sie sitzen entspannt und ausgeruht in Ihrem Sessel und lauschen Ihrer Lieblingsmelodie. Ein großes Glücksgefühl erfüllt Sie. Sie sind so ergriffen, daß Ihnen ein Schauer über den Rücken läuft. Im selben Moment fragt Sie jemand, ob Ihr Leben einen Sinn habe. Mit großer Wahrscheinlichkeit würden Sie antworten: »Es lohnt sich, allein für diesen Augenblick gelebt zu haben«, und damit wäre die Frage nach dem Sinn dieses Erlebnisses bejaht.

Eine gleiche Antwort auf die Frage nach dem Sinn des Lebens werden Menschen geben, die das Schöne in der Kunst oder Literatur erleben, die sich an der Natur erfreuen oder einen Menschen lieben. Das Erleben des Schönen des Lebens vermittelt uns ein tiefes Glücksgefühl. In diesen Erlebnissen, an denen Geist und Sinne teilnehmen, wird uns die Welt als Ganzes fühlbar. So können wir unserem Dasein immer wieder Sinn zuschreiben. »Denn Sinn ist ja eben jene Einheit des Vielfältigen oder doch jene Fähigkeit des Geistes, den Wirrwarr der Welt als Einheit und Harmonie zu ahnen«, sagt HERMANN HESSE in der *Lektüre für fünf Minuten.*

Geben Sie also Ihrem Leben mehr Sinn, indem Sie das Erlebnis des Schönen suchen und ergreifende Erfahrungen machen.

11. Verzichten Sie auf Erlebnisse aus zweiter Hand

Leider haben sich viele Menschen die Möglichkeiten nehmen lassen, eigene Erfahrungen zu machen. Sie blicken auf die Schönheit der Welt nur noch durch das Fenster der Medien – der Zeitungen und Illustrierten, des Fernsehens. Hungrig nach Erfahrungen lassen sie sich ein Leben aus zweiter Hand vermitteln und betrügen sich so um das eigene. An die Stelle echten Erlebens ist der Konsum von Informationsware getreten. Vom Fernsehsessel aus meint man, tief ins Leben zu schauen und eine eigene Erfahrung zu machen.

Doch es ist nicht möglich, sich fremde Erlebnisse anzueignen. Man sieht sich einen Abenteuerfilm an und schlüpft dabei in die Rolle des Helden, ohne sich dabei selbst einer Gefahr aussetzen zu müssen. Der Zuschauer eines Liebesfilms identifiziert sich mit Leidenschaften, die ihm im eigenen Leben verwehrt bleiben. Der Betrachter betrügt sich um das Erlebnis der eigenen Liebe. Infolge der ständigen Gastrolle im Leben anderer nutzen sich die eigenen Erfahrungen immer mehr ab. Ihre Reizschwelle sinkt. Der Alltag verbreitet eine lähmende Langeweile. Zuletzt läßt auch diese nach, und dem Menschen bleibt nicht einmal mehr Enttäuschung, sondern nur noch Gleichgültigkeit. Dennoch ist in ihm die große Sehnsucht wach, eigene Erlebnisse zu haben und eigene Erfahrungen zu machen.

Der Bergsteiger und Schriftsteller REINHOLD MESSNER schreibt in dem Buch *Der gläserne Horizont* über das Publikum, das seine Bücher liest und zu seinen Vorträgen kommt: »Mein Publikum ist – ebenso wie bei meinen Vorträgen – äußerst bunt gefächert: vom extremen Kletterer bis zum totalen Daheimsitzer. Der Normalbürger kompensiert etwas, das ihm fehlt, das er nie erleben wird.« Und an anderer Stelle: »Ich glaube, der Hauptgrund für das alles sind die Sehnsüchte Entfremdeter, einen Augenblick lang ungelebtes Leben wenigstens zu projizieren. Ich werde konfrontiert mit Einsamkeiten und werde benutzt als Stellvertreter. Ich werde benutzt wie Königin Sylvia und Heino für eine Pseudoteilhaberschaft der normierten Rädchen an einem Räderwerk, dem ich mich durch meine Expeditionen entziehe. Es macht mich müde und belastet mich.«

Betrügen Sie sich also nicht um echte Erlebnisse! Lassen Sie sich vom Hunger nach lebendigen Erfahrungen nicht zu Ersatzerlebnissen verleiten. Fliehen Sie nicht in die Scheinwelt des Films und des Fernsehens. Suchen Sie die Realität, die Hautnähe des Geschehens. Schärfen Sie Ihre Sinne. Öffnen Sie sich der Wirklichkeit und erleben Sie sie intensiv. Nur dann wird Ihr Hunger nach echten Erlebnissen auch gestillt werden.

Um Ihnen den Zugang zu echten Erlebnissen zu erleichtern, werden wir uns in Kapitel 8 damit beschäftigen, was Sie tun können, um Ihre

Erlebnisfähigkeit zu steigern. In Kapitel 8 werden wir uns auch mit der Liebe beschäftigen. Sie ist ein großes Sinnerlebnis, denn liebend wird der geliebte Mensch in seiner ganzen Einmaligkeit und Einzigkeit zutiefst erfaßt. Wir werden versuchen, mehr über das Wesen der Liebe zu erfahren, um die eigene Liebesfähigkeit steigern zu können.

Halten wir fest: Erlebnisse sind eine weitere Möglichkeit, dem Leben mehr Sinn zu geben. Sie müssen selbst gemacht und dürfen nicht aus zweiter Hand bezogen werden. In diesen Erlebnissen werden Sie auf eine neue Art wieder sehend: Sie erfahren sich selbst als eine Einheit mit dem Leben.

12. Ein Wertkonflikt: Beruf oder Familie?

Erinnern Sie sich an Frau Müller? Als sie Anfang der Dreißig war, erkannte sie, daß es für sie auch andere Werte gab als nur den Einsatz für die Familie. Es drängte sie dazu, in ihr schlummernde Fähigkeiten zu entfalten. Man kann eben durchaus mehrere Wertverwirklichungen zu seinem Lebenssinn machen. Manchmal aber wird der Mensch zwischen zwei Werten schwanken. Wenn dann nicht die richtige Abstimmung vorgenommen wird, ist ein Konflikt unvermeidlich. Das soll folgendes Beispiel veranschaulichen.

Als die fünfundvierzigjährige geschiedene und kinderlose Barbara Klinke, Finanzchefin eines mittleren Unternehmens, gefragt wurde, was sie über ihr Leben denke, antwortete sie resigniert: »Was habe ich nicht alles aufgegeben, um viel zu leisten! Heute packt mich die Verzweiflung, wenn ich daran denke, auf was alles ich verzichtet habe.«

Andere Frauen wiederum trachten Beruf und Familie zu vereinen und versuchen, das Kinderkriegen mit der gleichen Präzision zu planen, mit der sie ihre beruflichen Arbeiten erledigen. Nur zu oft aber gehen solche Planungen nicht auf, und die Frauen sind enttäuscht, wenn sie nach einem Jahr immer noch nicht schwanger sind. Und selbst wenn die Empfängnis gesichert ist, bleibt das Problem der Erziehung des Kindes noch zu lösen. Frauen haben es da gewiß wesentlich schwerer als Männer, in deren Rollenverständnis die Pflege von Kleinkindern selten einen Platz findet.

In dem Buch *Dreihundert bedeutende Persönlichkeiten* wurde das Leben von Menschen dargestellt, über die seit 1962 Biographien erschienen sind. Die meisten der in dem Buch erwähnten Männer, rund sechzig Prozent, waren Väter. Aber nur sieben der zweiundachtzig in dem Buch erwähnten Frauen, alle mit großer Karriere, hatten Kinder; diese Frauen lebten auch in glücklichen Ehen. Sie hatten Männer geheiratet, die warmherzig, liebenswert und liebesfähig, aber weniger ehrgeizig als ihre Frauen waren. Und natürlich gab es Hilfskräfte im Haus, die sich um die Kinder kümmerten.

Neuere Untersuchungen über etwa achtzig erfolgreiche Frauen ergaben, daß diejenigen Frauen am zufriedensten und glücklichsten waren, die

- nicht von dem Drang getrieben waren, unbedingt »die Erste« zu sein;
- eine Position angestrebt hatten, die ihr Familienleben nicht zu stark belastete;
- ihren Mann nicht ständig neu erobern mußten.

Damit will ich nicht sagen, daß eine Frau mit einem Kind einen höheren »Wert« hat als eine, die nicht Mutter ist. Horchen Sie in sich hinein. Was wollen Sie? Nur darauf kommt es an. Sie entscheiden, was für Sie richtig ist.

Zusammenfassung

1. Seinem Leben einen Sinn zu geben ist das tiefste Bedürfnis des Menschen. Albert Einstein sagte: Wer sein Leben als sinnlos empfindet, der ist weder glücklich noch lebensfähig.
2. Wer im Wohlstand lebt, aber in seinem Leben keinen Sinn entdecken kann, wird seelisch krank. Glücklich können Sie nur werden, wenn Sie Ihrem Leben Sinn zu geben vermögen. Sie können es, wenn Sie es wollen!
3. Sinn findet man nicht, indem man das macht, was andere tun. Das, was Ihrem Leben Sinn geben soll, kann Ihnen auch nicht durch andere vorgeschrieben werden. Sie müssen es selbst entdecken!
4. Möglichkeiten der Entdeckung leuchten auf, wenn Sie in sich hineinhorchen.
5. Ihr Leben erhält Sinn im Erlebnis des Schönen und in der Verwirklichung von menschlich wertvollen Anliegen.
6. Kreatives Handeln ist immer sinnvolles Handeln. Werden Sie nicht zum Opfer der Verlockungen der Werbung!
7. Lassen Sie sich nicht von der Geisteshaltung der Massen beeinflussen. Das Denken der Masse ist oft dem Negativen verhaftet und wuchert in destruktive Gefühle wie Neid, Eifersucht und Haß aus.
8. Es ist nicht erforderlich, daß das Ergebnis Ihres schöpferischen Schaffens den Beifall der Umwelt findet. Die Bedeutung der Tätigkeit für Sie selbst entscheidet allein über den Sinn. Sie bewahren sich Ihre schöpferische Kraft nur dann, wenn Sie nicht nach dem Beifall der anderen schielen.
9. Nicht nur künstlerisches Schaffen ist kreativ. Jede Bewältigung eines Lebensproblems aus eigenem Gestaltungsvermögen und nach eigenen Maßstäben ist schöpferisch und führt zu mehr Lebenssinn. Kreativ zu sein bedeutet auch, sich von abstumpfenden Gewohnheiten zu lösen und etwas Neues zu entdecken.
10. Film und Fernsehen bieten Ihnen Erlebnisse bloß aus zweiter Hand. Blicken Sie auf die Schönheit der Welt nicht nur durch das Fenster der Medien, die Schönes ohnehin nur selten zeigen. Nur was Sie selbst erleben, zählt für Sie wirklich.

Kapitel 2

Der Sinn des Lebens

1. Falsche Vorstellungen von Sicherheit und ständiger Lebensharmonie

Vielleicht haben Sie sich Ihr Leben wie folgt vorgestellt:

- In der Kindheit bereiten Sie sich darauf vor, ein Erwachsener zu werden.
- Als Erwachsener halten Sie starr an Ihren Zielen und Ansichten fest. Sie planen Ihr Leben im Hinblick auf den Schluß, der als Ruhestand mit einem Happy-End Ihr Leben abrundet.
- Je älter Sie werden, desto geringer wird für Sie das Lebensrisiko, bis Sie die endgültige Sicherheit erreichen.

Ist aber all das möglich? Verläuft das Leben immer harmonisch? Kann es im Leben überhaupt eine endgültige Sicherheit geben? Sicherheit bedeutet, immer schon vorher zu wissen, was geschehen wird, so daß es keine Spannung, kein Wagnis, keine Herausforderung gäbe. Eine solche Sicherheit gibt es aber nicht. Veränderungen gehören als Grundprinzip zum Leben. Die Wechselfälle des Lebens bescheren den Menschen nur zu oft Situationen, mit denen sie nicht gerechnet haben. Die Sehnsucht nach ständiger Lebensharmonie ist ein Traum, der nicht zu verwirklichen ist.

Die Menschen klammern sich an trügerische Sicherheiten: Besitztümer wie Haus, Auto, Geld; die Arbeitsstelle; die gesellschaftliche

Position innerhalb der Gemeinschaft. Aber ein Auto kann verrosten, das Geld kann entwertet werden, die Arbeitsstelle verlorengehen.

Trennen Sie sich von falschen Vorstellungen über Sicherheit und Lebensharmonie. Entschließen Sie sich für Ihr Wachstum. Die einzige Sicherheit besteht ohnehin nur darin, sich in jeder Lebenssituation zurechtzufinden! Diese innere Sicherheit ist Ihre wirkliche Stärke. Sie befähigt Sie, sich auf die wechselnden Umstände des Lebens einzustellen. Wer nämlich nur von der äußeren Sicherheit seiner Habseligkeiten abhängig ist, läuft Gefahr unterzugehen. Lassen Sie sich also nicht von diesem äußeren Schein der Sicherheit irreführen! Sie nimmt Ihnen die Kraft, zu leben und zu wachsen. Vertrauen Sie auf Ihre Fähigkeit, sich den Veränderungen des Lebens stellen zu können. So werden Sie alle Wechselfälle des Lebens meistern.

2. Warum die Unsicherheit im Leben etwas Positives ist

Betrachten Sie einen Stein unter dem Mikroskop. Sie werden feststellen, daß er sich nicht verändert. Schauen Sie dagegen eine Koralle an, so registrieren Sie Wachstum und Veränderung. Der Stein ist tot, die Koralle lebt. Veränderung und Wachstum sind die Kennzeichen des Lebens überhaupt. Das gilt ebenso auf seelischem Gebiet. Nur wenn Sie sich weiterentwickeln, leben Sie. Entscheiden Sie sich für das Wachstum!

Wer nach Sicherheit in den äußeren Lebensumständen strebt, möchte an etwas festhalten und in Ruhe gelassen werden. Ständige Ruhe jedoch führt zur Starrheit. Nur wer innerlich wächst, lebt. Die Unsicherheit des Lebens ist also etwas Positives, da sie jeder Erstarrung entgegenwirkt. Natürlich ist uns das nicht immer angenehm. Sie müssen den Mut aufbringen, sich mit dieser Einstellung dem Leben zu stellen. Sie sind ganz auf sich selbst gestellt.

Lassen Sie sich vom eigenen Erleben in das Abenteuer Ihres Lebens tragen! Sie sind sich selbst ganz nah. Sie dringen zum Kern Ihrer

Persönlichkeit vor. Sie werden sich einer tiefen, inneren Sicherheit bewußt, die in Ihnen ist.

3. Ein Opfer falscher Sicherheit

Als der Ingenieur Manfred Bühler zweiundvierzig Jahre alt war, zerschlug sich für ihn ein Lebenstraum. Er mußte zur Kenntnis nehmen, daß er nie zum Nachfolger des Direktors aufrücken würde. Viele Jahre hatte er bei der Firma ausgeharrt und gehofft, einmal für seine treuen Dienste belohnt zu werden. Nun war der Traum von einer Karriere endgültig ausgeträumt. Nie hatte er vorher versucht, in seiner beruflichen Laufbahn andere Wege zu beschreiten. Er glaubte an die Mutterinstitution seiner Firma und war nun tief enttäuscht, daß man ihn nicht zu befördern gedachte.

Zunächst gab er anderen die Schuld. »Mein Vorgesetzter hat falsch entschieden«, meinte er. Bald wurde es ihm aber klar, daß er damit nur von sich selbst ablenkte. Nach drei Wochen vermochte er sich zu den ersten Einsichten durchzuringen. Ich habe nie andere Wege beschritten, weil ich mir von meinem Anstellungsvertrag Sicherheit erhoffte, gestand er sich selbst ein. Für mich war die Position in der Firma der einzige Maßstab meines Wertes. Außerdem war ich nicht bereit, im Falle eines Firmenwechsels mein hohes Einkommen auch nur für kurze Zeit gegen ein eventuell niedrigeres einzutauschen. Schließlich schalt er sich selbst: Wann bist du bereit, endlich ein Risiko einzugehen? Wo bleibt dein ganzer Mut?

Noch bevor er sich zu einer Entscheidung durchringen konnte, wurde – Ironie des Schicksals! – im Zuge der wirtschaftlichen Rezession sein Job wegrationalisiert, und er erhielt den »blauen« Brief. Dies war ein noch größerer Schock für ihn. Nach mehreren schlaflosen Nächten begann er in sich hineinzuhorchen. Ihm wurde plötzlich deutlich bewußt, wie unerfüllt er sich in seiner beruflichen Tätigkeit gefühlt hatte. Die Verwaltungsarbeit hatte ihm wenig Spaß gemacht, denn er war stets mit Leib und Seele Konstrukteur gewesen.

Er machte ein eigenes Ingenieurbüro auf. Da er ein guter Konstrukteur war und Freude an der Arbeit hatte, ließ sich sein Unternehmen sehr gut an. »In meiner früheren Firma war ich lange nicht so glücklich wie jetzt«, sagte er mit leuchtenden Augen. »Ich habe wieder Freude am Leben gefunden. Zugegeben, der Übergang von der einen zu der anderen Lebensphase war zunächst schmerzlich für mich; aber ich bin froh, das Risiko einer eigenen Firma eingegangen zu haben.«

Die neugewonnene Lebensfreude des Herrn Bühler strahlte auf seine Frau aus. Beide sind seither erlebnisfreudiger geworden und stecken voller Pläne. Selbst wenn Herr Bühler nach der Erfolgsskala der Industrie vielleicht nicht als besonders erfolgreich gelten mag, so hat er doch einen Erfolg in einem wesentlich tieferen Sinn und somit einen höheren Wert verwirklicht. Er hat sich zu seinen wirklichen Neigungen bekannt, ist das Risiko eines Versagens eingegangen und hat sein unterdrücktes Selbst befreit und entfaltet. Er hat Selbstachtung gewonnen und ist ein erfüllter Mensch geworden.

4. Die Loslösung von der Familie und die Jahre bis Anfang der Dreißig

Als Maxime unseres Lebens stellte der große französische Philosoph Henri Bergson heraus: »Existieren heißt sich verändern; sich verändern heißt reifen, reifen heißt sich selbst endlos neu erschaffen.« Veränderung ist ein Vorgang, dem wir während unseres ganzen Lebens unterworfen sind.

Wir wollen uns zunächst mit den Entwicklungsphasen beschäftigen, die wir am Anfang unseres Lebens durchmachen. Mit der Loslösung von der Familie tritt im allgemeinen die erste Phase der Veränderung im menschlichen Leben ein – dann nämlich, wenn der junge Mensch die Sicherheit des Elternhauses aufgibt. »Nur von zu Hause weg«, lautet der

Seufzer so mancher Jugendlicher, die auf dem Weg sind, die eigene Identität zu finden. Viele von ihnen haben noch keine Vorstellung, was sie eigentlich wirklich wollen. »Wir wollen nicht ein Rädchen im Getriebe sein« und »Nicht versauern wie unsere Eltern« sind Redewendungen, die man oft hört.

Meist etwa in den zwanziger Jahren werden viele Möglichkeiten ausprobiert, die eigene Identität zu finden. Während die meisten Jugendlichen vorher nur wußten, was sie nicht wollen, versuchen sie nun, die Identitätsfindung auf verschiedenartige Weise zu erreichen. Doch häufig richtet sich die Jugend nur nach dem Trend der Massen und der Meinung Gleichaltriger. Nur zu schnell wird in den Zwanzigern behauptet, daß der einmal beschrittene Weg der einzig richtige sei, und nicht wenige meinen, ihr ganzes Leben an ihm festhalten zu müssen.

Die entscheidende Phase der Veränderung tritt häufig erst zwischen Ende der Zwanzig und Anfang der Dreißig auf. Der junge Mensch ist unzufrieden, weil »nichts weitergeht«. Männer wie Frauen haben ein Gefühl der Beengtheit; nur zu oft sind sie weder mit ihrer beruflichen Entwicklung zufrieden noch mit den persönlichen Entscheidungen, die sie getroffen haben, als sie in ihren Zwanzigern waren.

Diese Entscheidungen waren vom damaligen Standpunkt aus vielleicht schon richtig, doch nun treten für sie neue Aspekte in den Vordergrund. Sie beginnen, die damaligen Entscheidungen in bezug auf Beruf und Familie einer Neubewertung zu unterziehen. Häufig werden eben nun Sehnsüchte frei, neue Wege eingeschlagen. Oft verhilft einem Mann die Erkenntnis, doch nicht »der Größte« zu sein, dazu, realistischere Ziele anzuvisieren. Frauen, die sich bisher nur in ihrem Heim mit den Kindern wohlgefühlt haben, entwickeln Interessen, die außerhalb der Familie liegen. Das kinderlose Paar zieht vielleicht in Betracht, Kinder zu adoptieren.

Viele Verheiratete sind mit ihrer Ehe nicht zufrieden. Der Mann möchte nicht ausschließlich für sein berufliches Weiterkommen dasein, er möchte auch, mehr als bisher, seinen persönlichen Bedürfnissen und Neigungen leben. Die Frau will vielleicht eine angefangene Berufsausbildung zu Ende bringen oder wieder in ihrem alten Beruf tätig sein – zumindest halbtags.

Sehr oft sieht der Ehemann dieses Problem so: Natürlich möchte ich, daß meine Frau etwas unternimmt. Soll sie doch ihr Studium zu Ende machen, sich einem Hobby widmen oder vielleicht wieder berufstätig werden. Wichtig ist nur, sie hat etwas zu tun und quält mich nicht mit ihren Launen. Entwickelt sich aber seine Frau zu einer eigenständigen Persönlichkeit, so ist dann so vielen Männern diese Entwicklung gar nicht recht. In solchen Fällen kann es, wenn weder Mann noch Frau aufeinander eingehen, zu einer ernsten Ehekrise kommen.

5. Die Krise in der Mitte des Lebens

Irgendwann zwischen Ende Dreißig und Mitte Vierzig machen Männer wie Frauen eine unangenehme und oft turbulente Entwicklung durch. Die Hälfte des Lebens liegt hinter ihnen, der Druck der Zeit wird intensiv erlebt. Diese Phase der Entwicklung ist auch als Midlife crisis bekannt geworden. Entscheidend für diese innere Unruhe sind:

- Die körperlichen Kräfte lassen spürbar nach;
- da in diese Zeit häufig der Tod eines Elternteils fällt, erfährt man die Vergänglichkeit des eigenen Lebens;
- man identifiziert sich nicht mehr mit der Rolle, die man bisher gespielt hat;
- die eigene Identität, wie sie bisher gelebt wurde, wird als zu eng empfunden.

Besonders in dieser Lebensphase wird heftig und fordernd die Frage nach dem Sinn des Lebens gestellt: Weshalb tue ich das alles? Was hat das alles für einen Sinn? Was kommt morgen, was nach dem Tod? Wie kann dem Leben ein tieferer Sinn gegeben werden?

Wir stellen Wesenszüge an uns fest, die uns bisher verborgen gewesen waren. Das alte Ich beginnt abzusterben. In unserem Selbst bereiten sich

Veränderungen vor, eine neue Identität macht sich geltend. Wir beginnen davon Abstand zu nehmen, nur unserer Umwelt und dem Partner zu Gefallen zu sein. Diese Neuortung unserer Persönlichkeit ist gewiß alles andere als bequem. Doch wenn wir sie akzeptieren, dann haben wir die Möglichkeit, zu unserem eigenen Selbst zu finden.

Die Jahre in der Mitte des Lebens sind nicht einfach zu bewältigen. Schließlich gibt man Bekanntes auf und muß in die neue Lebensphase erst hineinwachsen. Wer es ablehnt, sich mit dieser neuen Lebensphase auseinanderzusetzen, wird sich nicht nur verbraucht fühlen, er resigniert auch bald. In einer solchen Situation wird der Beruf oft zur Hauptsache; weder Mitmenschen noch andere Interessengebiete vermögen zu interessieren. Vielleicht hat der Mensch Glück: Die unausgelebte Krise tritt dann um die Fünfzig auf und zwingt ihm den Prozeß der eigenen Wieder- und Neubelebung gleichsam auf.

Frauen spüren diese Entwicklung häufig früher als Männer. Sie glauben, an der Schwelle des Alters zu stehen, und meinen, nun sei die letzte Möglichkeit gekommen, ihrem Leben Sinn zu geben. Ihr Selbstbewußtsein wächst, neue Ziele eröffnen sich.

Manche Männer reagieren auf das Unbehagen ihrer Frauen, indem sie sich noch mehr für ihre berufliche Karriere einsetzen. Sie wollen die »letzte Chance« wahrnehmen, wollen endlich den vollen Durchbruch nach oben erreichen. Andere verlassen den Lebenspartner oder wechseln den Beruf. Wieder andere zeigen sich am beruflichen Vorankommen nicht mehr interessiert. Neue Interessen stehen im Vordergrund.

Häufig werden Menschen am Ende der Krise einfühlsamer und liebevoller. Ein tiefes Bedürfnis treibt sie, menschlichen Werten Geltung zu verschaffen, und sie suchen nach einem Sinn im Leben, der sogar noch über den Tod hinauszielt.

Nehmen Sie die Chance um die Lebensmitte wahr. Geben Sie Ihrem Leben neuen Sinn! Horchen Sie in sich hinein und verhelfen Sie Ihrem Selbst zum Durchbruch. Es bricht eine neue Lebensphase an, die zu den befriedigendsten in Ihrem Leben zählen kann.

Natürlich lassen sich Unbehagen und Schmerz nicht vermeiden, wenn man eine Lebensperiode verläßt und in die nächste hinüberwechselt. Allein schon in der Tatsache, sich der inneren Entwicklung nicht länger verschließen zu wollen, äußert sich Ihr Bereitsein, sinnvoll zu leben. Nur wer sich ändert, wächst. Und, wie schon gesagt, ein jedes Sichändern bedeutet aber, all die Werte aufzugeben, in denen man keinen Sinn mehr entdecken kann, und jene zu verwirklichen, die man nun als sinnvoll ansieht.

6. Die Jahre nach der Mitte des Lebens

Wer die Krise in der Mitte des Lebens bewältigt hat, kommt dann in ein Jahrzehnt, in dem sich für ihn neue Perspektiven eröffnen. Untersuchungen haben ergeben, daß bei manchen Menschen das unbestimmte Gefühl der Müdigkeit und Lustlosigkeit nicht biologisch aufgrund des Alters, sondern infolge des Mangels an Lebenssinn ausgelöst wird.

Wer aber die Krise um die Mitte des Lebens bewältigt, löst sich aus früheren Rollen und wächst nun in seine neue Identität hinein. In diesem Alter sind Menschen oft weniger daran interessiert, was die Umwelt über sie denkt; sie haben sich von dem Urteil der Mitmenschen weitgehend freigemacht. Der Zwang, mit anderen in Konkurrenz zu treten, läßt nach.

Menschen dieses Alters beginnen sich mehr für die zwischenmenschlichen Beziehungen zu interessieren. In der Ehe wird sehr häufig ein neues Glück erlebt. Die Beziehung zum Partner und zur Umwelt ist durch größere Toleranz gekennzeichnet. Eine neue Innerlichkeit kommt zur Geltung. Das Verhältnis zu Geld und Erfolg wird neu bewertet und die Einstellung in religiöser Hinsicht neu überdacht. Bisher vernachlässigte Interessen treten in den Vordergrund. Und von vielen Menschen dieser Altersstufe hört man, daß sie sich nach einem Tief zu ungeahnten Höhen der Lebensfreude aufgeschwungen haben.

Männer äußern ihr Bedürfnis nach Zärtlichkeit, Frauen bekennen sich zu ihren eigenen Gefühlen; das Interesse am Partner nimmt zu. Wir erreichen eine Lebensperiode, in der wir Dinge tun, die uns am Herzen liegen. Wir werden immer mehr zu dem, der wir eigentlich sein wollen und sind.

7. Ein Bestsellerkönig will mit Ende Sechzig Maler werden

Kennen Sie die Geschichte des Dänen Willy Breinholst? Der Sohn einer armen Bauernfamilie war von Beruf ursprünglich Sargschreiner. Jahrzehntelang widmete er sich der Schriftstellerei. Heute ist er vierundsechzig Jahre alt. Jeden Tag schreibt er von zehn bis fünfzehn Uhr an seinen Büchern. Niemand darf ihn in dieser Zeit stören, selbst seine Frau Gudrun nicht. Stolz nennt er sich selbst den König der Bestsellerautoren. Dazu hat er auch allen Grund. Von seinen letzten sechs Titeln wurden allein in Deutschland fast zwei Millionen Exemplare verkauft. Die Weltauflage seiner Bücher beträgt um fünfzehn Millionen. Seine fröhlichen Geschichten handeln vom Familienleben, von der Ehe, von Kindern und von der Liebe. Er wohnt vor den Toren Kopenhagens in einem roten Backsteinhaus. Neben der Schriftstellerei gilt seine ganze Liebe der Malerei. Sein ganzer Stolz ist seine große private Kunstsammlung alter Meister. Als er gefragt wurde, was er denn noch alles für die Zukunft vorhabe, antwortete er: »1985 mache ich mit dem Schreiben endgültig Schluß. Bis dahin werde ich hundert Bücher geschrieben haben. Dann ziehe ich nach Japan und male nur noch. Schließlich habe ich das Zeug zu einem großen Maler.«

Da hämmert jemand auf die Tasten seiner Schreibmaschine, bringt einen Bestseller nach dem anderen zustande und will mit dieser altgewohnten, jahrzehntelang erfolgreichen Tätigkeit Schluß machen, um endlich neue Neigungen seiner Persönlichkeit zu entfalten! Selbst Ende der Sechzig sind Menschen also in der Lage, vom Geleise des Gewohnten abzugehen und ihrem Leben einen neuen Sinn zu geben. Die alte

Identität kann zu jeder Zeit zurücktreten und neuen, bisher unausgelebten Bereichen des eigenen Ich zum Durchbruch verhelfen.

8. Leni Riefenstahl begann mit Siebzig zu tauchen

Daß man sich auch in seinen Siebzigern noch mit Dingen beschäftigen kann, die große körperliche Rüstigkeit voraussetzen, bewies Leni Riefenstahl.

Die Tänzerin, Schauspielerin und Malerin Leni Riefenstahl war einundsiebzig Jahre jung, als sie sich während eines Urlaubs in Malindi einer Gruppe von Schnorchlern anschloß. Sie tat es eigentlich mehr aus Neugierde, denn bisher waren nur Schifahren und Bergsteigen ihre Hobbys gewesen. Als sie zum ersten Mal das Reich unter Wasser sah, war sie fasziniert von der farbenprächtigen Welt, die sie umgab. Wie gerne wäre sie den mit phantastischen Farbornamenten verzierten Fischen weiter gefolgt! Doch Pfiffe und Rufe rissen sie los. Sie schwamm zum Boot zurück, in dem all die vielen Reiseteilnehmer schon auf sie warteten. Sie war unglücklich, die neue Welt erst am letzten Tag ihres Urlaubs erlebt zu haben.

Ein Jahr später flog sie mit eigener Ausrüstung – Schnorchel, Maske und Flossen – wieder nach Kenia. Täglich blieb sie mehrere Stunden unter Wasser. Das Erlebnis der Schwerelosigkeit beim Tauchen nahm sie völlig gefangen. Sie bedauerte nur, jeweils nicht länger unter Wasser bleiben zu können – es fehlte ihr eine Taucherausrüstung mit Preßluftflasche. Um diese zu erwerben, mußte man im Besitz eines Tauchscheins sein.

Also galt es, einen Tauchkurs zu absolvieren. Wer würde aber eine Frau als Kursteilnehmerin aufnehmen, die bereits das einundsiebzigste Lebensjahr vollendet hatte? Frau Riefenstahl nahm eine kleine Korrektur vor: Sie machte sich um zwanzig Jahre jünger, im Anmeldeformular änderte sie ihr wahres Geburtsjahr 1902 auf 1922 ab. Auch damit war sie noch immer mit Abstand die älteste Teilnehmerin, und eigentlich hätte ihr wohl niemand die erfolgreiche Ablegung der Abschlußprüfung zugetraut.

Als sie am Prüfungstag dem Tauchlehrer in zehn Meter Tiefe folgen mußte, war der Himmel grau und das Meer sehr bewegt. »Sie finden mich unten am Anker«, sagte der Tauchlehrer und sprang ins Wasser. Gegen die eigene Angst ankämpfend folgte ihm die unerschrockene Frau. Die Sicht betrug höchstens zwei Meter. Nachdem sie den Tauchlehrer erreicht hatte, schwammen beide zu einem Korallenriff, wo sie die schon im Swimming-pool geprobten Übungen wiederholen mußte: Maske ausblasen, Flasche, Maske und Bleigürtel aus- und wiederanziehen usw. Als Abschluß kam nach der Wechselatmung der Notaufstieg.

Erst als die Kursteilnehmer den Erwerb des Tauchscheins gemeinsam feierten, gestand sie ihr wirkliches Alter ein. Die anderen wollten es einfach nicht glauben. Unter großem Hallo ließ man LENI RIEFENSTAHL hochleben. Bereits am nächsten Tag nahm die frischgebackene Taucherin an einem Tauchgang am Außenriff teil, der in größere Tiefen führte. Diesmal war die Sicht ausgezeichnet. Ihr erschloß sich eine neue, geheimnisvolle Welt unter Wasser; die Stille der Tiefe steigerte noch das Erlebnis. War ein Tauchgang beendet, so fieberte sie schon dem nächsten entgegen.

Bald gesellte sich dazu ein neues, altes Interesse. Als ausgebildete Photographin hatte die Frau das Bedürfnis, was sie an Schönheit unter Wasser sah, mit der Kamera festzuhalten. Anfangs galt ihre Aufmerksamkeit den großen Fischen und Korallen, doch in der Folge interessierte sie sich auch für die vielen Pflanzen und kleinen Lebewesen, die das Riff bevölkerten.

Bald führte sie auch in der Nacht Tauchgänge im Lichtkegel von Unterwasserscheinwerfern durch. Aufgrund des Studiums der Fachliteratur vertiefte sie ihre Kenntnisse der Unterwasserphotographie. Aus eigenen Fehlern lernte sie. Unter Wasser zu photographieren ist erheblich schwerer als an der Luft. LENI RIEFENSTAHL schaffte es, bereits nach fünf Jahren – im Alter von fast achtzig Jahren! – Aufnahmen aus der Tiefe mit nach oben zu bringen, die sie in die erste Reihe der Unterwasserphotographen stellten. In ihrem prächtigen Buch *Korallengärten* veröffentlichte sie diese erstaunlichen Dokumente.

Kaum jemand unter den Tauchern oder Photographen hätte diese Leistungen für möglich gehalten. Zum Tauchen muß man jung sein, dachten alle Taucher. Und die Unterwasserphotographie mit Blitzlicht stellt, wie jeder Photograph weiß, außerordentliche technische Anforderungen.

Diese Frau von mehr als achtzig Jahren hat nichts von dem Enthusiasmus eingebüßt, mit dem sie das Tauchen begann. Sie photographiert und filmt unter Wasser in der Karibik, in Afrika, auf den Malediven. Sie ist der Schönheit jener Welt unter Wasser verfallen. In der Tiefe hat sie einen neuen Lebensinhalt gefunden, der sie ebenso glücklich macht wie ihre früheren Leistungen als Tänzerin, Malerin, Filmstar und Filmemacherin. Ihr Enthusiasmus ist ungebrochen.

Natürlich war es auch für eine Frau ihres Formats alles andere als einfach, in ihre neue Rolle hineinzuwachsen. Schließlich mußte sie ja nicht nur die nötigen körperlichen Voraussetzungen aufbringen; vor allem galt es, die Angst vor dem Tauchen zu überwinden und Panikreaktionen unter Wasser zu vermeiden. Die Faszination des Schönen unter Wasser gab Leni Riefenstahl die Kraft, all diese Widrigkeiten zu überwinden und zu einer neuen Glückserfahrung zu finden.

9. Krisen muß man sich stellen

Nicht nur der Eintritt in einen anderen Lebensabschnitt kann für den Menschen Anlaß sein, sich die Frage nach dem Sinn des Lebens zu stellen; auch unvorhergesehene Lebenskrisen können dies auslösen. Erinnern Sie sich an Manfred Bühler? Der Verlust seines Arbeitsplatzes zwang ihn, seinem Leben einen neuen Sinn zu geben. Doch nicht nur die verschiedenen Lebensabschnitte, auch so manche äußeren Ereignisse verhindern, daß der Mensch in die Selbstzufriedenheit einer angeblich »vollkommenen Reife« versinkt.

Unvorhergesehene Krisen können sehr unterschiedliche Ereignisse auslösen:

- Krankheit;
- ein großer finanzieller Rückschlag;
- der Tod eines geliebten Menschen;
- das Verlassenwerden durch den Partner;
- das Fehlschlagen eines Planes, an dem dem Ideenträger viel liegt.

Was auch immer der auslösende Faktor sein mag, die Krise zwingt uns, sich ihr zu stellen, und zwar sofort und ohne Vorbereitung. Die Krise ruft uns gleichsam zu, uns selbst durch inneres Wachstum und Wandlung eine neue Form zu geben. Damit unser Selbst leben kann, muß es um dieser notwendigen Veränderung willen auch bereit sein, sich zu wandeln. Wenn wir Stabilität erreichen wollen, so können wir sie nur in uns selbst finden, und zwar als Stabilität einer Richtung, die auf die Bewußtmachung in uns schlummernder Kräfte gerichtet ist. Doch dies ist nicht die Stabilität des Stillstandes, sondern die einer dynamischen Bewegung.

Natürlich kann man vor Gefahren oder Tatsachen davonlaufen und in der eigenen Stagnation verharren. Häufige Fluchtmechanismen sind:

- Noch mehr Arbeit;
- Resignation;
- erhöhter Lebensmittel-, Alkohol-, selbst Drogenkonsum;
- das Wegschieben, das Ignorieren des Problems;
- die Flucht in Phantasiewelten;
- das Suchen der Schuld bei anderen, was meist darauf hinausläuft, der Familie Vorwürfe zu machen und sie zu verlassen.

Doch so geraten Sie, wenn Sie das tun, nur immer tiefer in die Sackgasse einer inneren Verhärtung. Nur wenn Sie sich der Krise stellen und sie sinnvoll bewältigen, werden Sie zu einem neuen Wohlbefinden gelangen.

10. So können Übergangsphasen bewältigt werden

Kommen wir noch einmal auf den Fall des Herrn Bühler zurück. Einem Freund gegenüber gestand er: »Ich bin sehr froh, daß ich die schwierige Durchgangsphase überwunden habe. Natürlich war es schmerzvoll, mein bisheriges Leben aufzugeben. Es war, als müßte ich mein altes Ich beiseite legen. Doch als mir klarwurde, daß ich in meinem ganzen bisherigen Leben stets von Institutionen abhängig gewesen war – von der Firma, der Kirche und meinem Verein –, ging es leichter. Heute bin ich froh, das Risiko eingegangen und mich für die Selbständigkeit entschieden zu haben. Ich habe zum erstenmal das Gefühl, mein Leben selbst zu gestalten. Ich bin flexibler und tatkräftiger geworden. Mein Leben ist reicher geworden, und ich fühle mich innerlich stark.«

Jeder, der in einer Durchgangsphase steckt – also von einer Phase des Lebens in eine andere übergeht –, macht hierbei folgende Entwicklungen durch:

□ *Die Phase des In-die-Zukunft-Schauens:* Um seinem Leben eine neue Richtung zu geben, ist geistige Offenheit nötig. Sie stellen sich vor, wie Sie die nächste Lebensphase gestalten möchten. Das gibt Ihnen die Kraft, die Veränderung zu wagen.

□ *Die Phase der Ablösung von der alten Identität:* Die Abkehr von der früheren Identität, die die Neuentwicklung einleitet, ist häufig mit einem Gefühl der Angst verbunden. Teile des alten Ich müssen aufgegeben werden; nur so kann sich die neue Persönlichkeit entfalten. Um sich aber von der alten Persönlichkeit zu lösen, muß auf alte Gewißheiten und Verhaltensweisen verzichtet werden. In solchen Situationen ist es sehr hilfreich, sich nicht mehr bewußt mit dem eigentlichen Problem zu beschäftigen, sondern die Aufmerksamkeit anderen Dingen zuzuwenden. Das kann zum Beispiel durch einen Spaziergang geschehen oder durch Meditation, Musik- oder Kunsterlebnisse. Häufig tauchen aus dem Unterbewußtsein intuitiv Bilder oder Gewißheiten auf, die uns helfen, die Übergangsphase zu bewältigen.

Auch Herr Bühler machte diese Erfahrung. Später berichtete er seinem Freund: »Anfangs litt ich unter meinem Ausscheiden aus der Firma so stark, daß ich schon am Morgen im Halbschlaf im Bett ein bedrückendes Gefühl in der Magengegend hatte. Erst drei Wochen später legte sich diese Angst. Ich saß auf einer Bank im Wald und lauschte dem Gesang der Vögel. Plötzlich stiegen Bilder über mein neues Leben in mir auf. Ich sah mich in selbständiger Position technische Entwürfe machen. Meine Zweifel und Ängste verflogen, ich empfand neue Zuversicht. Ich spürte, daß ich meine neue Lebensphase schöpferisch bewältigen konnte, und das gab mir Kraft.«

□ *Die Entwicklungs- oder Erweiterungsphase:* In dieser Phase betritt man Neuland. Bei Leni Riefenstahl traf dies zu, als sie dem Tauchlehrer in die Tiefe der Unterwasserwelt nachsprang und am nächsten Tag den ersten faszinierenden Tauchgang erlebte. Manfred Bühler erlebte diese Entwicklungsphase, als er sein eigenes Ingenieurbüro eröffnete. Um welche neue Tätigkeit es sich auch immer handeln mag: diese Phase stellt zwar hohe Anforderungen an uns, mobilisiert aber auch Energiereserven. Wir werden aufgeschlossener; eine Flut neuer Einsichten und Erkenntnisse kommt auf uns zu. Voraussetzung dafür ist freilich, daß wir tatsächlich unseren wirklichen Neigungen und Überzeugungen folgen. Indem wir auf neue Art auf Ereignisse reagieren, erweitern wir unser Selbst. Die neuen Möglichkeiten, die sich uns bieten, entschädigen uns für die Konflikte, die wir in dieser Zeit durchzustehen haben. Daraus erwächst für uns die Gewißheit: Wir haben diese Krise bewältigt, und wir werden auch die nächste schaffen.

An uns allein liegt es, wie wir uns verhalten. Wir können und sollen alte Verhaltensweisen durch neue ersetzen, die unserer Persönlichkeit zu einer Weiterentwicklung verhelfen.

□ *Die Ruhephase:* Nach der heftigen Entwicklungsphase folgt eine Periode der Ruhe. Wir verarbeiten das neue und tanken in der Ruheperiode neue Kräfte auf. Wir freuen uns über das Erreichte und haben Zeit, die vollzogenen Veränderungen voll in uns aufzunehmen.

Wir wachsen immer mehr in ein neues Verständnis unserer eigenen Persönlichkeit und auch der Umwelt hinein.

11. Eine Mutter wächst über sich selbst hinaus

Vor kurzem machte ich eine längere Bahnreise. Wir waren vier Personen im Abteil. Mir gegenüber saß eine katholische Nonne, die etwa siebzig Jahre alt war. Am Fenster neben mir saß eine Dame um die Sechzig, ihr gegenüber ihr Ehemann. Wie so häufig bei Zugreisen waren die Reisenden zunächst zurückhaltend; jedermann beschäftigte sich mit sich selbst. Nach einiger Zeit taute das Eis, ein Gespräch kam auf. Plötzlich entfuhr der Dame neben mir ein Seufzer: »Ach, wie ist das Leben doch trostlos! Man kann gar keine Freude daran finden, ich bin nahe daran zu verzweifeln. Es hat alles keinen Sinn.«

»Na, ganz so schlimm wird es schon nicht sein«, versuchte ich die Frau zu beruhigen.

»Wenn Sie alles wüßten«, entgegnete sie, »wären Sie wahrscheinlich anderer Meinung.«

In diesem Moment ging ihr Mann aus dem Abteil. Nun ließ die Dame ihre Zurückhaltung fallen und erzählte von ihrem Leben:

»Wissen Sie, ich habe sechs Kinder großgezogen. Fünf haben einen ordentlichen Beruf erlernt und bereiten mir eigentlich nur Freude. Aber die Jüngste ist mein Sorgenkind. Fast dreißig Jahre ist sie alt und hat nun schon zum viertenmal versucht, sich das Leben zu nehmen. Mit Zwanzig, müssen Sie wissen, geriet meine Tochter in Abhängigkeit von einem Rauschgifthändler, der außerdem wegen anderer Delikte vorbestraft war. Was wir auch unternahmen, es gelang uns nicht, unser Kind seinem Einfluß zu entreißen. Lona wurde süchtig. Vor einigen Jahren mußte sie in eine psychiatrische Klinik eingeliefert werden. Dort ist sie nun schon das vierte Mal. Gestern erhielten wir Nachricht aus der Klinik, daß unsere Tochter erneut versucht hat, sich das Leben zu nehmen. Jetzt fahren wir hin zu ihr. Es ist erst zwei Monate her seit unserem letzten Besuch, als sie auch schon einen Selbstmordversuch unternommen hatte. Damals sagte sie mir: ›Versucht doch nicht immer, mich daran zu hindern, mich umzubringen. Irgendwann wird es mir schon gelingen. Mir liegt nichts mehr am Leben.‹ So steht es um unsere Tochter. Begreifen Sie nun, wie es in meinem Inneren aussieht?«

Ich schwieg, zutiefst betroffen. Nach einer Weile richtete ich eine Frage an die leidgeprüfte Mutter:

»Stellen Sie sich doch bitte einmal eine reiche Frau vor, die vom Schicksal sehr verwöhnt wird. Jeder Wunsch wird ihr erfüllt, sie braucht sich mit Problemen nicht auseinanderzusetzen, weil sie keine hat. Diese Frau kennt keine materiellen Sorgen, ihr Leben ist in gesellschaftlicher und auch in erotischer Hinsicht, wie man so sagt, ein einziger Erfolg – aber auch nicht mehr. Muß sie sich an ihrem Lebensende nicht sagen: Ich bin im Leben verwöhnt worden. Die Männer liefen mir nach. Nun bin ich alt, Kinder habe ich auch keine. Wozu war ich eigentlich auf der Welt? Kann diese Frau eine positive Bilanz ihres Lebens ziehen?«

Nach einer kurzen Pause stellte ich ihr eine weitere Frage: »Welches Leben hat wohl mehr Sinn? Das der verwöhnten, sorgenlosen Frau oder Ihr eigenes Leben?«

»Meins natürlich«, entgegnete mein Gegenüber selbstbewußt, und man konnte deutlich sehen, wie die Verzweiflung von ihr wich. »Wissen Sie«, fuhr sie fort, »anläßlich unseres letzten Besuches in der Klinik bat mich der behandelnde Arzt zu sich. Er wies auf einen Stapel von Akten auf seinem Tisch, die alle, wie er sagte, Entmündigungsanträge von Angehörigen enthielten. Er legte meinem Mann und mir nahe, doch auch ein Entmündigungsverfahren einzuleiten. ›Das kommt überhaupt nicht in Frage‹, sagte ich ihm. ›Eine solche Einwilligung bekommen Sie von mir und meinem Mann nie.‹ Ich gebe doch der Klinik nicht die Erlaubnis, mit meinem Kind womöglich Experimente zu machen! Niemand wird mich abhalten: Ich werde nicht aufgeben, um mein Kind zu kämpfen.«

Nicht nur ich war von der Haltung der geprüften Mutter ergriffen, auch die Nonne zeigte sich tief beeindruckt. Beide äußerten wir unsere

Hochachtung vor der Tapferkeit dieser Frau. Selbst im Leid sah sie in ihrem Leben noch einen Sinn. Sie kämpfte um das Wohl ihrer Tochter. In dieser Sinnfindung wächst sie zweifellos über sich hinaus.

12. Sinn läßt sich in jeder Situation entdecken

Obwohl es dieser Mutter schwerfiel, an eine Wende im Leben ihrer Tochter zu glauben, gab sie nicht auf und tat alles, um Lona zu helfen.

Die Frage drängt sich auf: Ist es überhaupt sinnvoll, Anstrengungen zu unternehmen, wenn die Lage aussichtslos zu sein scheint? Oder darf eine Situation grundsätzlich nie als hoffnungslos bezeichnet werden? Der Mensch kann nicht in die Zukunft blicken, und daher weiß er nie mit Sicherheit, ob das, was er tut, Erfolg haben wird oder nicht. Daraus folgt aber, daß eine Situation niemals ganz aussichtslos sein kann. Doch nicht nur das: Ganz unabhängig davon, ob nun tatsächlich die aufopfernden Bemühungen der Mutter die langersehnte Wende im Leben der Tochter bewirken werden oder nicht, bleiben folgende Tatsachen bestehen:

- Die Anstrengungen der Mutter kann niemand ungeschehen machen;
- niemand vermag die Opfer auszulöschen, die sie für die Tochter gebracht hat;
- niemand kann ungeschehen machen, was die Mutter tapfer und aufopfernd durchgestanden hat.

Was uns auch immer das Leben beschert, wir sollten uns stets davor hüten, eine gegebene Situation als aussichtslos zu bezeichnen; das zwänge uns, jegliches Handeln als sinnlos anzusehen. Wie die Lage auch sein mag, stets bietet sie uns Möglichkeiten, Werte zu verteidigen, an die wir glauben. Und so läßt sich in jeder Situation ein Sinn entdecken.

13. Kann der Sinn unseres Lebens im Egoismus liegen?

Setzen Sie sich auch für Anliegen ein, die über Ihre eigene Person hinausgehen? Oder sind Sie der Ansicht, daß Sie sich so etwas nicht leisten können, da Sie zu sehr mit sich selbst beschäftigt sind? Lehnen Sie etwa einen Einsatz für ein soziales Anliegen ab? Nicht wenige Menschen meinen:

- O Meine eigenen Interessen sind mir am wichtigsten;
- O ich brauche meine ganze Zeit für mich;
- O meine Aufgabe ist es, meine Persönlichkeit weiterzubringen;
- O ein Eintreten für öffentliche Interessen fördert nicht die Entwicklung meiner Persönlichkeit;
- O setze ich mich für die Interessen der Gesellschaft ein, so ernte ich nur Undank;
- O ich bin an nichts außer an mir selbst interessiert.

Viele sind sogar noch stolz darauf, diese Ansichten zu vertreten. Und das verwundert nicht. Schließlich wurden die meisten, die so denken, viele Jahre nur für die Interessen und zum Nutzen anderer eingespannt und so an ihrer Selbstentfaltung gehindert. Darum erscheint es ihnen natürlich notwendig, vor allem an sich selbst zu denken. Und klar stimmt es: Wer sich entfalten will, muß sich auch behaupten können.

Macht aber den Menschen tatsächlich nur die Beschäftigung mit sich selbst glücklich? Sind diejenigen am besten dran, die sich allein dem eigenen Sein widmen? Oder ist es nicht vielleicht anders? Ist es nicht so, daß in uns selbst bisher nicht erahnte Dimensionen aufbrechen, wenn wir uns für etwas engagieren, das außerhalb unseres eigenen Rahmens und unserer unmittelbaren Interessen liegt?

In vielen Gesprächen mit meinen Mitmenschen ist mir deutlich geworden: Wer innerlich erfüllt war, der hatte auch ein Ziel, das außerhalb seiner Person lag.

Eine Bühnenkünstlerin, die sich am Wochenende oft der Pflege von Behinderten widmet, sagte mir über ihre Tätigkeit: »Wenn ich abends nach Hause komme, bin ich zwar todmüde, aber ich fühle mich sehr glücklich.« Das Engagement für die Kranken gibt ihrem Leben einen zusätzlichen Sinn.

Ein Umweltschützer berichtete mir: »Wenn ich meinen kleinen Beitrag zur Umweltverbesserung leiste, habe ich das Gefühl, über mich selbst hinauszuwachsen. Ich fühle mich auf einer höheren Stufe eins mit der Natur und erlebe ein tief ergreifendes Allgefühl.«

Ein Vater, der sich abmüht, die Leistungen seines Kindes im deutschen Aufsatz zu verbessern, erzählte: »Natürlich ist es für mich nicht leicht, mich nach meiner beruflichen Arbeit mit dem Kind zu beschäftigen. Auch bringt man nur mit Mühe die dazu nötige Geduld auf. Häufig fühle ich mich nach dieser Tätigkeit erschöpft. Bald bricht dann aber in mir eine positive Grundstimmung durch, und ich fühle ein Glück, das vom Grunde meines Wesens aufsteigt.«

Es kann nicht der Sinn des Lebens für uns alle sein, sich nur mit seinen eigenen Angelegenheiten zu beschäftigen. Genauso falsch wäre es auch, sich allein für die Interessen anderer aufzuopfern. In welchem Ausmaß Sie selbst sich für die Interessen Dritter einsetzen sollen, das hängt ganz von Ihnen selbst ab. Worauf es ankommt: Sie müssen etwas tun, das über Sie selbst hinauszielt. In der Liebe zu ihrer Tochter wächst die leidgeprüfte Mutter über sich selbst hinaus.

Je mehr Menschen ihr eigenes Ich zurückstellen, desto mehr erfüllen sie sich als Mensch. Jedermann vermag sich in einem hohen Maß zu verwirklichen, wenn er bereit ist, sich auch gelegentlich selbst zu vergessen. Wer nur seinen eigenen Interessen lebt, der kennt nicht das gleiche Glücksgefühl wie jemand, der sich auch für Aufgaben einsetzt, die außerhalb seiner Interessen liegen.

14. Der Sinn als Schrittmacher des Lebens

Als ich Frau Dr. Keller (Name geändert) im Zuge eines Meditationsseminars kennenlernte, befand sie sich in einer tiefen Krise. »Wissen Sie«, so berichtete sie mir, »vor einigen Monaten ist mein Mann gestorben, den ich sehr geliebt habe. Er war ein Mensch voller Liebe und Güte, ein wunderbarer Mann. Er starb völlig überraschend an einem Herzschlag. Ich kann es immer noch nicht fassen, daß mein geliebter Mann nicht mehr lebt. Das ist jedoch nicht mein einziges Problem. Ich habe auch Schwierigkeiten mit meiner Praxis. Ich bin Röntgenärztin, bin jetzt Anfang der Sechzig und hatte vor, noch einige Jahre berufstätig zu sein. Aber letztes Jahr habe ich nur Verluste gebaut. Meine Geräte sind nicht die allermodernsten, und die Ärzte der Umgebung schicken ihre Patienten lieber zu einer jüngeren Kollegin. Meine Ersparnisse reichen längst nicht mehr aus, die Mehrkosten zu decken. Die Bank übt schon Druck auf mich aus, ich möge mein Haus verkaufen. Ich bin am Ende – zuerst der Schmerz um meinen Mann und dazu noch die Sorge um meine Zukunft!«

Etwa vier Monate später traf ich die Ärztin wieder. »Trotz aller meiner Anstrengungen ist es mir nicht gelungen, die Praxis zu halten«, erklärte sie. »Ich werde sie demnächst schließen. Mein Haus verkaufe ich gegen eine Leibrente, den Käufer habe ich schon. Auf diese Weise kann ich weiter im Haus wohnen, meinen Lebensunterhalt bestreiten und meine Schulden bei der Bank abzahlen. Es bleibt mir immer noch mein Ferienhaus in Spanien.

Eigentum und Besitz belasten mich nicht mehr. Ich habe erkannt, daß meine Probleme zum Teil darauf zurückzuführen waren, daß ich dermaßen auf das Materielle fixiert war. Jetzt, da mein Herz nicht mehr an dem Haus hängt, schmerzt es mich auch nicht, daß es mir gar nicht mehr gehört. Ich habe auch weitgehend das Selbstmitleid überwunden, in das ich mich nach dem Tod meines Mannes hineingesteigert habe. Der Tod meines Mannes hat mir, jetzt erkenne ich es, für mein Leben einen neuen Sinn eröffnet. Wie ich Ihnen schon sagte, hatte ich einen Mann, der mich in seinen menschlichen Qualitäten weit überragte. Ich werde versuchen, ihm im rein Menschlichen nahezukommen. Das ist nun, wenn Sie wollen, der Sinn meines Lebens. Darum stört es mich auch nicht, daß ich meine Praxis aufgegeben habe. Ich habe meinen neuen Lebenssinn entdeckt.«

Aus dem Gesicht der Ärztin sprach Zuversicht und innere Ruhe. Ich war mir sicher, daß da ein Mensch bewußt in eine neue Phase seines Lebens hineinwächst. Ob die Frau diese Entwicklung ihrer Persönlichkeit auch mitgemacht hätte, wenn sie ihre Praxis behalten hätte und ihr Mann nach ihr gestorben wäre? Wohl kaum. So hat sogar der Tod des Mannes der Frau einen neuen Sinn für ihr Leben offenbart.

15. Die Frage nach dem höchsten Sinn

Kommen wir noch einmal auf den Fall der Ärztin zurück. Sie hat das unabwendbare Unglück und Leid akzeptiert. »Ich konzentriere mich auf die Entwicklung meiner Persönlichkeit, die vor mir liegt«, sagte sie. Selbst im Leid verstand es die Frau, einen Sinn in ihrem Leben zu erkennen. Das Leid veranlaßte sie sogar dazu, eine Überprüfung ihrer Einstellung vorzunehmen und sich dem Wesentlichen zuzuwenden. Dazu war sie aber nur fähig, weil sie fest an einen letzten und höchsten Sinn im Leben glaubte. Diese Vorstellung ist unbewußt den meisten Menschen eigen.

Von einem höchsten Sinn überzeugt zu sein, bedeutet längst noch nicht, ein religiöser Mensch zu sein – im Sinne eines Mitglieds einer der verschiedenen Konfessionen oder Glaubensrichtungen. Für ALBERT EINSTEIN war ein religiöser Mensch bereits der, der die Frage nach dem Sinn des Lebens stellt. Und man muß nicht an einen Gott glauben, wenn man anerkennt, daß es Bereiche der Existenz gibt, die außerhalb der normalen menschlichen Erfahrung liegen. Der Mensch war sich seit jeher bewußt, daß es eine höhere oder höherdimensionale Realität gibt, die seiner Vernunft nicht zugänglich ist. Das Wissen darüber ist ihm nur aufgrund seiner eigenen, unmittelbaren Erfahrung möglich. Das wird in Kapitel 8 noch erörtert werden.

Will man diese höherdimensionale Realität an sich erfahren, so gilt es, das menschliche Bewußtsein zu ändern. Zu tiefen Einblicken in die höherdimensionale Realität sind Mystiker, Propheten und Künstler gelangt. Die Erfahrung eines intensiven Erlebens und Teilhabens an einer höheren Welt ist jedoch keineswegs nur wenigen »Erwählten« vorbehalten; sie stehen jedem Menschen offen. In solchen Erlebnissen erhellt sich dem Menschen das Geheimnis seiner Existenz. Er erfährt, daß sein Dasein höchsten Sinn hat.

Die unmittelbare, persönliche Erfahrung einer höherdimensionalen Realität legt daher dem Menschen die Gewißheit nahe, daß es eine höhere Ordnung gibt.

Die Tatsache, daß die Naturwissenschaft die einem höchsten oder letzten Sinn zuzuordnende Realität nicht kennt, beweist längst noch nicht, daß es sie nicht gibt. Der höchste Sinn menschlicher Existenz leuchtet ja eben erst gerade in Bereichen der Realität auf, die unserem Verstand und somit der Naturwissenschaft nicht zugänglich sind.

Zusammenfassung

1. Suchen Sie nicht eine trügerische Sicherheit in materiellem Besitz oder gesellschaftlicher Stellung. Auch ist die Vorstellung von ständiger Sicherheit und Lebensharmonie irrig.
2. Entschließen Sie sich dazu, Herausforderungen zu akzeptieren und Wagnisse einzugehen. Ohnehin gibt es nur eine Sicherheit, auf die Sie bauen können: Sie sind imstande, sich in jeder Lebenssituation zurechtzufinden – wenn Sie es nur wollen.
3. Nachdem der junge Mensch sich vom Elternhaus gelöst hat, bemüht er sich um seine Identitätsfindung. In ihren Dreißigern haben die Menschen oft Probleme mit ihrer ursprünglichen Berufswahl. Männer und Frauen setzen sich mit bisher verborgenen Neigungen und Bedürfnissen auseinander.
4. In der in der Mitte des Lebens einsetzenden Krise suchen die Menschen oft nach dem Sinn des Lebens. Wer diese Phase der inneren Wandlung akzeptiert, kann sich selbst besser erkennen und sich zu einer neuen Persönlichkeit entwickeln. Dann bricht einer der befriedigendsten Lebensabschnitte an.
5. Zwischen Mitte Vierzig und Mitte Fünfzig entwickelt sich ein Hang zur Innerlichkeit. Neue Bereiche werden entdeckt, das Interesse am Partner nimmt wieder zu.
6. Nicht nur die verschiedenen Lebensabschnitte, auch unvorhergesehene Lebenskrisen geben Anlaß zur Frage nach dem Sinn des Lebens. Nur wer sich der Krise stellt und sie bewältigt, wird zu neuem Wohlbefinden gelangen.
7. Der Wechsel von einem Lebensabschnitt zum nächsten vollzieht sich in verschiedenen Phasen, die durch den Vorausblick in die Zukunft, die Ablösung von der alten Identität, den Aufbruch ins Neuland und die dann folgende Ruhepause gekennzeichnet sind.
8. Wer einen Lebenssinn hat, entwickelt ungeahnte Kräfte, die sogar zur Bewältigung tiefen Leides ermächtigen.
9. Die meisten Menschen glauben – bewußt oder unbewußt – an einen höchsten Sinn im Hinblick auf eine höhere Welt. Den Zugang zu dieser der Vernunft entzogenen Realität können wir nur durch Bewußtseinsveränderung finden.
10. In Erlebnissen der Erfahrung einer höheren Wirklichkeit kann uns der verborgene Sinn einer wie immer gearteten Lebenssituation klarwerden.

Kapitel 3

Was hindert Sie, neue Wege zu gehen?

1. Fremdbestimmung als Hindernis auf dem Weg zum Lebenssinn

Wer seinem Leben einen Sinn geben will, der muß darauf achten, nicht unter den Einfluß einer Fremdbestimmung zu geraten. Nur zu leicht wird man abhängig von der Meinung anderer. Viele Menschen orientieren sich ständig an ihren Mitmenschen, nur damit sie von diesen Anerkennung und Bestätigung erlangen; sie setzen sich Ziele, die nicht ihre eigenen sind.

Nun ist eine Bestätigung durch Mitmenschen zwar durchaus angenehm und für viele Menschen wichtig. Zum Problem wird das Streben nach Bestätigung dann, wenn Sie sich auch bei der Suche nach dem Sinn Ihres Lebens von diesem Streben leiten lassen. Wenn Sie Ihr eigenes Leben führen wollen, müssen Sie sich von jeglicher Außenbeeinflussung freimachen. Und darum ist es wichtig, die Ursachen Ihrer Abhängigkeit zu kennen. Stellen wir daher die Frage: Woher kommt dieser allgemein verbreitete Drang nach Bestätigung?

Das Bedürfnis nach Bestätigung beruht auf der Einstellung: Hör nicht auf dich selbst, frage zuerst die anderen. Und diese Verhaltensweise ist wiederum das Produkt der Erziehung. Der Erziehungsprozeß, der auf das Kind einwirkt, ist in der Regel repressiv, unterdrückend. Da heißt es: »Sei nicht so laut!«, »Mach dich nicht schmutzig!«, »Spring nicht herum!« Das Kind wächst auf in einer Welt von Geboten und Verboten. Es kommt gar nicht dazu, seine natürliche Vitalität auszuleben. Es wird dazu erzogen, bei allem, was es tut oder denkt, stets Vater oder Mutter zu fragen. Und dann soll das Kind auch immer noch braver, gescheiter und erfolgreicher sein als alle anderen. Die übliche Erziehung ist nicht nur repressiv, sondern sie fördert auch noch die durch verhängnisvolles Rivalitätsdenken geschürte eifersüchtige Konkurrenz.

»Mutti, was soll ich tun? Was soll ich anziehen?« Vielleicht sagt die Mutter: »Zieh an, was du willst.« Erscheint das Kind aber dann in Hemd und Hose, läßt der Tadel nicht auf sich warten: »Die Farbe der Hose paßt doch nicht zum Hemd. Zieh etwas anderes an ...« Und wenn wenige Tage später das Kind wieder fragt: »Was soll ich anziehen?«, sagt vielleicht die Mutter: »Ich hab' dir doch neulich gesagt: Zieh an, was du willst. Warum fragst du mich schon wieder?«

Ja, warum fragt wohl das Kind? Bereits in frühen Jahren wird es dazu angehalten, bei den Entscheidungen, die es durchaus selbst fällen könnte, »zu fragen«. Das Kind möchte es den Eltern recht machen. Es will geliebt werden. Es paßt sich an. Und es muß es auch noch allen anderen gleichtun, wenn möglich besser sein. In der Schule, der Lehre und an der Universität setzt sich das fort: Der Mensch will sich richtig – angepaßt und womöglich am besten angepaßt – verhalten, um anerkannt und gelobt zu werden.

Sogar in der Ehe wird um Anerkennung gehandelt. Da kann man beispielsweise hören: »Wenn du mich liebst, dann mach' die geplante Reise nicht!« Immer wieder ist es dasselbe: Wir wollen geliebt und anerkannt werden; darum nehmen wir es auf uns, anstatt selbst zu bestimmen, andere über uns bestimmen zu lassen.

Wie oft erlebe ich es, wie vor allem sogenannte »liebe« Menschen es den Partnern, Eltern, Chefs stets recht machen wollen. Das ist eine Weile lang möglich, auf die Dauer nicht.

Prüfen Sie, ob Sie Ihr Leben nicht unter dem Druck einer Fremdbestimmung führen. Nur wenn Sie sich über einen »Kindergehorsam aus Angst« zu erheben vermögen, können Sie die Frage nach dem Sinn Ihres Lebens stellen. Ihrem Leben können nur Sie selbst Sinn geben.

2. Verhaltensweisen, in denen sich die Suche nach Bestätigung äußert

Die Suche nach Bestätigung drückt sich in vielen Verhaltensweisen aus, die sich gegen den Betreffenden selbst richten. Die folgenden, natürlich nicht erschöpfenden Hinweise werden Ihnen helfen, Ihr eigenes ungesundes Streben nach Bestätigung leichter zu erkennen. Nur so nämlich vermögen Sie sich auch von solchem Verhalten zu trennen.

Zu den häufigsten Formen der Suche nach Bestätigung zählen:

- Sie sind gekränkt, weil Ihr Partner anders gestimmt ist als Sie.
- Sie ändern Ihre Überzeugung nur deshalb, weil ein Mitmensch Ihren Standpunkt nicht billigt.
- Sie erledigen Arbeiten für andere, weil Sie nicht nein sagen können.
- Sie äußern Ansichten, nur um anderen Menschen zu gefallen.
- Sie entschuldigen sich häufig.
- Sie bitten um Erlaubnis, dies oder jenes tun zu dürfen.
- Sie haben Angst davor, eine gekaufte, aber untauglich befundene Ware zurückzugeben.
- Sie scheuen vor einer berechtigten Reklamation zurück.
- Sie berichten anderen über Ihre Erfolge, um deren Beifall zu erhalten. Wenn er ausbleibt, sind Sie enttäuscht.
- Sie nehmen sich Kritik sehr zu Herzen.
- Sie verhalten sich unangepaßt, nur um Aufsehen zu erregen, indem Sie sich zum Beispiel besonders auffallend kleiden.
- Sie lassen sich beim Reden immer unterbrechen und wehren sich nicht dagegen.
- Sie versuchen die Mitmenschen mit Ihren Kenntnissen zu beeindrukken.
- Sie reden immer nur selbst, ohne den Partner zu Wort kommen zu lassen.
- Sie versuchen, den Partner dazuzubringen, Ihnen Komplimente zu machen.
- Sie sagen zu allem ja, auch wenn Sie nicht einverstanden sind.

- Sie wollen immer das Gefühl haben, gebraucht zu werden.
- Sie meinen, ohne den Partner nichts zu sein.
- Sie fühlen sich nur dann wohl, wenn der Partner Sie glücklich macht.

Machen Sie sich von solchen Verhaltensweisen frei! Lösen Sie sich aus solchen Abhängigkeiten! Geben Sie sich selbst das Gefühl, wertvoll zu sein. Und hören Sie auf, sich einreden zu lassen, Sie bräuchten die Bestätigung durch andere, um Ihren eigenen Wert zu erkennen.

3. Wer Selbstbestätigung sucht, meidet Eigenverantwortung

Im vergangenen Abschnitt haben Sie erfahren, worin die Hauptursache des schädlichen Bedürfnisses nach Selbstbestätigung liegt. Hier nun einige Hinweise, die zeigen, warum darauf abzielende Verhaltensweisen so selbstzerstörerisch sind:

- Niemand vermag es allen recht zu machen, auch wenn er es möchte. Selbst wenn Sie heute eine Meinung eines Dritten übernehmen, werden Sie sehr bald auf andere Menschen treffen, die sie überhaupt nicht teilen. Sogar wenn Sie Ihre Meinung dann erneut ändern, um sich anzupassen, stoßen Sie mit ihr bei anderen Zeitgenossen wiederum auf Mißbilligung. Die Jagd nach Selbstbestätigung durch Anpassung bringt Sie also in immer größere Schwierigkeiten.
- Wenn Sie sich deprimiert und verletzt fühlen, weil Ihnen die anderen nicht zugestimmt und die gewünschte Bestätigung vorenthalten haben, dann machen Sie – statt sich selbst – die anderen für Ihre Gefühle verantwortlich. Da dieser Einstellung zufolge die Mitmenschen für Ihre Gefühle verantwortlich sind, werden Sie den anderen auch dann die Schuld geben, wenn Ihnen etwas »gegen den Strich geht«. So werden Sie aber nie dazukommen, die notwendige Wandlung in Ihrem Leben zu vollziehen.
- Wer immer nach Selbstbestätigung durch andere sucht, wird in Selbstmitleid zerfließen, wenn diese ihn enttäuschen. Resignation

und Passivität sind die Folge. Und wer die Verantwortung für sich selbst immer den anderen zuschiebt, wird natürlich auch nie etwas wagen.

Vermeiden Sie solche destruktiven Verhaltensweisen. Hören Sie auf, nach Bestätigung zu haschen. Bemühen Sie sich um Eigenverantwortung. Eigenverantwortliches Handeln ist zwar im Anfang nicht so bequem wie das beschriebene neurotische Verhaltensmuster, doch die Sinnfrage Ihres Lebens werden Sie nur eigenverantwortlich lösen können.

Es wird Ihnen leichterfallen, von der Jagd nach Bestätigung abzulassen, wenn Sie daran denken, wie paradox ein solches Verhalten ist. Versuchen Sie sich doch bitte einmal vorzustellen, wem die meiste Bestätigung zukommt. Was ist das wohl für ein Mensch? Weshalb wirkt er anziehend auf seine Mitmenschen? Er hat die Wertschätzung der Umwelt, weil er, unabhängig von der Meinung anderer, in seinem Leben sinnvoll seine Anliegen verwirklicht. Man bewundert seine Ruhe, die Freundlichkeit und Toleranz ausstrahlt, seine Gelassenheit, die Sicherheit und Vertrauen vermittelt. Da ein solcher Mensch seine eigenen Ziele energievoll anstrebt, hat er gar nicht die Zeit, nach Bestätigung zu suchen. Es ist paradox: Im Leben erhalten gerade jene Menschen im höchsten Maß Bestätigung, die kein Verlangen nach Anerkennung haben. Sehr treffend wird dies in folgender Fabel erläutert:

Ein großer Tiger sieht einen kleinen Tiger, der immer seinem Schwanz nachjagt, und fragt: »Warum springst du immer deinem Schwanz hinterher?« Der kleine Tiger antwortet: »Ein weiser Tiger hat mir erzählt, daß das Glück jeden Tigers in seinem Schwanz sitzt. Deshalb jage ich ihm nach. Wenn es mir gelingt, ihn zu erhaschen, habe ich das Glück gefunden.«

Der große Tiger entgegnet darauf: »Ich habe mich lange mit der Frage beschäftigt, was einen Tiger glücklich macht. Auch ich habe herausgefunden, daß das Glück in meinem Schwanz sitzt. Ich habe aber auch entdeckt, daß er mir davonläuft, wenn ich ihn haschen will. Kümmere ich mich aber nicht um ihn und jage ich durch die Wildnis, so folgt er mir, wohin ich auch gehe.«

Halten wir fest: Je weniger Lob und Anerkennung Sie von anderen erwarten, desto besser gelingt es Ihnen, zu einer selbstsicheren und erfolgreichen Persönlichkeit zu reifen.

4. Die Angst, ein Außenseiter zu werden

Wenn Sie sich der Frage nach neuen Wegen stellen, werden Sie vielleicht auch mit der Angst vor der eigenen Individualität, also der persönlichen Eigenart, konfrontiert. Wer Angst vor der eigenen Individualität hat, wird es nicht wagen, seinen Lebenssinn zu verwirklichen. Darum sollte man keine falschen Vorstellungen über seine Eigenpersönlichkeit haben.

Oft wird Individualität mit Außenseitertum, mit Anarchie und Chaos in Verbindung gebracht. Zu Unrecht: Individualität bedeutet nichts anderes, als sich selbst zu erkennen und zu finden; eigene Erfahrungen zu sammeln; unabhängig zu sein von der Meinung anderer; sich auf sich selbst zu verlassen. Seine Eigenpersönlichkeit zu entfalten bedeutet nicht, auf Kosten der anderen und seinem Egoismus zu leben. Eigenständigkeit hat überhaupt nichts mit Egoismus zu tun. Nur wenn Sie eigenständig werden, kann sich Ihre Persönlichkeit entfalten.

5. Glauben Sie an sich und Ihren Wert!

Man kann nicht oft genug herausstellen, wie notwendig es ist, eine positive Meinung über sich selbst zu haben und an die eigenen Entwicklungsmöglichkeiten zu glauben. Wer das nicht tut, wird nie ein erfülltes Leben führen. Er findet nicht den Mut, sein Leben in die Hand zu nehmen und neue Wege zu gehen.

Seien Sie daher von Ihrem eigenen Wert überzeugt; Sie haben allen Grund dazu. Ihnen wohnt eine immense Kraft inne, die Kraft Ihres Geistes, durch den Sie Anteil an dem unendlichen Geist – oder dem Geist Gottes – haben. Begreifen Sie Gott – oder das universelle Prinzip – als die Energie, die alles Leben ermöglicht. Und dieses Göttliche ist in jedem Menschen – auch in Ihnen. Das Göttliche in Ihnen ermöglicht es Ihnen, sich schöpferisch zu entfalten, zu wachsen und zu reifen. Jeder Mensch verfügt über diese Möglichkeit. Erkennen Sie, daß auch Sie diese Möglichkeit haben. Sie müssen nur Ihre Freiheit wahrnehmen, um Ihr Leben zu gestalten. Es liegt in Ihrer Hand.

Eignen Sie sich also ein gesundes Selbstbewußtsein an. Entfalten Sie Ihre Fähigkeiten und nutzen Sie Ihre Möglichkeiten. Sie haben die Freiheit, Ihr Leben selbst zu gestalten. Spüren Sie die Aufgabe auf, die Ihnen das Leben stellt. Natürlich können Sie das nur, solange Sie am Leben sind. Verlieren Sie also keine Zeit und handeln Sie!

Das Göttliche, das Ihnen innewohnt, vermag sich nur dann zu offenbaren, wenn Sie selbst sich entfalten. Wer in Passivität verharrt, der entfernt sich vom göttlichen Prinzip. Glauben Sie also an sich und Ihren Wert und bringen Sie das Göttliche in Ihnen zum Ausdruck.

6. Sind Sie sich Ihrer Rechte bewußt?

Viele Menschen setzen sich nur für die Interessen ihrer Mitmenschen ein; sie arbeiten kaum an ihrer eigenen Entfaltung. Solche Menschen sind sich selten bewußt, daß sie auch Pflichten gegenüber sich selbst haben. In ergebener Dienstbarkeit rackern sie sich für andere ab, für sich selbst tun sie nichts. Nur zu oft wollen sie es sich auch sehr einfach machen und so anderen die Verantwortung für sich überwälzen.

Es wird Ihnen leichterfallen, Ihren Lebenssinn zu finden, wenn Sie sich auf Ihre Rechte besinnen. Was sind die Grundrechte jedes Menschen?

1. Sie haben das Recht, sich selbst zu achten, und das Recht, mit Achtung behandelt zu werden.
2. Sie haben das Recht, eigene Wünsche zu haben und zu verwirklichen.
3. Sie haben das Recht, eigene Ansichten und Gefühle zu haben und diese auch zum Ausdruck zu bringen.
4. Sie haben das Recht, Forderungen, die Mitmenschen an Sie stellen, abzulehnen.
5. Sie haben das Recht, aus Fehlern zu lernen und Ihren Lebensweg neu zu gestalten.

Sind Sie sich all dieser Rechte bewußt? Sind Sie bereit, sie auch wahrzunehmen? Nur wenn Sie das tun, nehmen Sie Ihre Verantwortung gegenüber sich selbst ernst.

7. Angst hindert Sie, Ihr Leben selbst zu gestalten

Wer seinem Leben Sinn geben will, muß zunächst die Angst überwinden. Die meisten Menschen haben Angst. Das Wort Angst ist ein weiter Begriff, und es gibt verschiedene Arten von Angst. Ihre Angst kann ganz konkret sein: Angst vor einer drohenden Gefahr – wenn beispielsweise ein Auto auf Sie zurast. Aber auch seelischer Schmerz kann Angstgefühle in Ihnen wecken.

Wie man diese Angst bewältigen kann, habe ich in meinem Buch *Die Kunst, Ihr Leben zu meistern* dargelegt. Bemühen Sie sich, Ihre Ängste mit Hilfe der dort dargelegten Techniken zu überwinden. Sie werden sich bald freier und wohler fühlen. Wer seine Ängste nicht zu bewältigen vermag, wird mit der Zeit aggressiv. Solche Aggressivität wirkt sich nicht nur auf den Körper und die Seele des Menschen aus, sondern auch auf die Umwelt.

Ein von Angst geleiteter Mensch wird kaum seinen Lebenssinn finden. Die von Angst erzeugte Aggression engt das Leben ein. Darum müssen Sie sich von der Angst freimachen. Erst dann können Sie die positiven Kräfte des Lebens nutzen, können Sie etwas Sinnvolles tun und glücklich werden.

Sich selbst zu finden und dem Leben einen Sinn zu geben, das erfordert also auch, seine eigene Angst aufzuspüren. Wer dies nicht tut, wer seine Ängste verleugnet, verdrängt oder unterdrückt, der schadet sich selbst und anderen. Nur wer sich seiner Ängste voll bewußt ist, wird sie nicht in Aggressionen einfließen lassen.

8. Es geht nicht ohne ein gesundes Maß an Selbstbehauptung

Wer neue Wege gehen will, der kommt nicht daran vorbei, sich gegen äußere Widerstände zu behaupten. Wie man sich von äußeren Zwängen befreit und innere Freiheit erlangt, habe ich ebenfalls in dem schon erwähnten Buch ausführlich beschrieben.

Selbstbehauptung darf aber nicht dazu führen, es ständig auf einen Machtkampf mit der Umgebung ankommen zu lassen. Seien Sie auf der Hut, lassen Sie sich nicht von anderen Menschen manipulieren! Sie müssen ihnen standhalten können.

Dazu sind Klarheit des Beobachtens und Wachsamkeit notwendig. Nur so können Sie erkennen, daß man Sie manipulieren will, und sich einem solchen für Sie schädlichen Einfluß entziehen.

9. Unterdrücken Sie Gefühle?

Ein erfolgreicher Geschäftsmann berichtete mir: »Mit meinem gesunden Menschenverstand habe ich alles erreicht, was ich mir einmal gewünscht habe. Mein Geschäft geht gut, ich besitze ein schönes Haus. Dennoch bin ich nicht glücklich. An der Oberfläche scheint zwar alles in Ordnung zu sein, trotzdem beschleicht mich oft ein unangenehmes Angstgefühl, das sich auf nichts Bestimmtes bezieht. Ich verstehe es zwar als rationaler Mensch sehr gut, Sachverhalte zu analysieren. Doch hier komme ich mit meiner Vernunft nicht weiter.«

Der Geschäftsmann ist offenbar zum Opfer der Überbewertung der Intelligenz geworden. Obwohl der Mensch eine Einheit von Körper, Geist und Seele ist, fördert die Gesellschaft einseitig die Leistungsfähigkeit der Intelligenz, wogegen das Gefühlsleben sehr vernachlässigt wird. Da Gefühle im Leistungskonzept dieses Geschäftsmanns keinen Platz hatten, verdrängte er sie; er verlagerte sozusagen alle Lebensenergien in den Kopf. Das tiefliegende menschliche Bedürfnis, Gefühle und sinnliche Erfahrungen auszuleben, wurde verdrängt, und als Folge davon entwickelte sich das undefinierbare Angstgefühl.

Natürlich soll die Notwendigkeit rationalen Denkens nicht unterschätzt werden. Doch es darf nicht vergessen werden, daß sich das Leben nicht allein vom Intellekt her steuern oder gar erleben läßt. Der Verstand befähigt uns, Probleme zu erkennen und zu lösen. Die Quelle unseres Glücks aber liegt im Gefühlsleben. Daher ist es notwendig, unsere Gefühle zu pflegen.

Zunächst müssen Sie sich abverlangen, Ihre Gefühle überhaupt wahrzunehmen. Wenn es Ihnen gelingt, Ihre Gefühle zu akzeptieren und mit dem Verstand an der Bewältigung eines Problems zu arbeiten, dann sind Sie im Einklang mit sich selbst. Wird jedoch Verstandesarbeit vom Gefühlsleben gleichsam abgetrennt, dann setzen sich die Gefühle zur Wehr, und der Mensch wird seelisch krank. Nur wenn wir auf die »Stimme« unserer Gefühle horchen, können wir entscheiden, was gut und was schlecht für uns ist. Der kluge Verstand täuscht uns nur allzuoft mit logischen Argumenten. Unser Gefühl ist es letztlich, das »weiß«, was wir im tiefsten Herzen wollen.

Daher ist es so wichtig, die Vernunft nicht überzubewerten. Der Verstand führt uns oft von dem fort, was wir eigentlich wollen, was das Ziel unseres Lebens sein soll.

10. Wie Sie Begabungen entfalten können

Sind Sie der Ansicht, Sie seien nicht begabt genug, um Ihre Ziele zu erreichen? Oder sind Sie vielleicht der Meinung, Sie seien bereits zu alt, um Begabungen zu entfalten? Wenn ja, dann tun Sie schleunigst etwas, um von dieser falschen Einstellung loszukommen.

Jeder Mensch hat Begabungen. Der eine ist hervorstechend musikalisch, der andere gestalterisch oder sprachlich oder mathematisch begabt usw. Begabungen entfalten sich jedoch erst bei entsprechender Anregung und Übung. So erst werden aus Begabungen Fähigkeiten entwikkelt.

Der Begabungsforscher H. LEHMANN hat die Leistungen bekannter Persönlichkeiten aus verschiedenen Berufen untersucht. Er stellte fest, daß der Mensch erst zwischen dem fünfundzwanzigsten und vierundvierzigsten Lebensjahr zu seiner vollen Leistungsfähigkeit gelangt. Sie kann in den folgenden Jahren weiter gesteigert werden.

Denken Sie also daran: Sie verfügen über Begabungen. Es liegt in Ihrer Hand, diese vorhandenen Leistungsanlagen zur Entfaltung zu bringen. So können Sie Ihre Begabung entfalten:

1. Verfallen Sie nicht in den Fehler der meisten Menschen, sich mit den Leistungen von »Genies« zu vergleichen, sonst verlieren Sie die Freude am Entdecken der eigenen Leistungsmöglichkeiten.
2. Natürlich ist es notwendig, sich auf Ihrem Betätigungsfeld zu vervollkommnen. Vergessen Sie nicht, daß jede Entfaltung Zeit braucht. Gehen Sie mit Geduld voran.
3. Aus einer Begabung lassen sich Fähigkeiten nur dann entwickeln, wenn Sie sich die Freude am Entdecken Ihrer eigenen Leistungsmöglichkeiten bewahren. Verlieren Sie also nie die Freude am »Spiel«.
4. Glauben Sie an sich und an die Entwicklung Ihrer Fähigkeiten. Für die Entfaltung Ihrer Begabungen ist es nie zu spät. Wenden Sie die wirksame Technik der Selbstbejahung an. Stellen Sie sich in Gedanken vor, wie sich Ihre Begabung entfaltet, und sagen Sie sich: »Es gelingt mir immer besser, meine Begabung . . . (nennen Sie diese) zu

entfalten. Sie entfaltet sich jetzt. Ich glaube an mich. Ich glaube an meine Fähigkeiten. Je mehr ich an mich und meine Begabung ... glaube, desto besser vermag sie sich zu entfalten. Die mir innewohnenden Kräfte drängen nach außen, sie gelangen zum Durchbruch. Meine Begabung ... entfaltet sich.«

5. Denken Sie daran: Nur auf Ihr Wachstum kommt es an. Wer unbedingt stets der Beste sein will, setzt sich selbst unter Druck. Leistungszwang unterdrückt Ihre Freude und hemmt die Möglichkeiten der Entfaltung.

Beachten Sie diese fünf Punkte. Entfalten Sie Ihre Begabungen mit Geduld. So wachsen Ihnen Fähigkeiten zu.

Zusammenfassung

1. Machen Sie sich zur Maxime Ihres Handelns: Statt Fremdbestimmung Selbstbestimmung. Wer nach Bestätigung seitens der Mitmenschen strebt, macht sich von ihnen abhängig.
2. Das Streben nach Bestätigung wird durch die Erziehung gefördert, die uns einbleut: »Hör nicht auf dich selbst, frage erst die anderen!« und: »Du mußt es den Besten gleichtun!«
3. Das ständige Streben nach Bestätigung ist selbstzerstörerisch. Niemand kann es allen recht machen. Und wer Bestätigung sucht, geht seiner Eigenverantwortung aus dem Wege. Er ist voller Selbstmitleid und wird nie ein Risiko eingehen.
4. Denken Sie daran: Je heftiger Sie nach Bestätigung durch Ihre Mitmenschen streben, desto weniger wird sie Ihnen zuteil. Die größte Anerkennung erfährt derjenige, der unabhängig von der Meinung anderer seine Anliegen verwirklicht.
5. Wer darunter leidet, daß andere nicht seiner Meinung sind, der verfällt in den Fehler, die Mitmenschen für seine Gefühle verantwortlich zu machen.
6. Individualismus bedeutet nicht Außenseitertum oder Egoismus, sondern vielmehr Selbsterkenntnis und Gestaltung des Lebens nach eigenem Willen.
7. Glauben Sie an sich selbst und Ihren Wert. Sie haben allen Grund: Die Kräfte des unendlichen Geistes oder das Göttliche im Menschen ist auch in Ihnen.
8. Treten Sie für Ihre Rechte ein. So wahren Sie die Verantwortung gegenüber sich selbst.
9. Wenn Sie Ihre Ängste überwinden wollen, dann müssen Sie sie ans Licht bringen.
10. Ohne Selbstbehauptung geht es im Leben nicht. Hüten Sie sich aber davor, aus Ihrem Leben einen Machtkampf zu machen.
11. Jeder Mensch muß seine Intelligenz schulen. Ohne den Verstand zu gebrauchen, wird man seine Ziele nicht erreichen. Genauso wichtig ist es, das Gefühlsleben zu entfalten.
12. Sie verfügen über Begabungen, entdecken Sie sie. Begabungen werden zu Fähigkeiten entwickelt, wenn sie entfaltet werden.

Kapitel 4

Befreien Sie sich von Abhängigkeiten

1. Wie man sich vom Wunsch nach Bestätigung befreit

Der Beifall der Mitmenschen ist für jedermann etwas Angenehmes. Aber es besteht immer die Gefahr, daß man manches tut, das man lieber lassen sollte, nur um den erwünschten Beifall zu erhalten. Daher sollte man versuchen, sich von diesem Verlangen nach Zustimmung zu befreien.

Mit den folgenden Strategien gelingt es Ihnen, sich von dieser Abhängigkeit zu lösen:

- Ein anderer versucht Sie zu manipulieren. Sagen Sie ihm klipp und klar: »Ich bin wirklich von meiner Meinung tief überzeugt. Sonst würde ich sie gerne ändern, um Ihnen zu gefallen.«
- Stellen Sie sich Situationen vor, in denen Sie mit der Mißbilligung anderer zu rechnen haben. So lernen Sie, sie leichter zu ertragen. Sagen Sie sich, daß ein solches Verhalten der anderen zu erwarten war und daß das mit Ihnen überhaupt nichts zu tun hat.
- Wenn Sie die unfreundliche Reaktion Ihrer Umwelt spüren, dann fragen Sie sich: Was würde sich eigentlich an der Situation ändern, wenn die anderen auch meiner Meinung wären? Jeder hat das Recht, anders zu sein. Sie selbst sind aber nur für sich und Ihre eigenen Gefühle verantwortlich. Was die anderen über Sie denken, kann Sie nur dann berühren, wenn Sie es zulassen.

- Vermeiden Sie es, mit anderen zu streiten. Es wäre falsch, den anderen Ihren Standpunkt aufdrängen zu wollen.
- Sie können von einer Situation leichter Abstand gewinnen, wenn Sie diese genau beschreiben. Sagen Sie zum Beispiel zu einem unwilligen Gesprächspartner: »Sie werden jetzt, was mir leid tut, ärgerlich, weil Sie meinen, ich sollte anderer Ansicht sein.«
- Wenn Sie die Ablehnung durch andere ignorieren, bringen Sie zum Ausdruck, daß Sie sich in Ihrer Selbsteinschätzung nicht von Meinungen der Umwelt leiten lassen. So ketten Sie Ihr Denken und Fühlen nicht an die Urteile und Einstellungen anderer.
- Achten Sie darauf, ob Sie sich zu oft entschuldigen. Auch darin kann sich der Versuch verbergen, die Zustimmung Ihres Gegenübers zu gewinnen.

Bedienen Sie sich dieser Regeln, um sich von etwaigen Unsicherheiten zu befreien. Stehen Sie zu Ihrer eigenen Einstellung und überlassen Sie die Beurteilung Ihres Verhaltens nicht anderen Menschen. Beurteilen Sie es vielmehr selbst. Hüten Sie sich davor, sich bei Entscheidungen von der Meinung der Umwelt lenken zu lassen. Sie können auf ein »Rundum-Radar« verzichten, mit dem so mancher Mensch seine Umwelt nach ihrer Meinung abtastet, um stets »in« zu sein. Lob und Tadel der Umwelt sind die Orientierungskriterien eines solchen von außen her geleiteten Menschen.

Gehören Sie zu dieser Gruppe von Menschen? Haben Sie sich schon einmal gefragt, welchen Einfluß auf Ihre Entscheidungen Lob oder eventueller Tadel der Umwelt hat? Lassen Sie sich von solchen Umständen leiten? Wenn ja, dann versuchen Sie, davon unabhängig zu werden.

Sie werden sich von jeglicher Außenlenkung leichter lösen können, wenn Sie nach folgendem Programm verfahren:

- Entschließen Sie sich, auf Lob aus anderem Munde zu verzichten. Loben Sie sich selbst, wenn Sie glauben, es verdient zu haben.
- Schreiben Sie alle Vorhaben, die Sie am nächsten Tag erledigen wollen, Punkt für Punkt auf – eine einfache Liste genügt.

- Machen Sie an jedem Abend hinter jedem erledigten Punkt ein großes Pluszeichen. Halten Sie dann einen Moment inne und sagen Sie sich: Das hast du aber gut gemacht. Wenn Sie am Ende der Liste angelangt sind und feststellen können, daß Sie die meisten Punkte zufriedenstellend erledigt haben, haben Sie allen Grund, stolz auf sich zu sein.

Das ist eine einfache Strategie, um sich aus der Abhängigkeit von Lob und Tadel seiner Mitmenschen zu lösen. Verfahren Sie danach! Sie lernen auf diese Art, sich Ihre Ziele selbst vorzugeben. Indem Sie Ihre Leistungen selbst kontrollieren, werden Sie davon unabhängig, ob Sie ein anderer lobt oder nicht. Und indem Sie sich so entscheiden, Ihr Leben selbst zu gestalten, hängt Ihr Glück nicht von der Umwelt ab.

Lassen Sie sich also nicht mehr von außen her lenken. Bestimmen Sie Ihre Ziele selbst, dann entwickeln Sie Ihren eigenen zuverlässigen Kreiselkompaß. Natürlich müssen Sie diese Strategien konsequent anwenden. Nur zu leicht könnten Sie sonst wieder in alte eingeschliffene Verhaltensgewohnheiten zurückfallen. Schließlich sind wir alle von Geburt an darauf gedrillt worden, anderen zu gefallen. Lösen Sie sich aus solcher Abhängigkeit. Mit Hilfe der dargelegten Strategien können Sie Ihre Zielvorstellungen verwirklichen, und so beschreiten Sie den Weg zu wachsender persönlicher Freiheit.

2. Überwinden Sie Ihre Angst vor Mißerfolgen

Die Werbung arbeitet schon seit langem nach folgendem Grundsatz: Rede einem Menschen ein, daß er besser sein muß als andere, um in den Augen seiner Mitwelt etwas zu gelten, dann wird er alles versuchen, was dieser Zielsetzung dient. Nicht nur die Werbung verfährt nach diesem Prinzip. Die ganze Gesellschaft von heute baut auf dem Prinzip von Leistung und Wettbewerb auf. Im allgemeinen wird uns vorgeschrieben, was wir leisten müssen. Erst wenn das gesetzte Ziel erreicht ist, darf der Mensch glücklich sein.

Dieses Spiel setzt sich bis in die oberste Spitze der Machtpyramide fort. Alle Menschen in einer Hierarchie sind von dem Drang geleitet, es ihren Vorgesetzten recht zu machen. Je mehr nun aber jemand von den Maßstäben anderer abhängig ist, desto mehr wird sein Erfolgsstreben von ständiger Angst vor Mißerfolgen gesteuert. Der Mensch hat einfach Angst, den Erwartungen der anderen nicht mehr gerecht zu werden.

Vergessen Sie auch nicht: Die Leistungen, zu denen Sie laufend angetrieben werden, dienen in erster Linie den Interessen anderer. Ihnen wird nur eingeredet, diese Aktivität nutze auch Ihnen, um Sie weiter in der Zange der Abhängigkeit halten zu können. Zugegeben, es ist zweifellos ein Grundprinzip der Menschen, miteinander in Freude zu wetteifern. Doch Sie müssen sich davor hüten, sich zum Sklaven dieses Prinzips machen zu lassen. Schließlich geht es um Ihre eigenen Interessen. Sie dürfen im Endeffekt nicht das Opfer von Menschen werden, die Ihre Angst um Erfolg zu ihrem Vorteil nutzen.

Was können Sie dagegen tun? Legen Sie selbst Ihre Wünsche und Bedürfnisse fest. Erkennen Sie als Maßstab Ihres Strebens nicht das an, was Ihnen die Umwelt vorschreiben will. Setzen Sie Ihre eigenen Ziele fest.

Erinnern Sie sich: Die Suche nach Lebensinn ist die grundlegende Motivation des Menschen. Sie wollen sinnvoll leben, um sich nicht am Ende Ihres Lebens sagen zu müssen, daß Sie Ihre Zeit für nichts vertan haben. Was Sie als »sinnvoll« oder »sinnlos« verstehen, hängt ausschließlich von Ihnen ab. Sie entscheiden, welche Werte für Sie von Bedeutung sind. Der sich ständig Anpassende fragt andere: »Ist es so recht?« Streben Sie jedoch nach einem sinnvollen Leben, so fragen Sie sich selbst: Wozu das? Was kommt danach? Erst wenn Sie Ihren wirklichen Lebenssinn entdecken, verlieren Sie Ihre Mißerfolgsangst. Dann handeln Sie entsprechend Ihrem inneren Kompaß. Ihr Kurs stimmt.

3. Tappen Sie nicht in die Falle des Perfektionismus

»Tu dein Bestes« ist ein Spruch, der viele Menschen lebenslang begleitet. Warum muß aber alles immer gleich perfekt sein? Mit dem Hang zur Perfektion werden Sie häufig Ihr Handeln lähmen. Die Forderung, immer sein Bestes geben zu müssen, wirkt oft als Hindernis, überhaupt etwas zu tun. Wer immer den Maßstab der Vollkommenheit anlegt, wird nie etwas Neues wagen. Ein Anfang kann nicht vollkommen ausfallen. Ferner: Nur Gott ist vollkommen. Es wäre darum falsch, wenn Sie einen solchen Maßstab an sich legten. Wer neue Wege geht, muß aus seinen Erfahrungen lernen. Und das geht nun einmal nicht ohne Fehler ab. Ihre Aufgabe besteht dann nur darin, aus den erkannten Fehlern zu lernen. Wie sollen Sie vorgehen?

Halten Sie sich an die zwei folgenden Grundregeln:

1. Versuchen Sie es nach jedem mißlungenen Versuch wieder neu.
2. Lassen Sie sich Ihr Selbstwertgefühl wegen mißlungener Versuche nicht beeinträchtigen.

Fürchten Sie also Mißerfolge nicht. Nehmen Sie sie als gegeben hin. Über Mißerfolge gelangen Sie zum Erfolg. Bewahren Sie sich davor, in Passivität zu verfallen, nur weil Ihnen einige Male etwas mißglückt ist. Sie können aus Ihren Fehlschlägen oft mehr lernen als aus Ihren Erfolgen. Messen Sie Ihren Wert nicht an erlittenen Mißerfolgen, sonst werden Sie immer ein Gefühl der Wertlosigkeit haben.

Denken Sie zum Beispiel an Thomas Alva Edison. Hätte er seine Mißerfolge zum Kriterium seiner Selbstachtung gemacht, dann hätte er seine Versuche nach den ersten Fehlschlägen abgebrochen. Nur weil er sich von den Mißerfolgen nicht beeindrucken ließ, konnte er nach unzähligen Fehlschlägen die Glühbirne erfinden. Sein Fall bestätigt die Wahrheit: Nichts ist ertragloser als der Erfolg, weil man aus ihm gar nichts lernt.

Erkennen Sie, wie falsch es ist, den Erfolg derart hoch einzuschätzen? Aus Mißerfolgen ziehen wir unsere Lehren. Wir müssen aus ihnen nur die richtigen Konsequenzen ziehen.

4. Lösen Sie sich vom Rollenspiel

Die meisten Menschen sind mit sich, so wie sie sind, nicht zufrieden. Sie wollen ihre Mitmenschen beeindrucken, und deshalb spielen sie eine Rolle, um ihrer Umwelt zu imponieren, häufig sogar mehrere Rollen.

Eine Arztfrau berichtete mir einmal: »Seit mehreren Jahren habe ich einen Freund. Mein Mann weiß nichts davon. Ich fürchte, daß er eines Tages dahinterkommt.« Auf meine Frage, warum sie nicht mit ihrem Mann darüber gesprochen habe, entgegnete sie: »Mein Mann ist beruflich sehr angespannt und hat nie Zeit für mich. Als wir heirateten, gefiel es mir sehr, die Rolle der aufopfernden Frau zu spielen, die nie etwas verlangt und nur für ihn da ist. Ich bin sogar heute noch stolz darauf. Ich könnte meinem Mann gegenüber nie zugeben, sexuelle Bedürfnisse zu haben. Meinem Freund gegenüber fällt es mir leichter, das einzugestehen.«

Zugegeben, dies ist ein eher ausgefallenes Beispiel eines weiblichen Rollenspiels. Es ist aber nur eine der zahllosen Möglichkeiten des Rollenspiels, an das sich so viele Menschen klammern, um nicht als sie selbst gesehen werden zu müssen.

Zu den geradezu »klassischen« Tarnspielen gehören:

- die Rolle des starken Mannes;
- die Rolle der geplagten Hausfrau, die ständig klagt, um gelobt zu werden;
- die Rolle des ergebenen Untergebenen;
- die Rolle des braven Kindes, das den Eltern alles recht macht, um geliebt zu werden, usw.

Haben Sie schon einmal überlegt, welche Rolle Sie spielen? Klar muß sein: Wer sich in eine Rolle zwängt, wird nie die Angst los, ihr nicht gerecht zu werden.

Lassen Sie sich weder von sich selbst noch von anderen in eine Rolle hineindrängen! Wer sich nicht zu seinem eigenen Ich bekennt, der wird nur zu leicht das Opfer dieses Rollenspiels. Schlüpfen Sie niemals in eine Rolle, um vor sich selbst davonzulaufen.

5. Schützen Sie sich vor Manipulation

Ihre Mitmenschen werden immer wieder versuchen, Sie zu ihrem eigenen Vorteil einzuspannen. Ob Sie es wahrhaben wollen oder nicht, das Spiel läuft tagtäglich in vielen Variationen ab. Wenn Sie ein Leben nach Ihren eigenen Vorstellungen führen wollen, müssen Sie auf der Hut sein, nicht das Opfer des manipulativen Spiels Ihrer Umwelt zu werden.

Besonders gefährlich ist hierbei die Technik der Überrumpelung. Jemand nennt Ihnen die Vorteile einer Ware oder einer Sache. Er stellt diese Vorteile groß heraus. Wenn Sie sich nicht die Zeit nehmen, auch über die Nachteile nachzudenken, werden Sie nur zu leicht das Opfer einer solchen Beeinflussung. Besonders bequem wird man Sie überfahren können, wenn Sie von dem Angstgefühl beherrscht werden, Sie könnten etwas versäumen. Und natürlich werden Sie auch leicht überrumpelt, wenn Sie stets alles haben wollen, was auch die anderen besitzen. Angstgefühle und das Mitschwimmenwollen im Wettbewerbsstrom verhindern ein objektives Urteil über den Wert einer angepriesenen Sache.

Die Umwelt manipuliert Sie nicht nur allein mit plumper Überrumpelung. Sie bedient sich auch der eleganten beziehungsweise der sanften Variante des Überrumpelns. Ein Bekannter sagt vielleicht zu Ihnen: »Da müssen wir doch einfach mitmachen. Das ist eine so tolle Sache, daran gibt es gar keinen Zweifel.« Er versucht damit, Sie in eine Angelegenheit hineinzuziehen, ohne Sie überhaupt gefragt zu haben. Ihre eigene Bewertung der Lage wird vorweggenommen, und Sie genieren sich womöglich, Bedenken zu äußern.

Nun zu einer anderen Manipulationstechnik, der Provokation. Sie besteht darin, einen Menschen an seiner schwächsten Stelle zu packen. Jemand ist vielleicht sehr daran interessiert, in den Augen seiner Mitmenschen als hilfreich zu gelten. Der Vorwurf des Egoismus trifft ihn dann natürlich besonders tief. Er hat Angst, nicht mehr als der zu gelten, der er zu sein wünscht. Seine sorgsam gewählte Rolle ist gefährdet.

Was ist die Folge? Ein solcher Mensch gibt der Manipulation nach. Er tut, was die anderen von ihm wollen, weil er nicht als Egoist angesehen werden will. So hat der andere, der Sie manipuliert, sein Ziel erreicht. Er weiß auch genau, wie er sein Opfer beim nächsten Mal wieder beeinflussen muß, um seine eigennützigen Ziele zu erreichen.

Schützen Sie sich daher vor Überrumpelung und Provokation. Mit beidem versucht ein Interessierter, Sie aufgrund Ihrer latenten Ängste zum Jasagen zu bringen und seinen Interessen zu dienen ohne Rücksicht auf die Ihren. Sie müssen solche Manöver rechtzeitig erkennen und Abwehrmaßnahmen ergreifen. Nur dann vermögen andere Sie von Ihren neuen Wegen nicht abzubringen.

6. Lernen Sie, nein zu sagen

Stellen wir uns einmal vor, was eigentlich der Grund dafür ist, daß wir so oft aus Gefälligkeit ja sagen, obwohl wir im eigenen Interesse lieber nein sagen sollten? Die Antwort ist: Wir versuchen häufig aus Bequemlichkeit, jeder Auseinandersetzung aus dem Weg zu gehen. Wir erhoffen uns von Regierungen, Institutionen und Autoritäten Schutz und erwarten, von ihnen immer hilfreich unterstützt zu werden. Aus Trägheit und Angst sagen die meisten Menschen ja zu allen Forderungen, die an sie herangetragen werden.

Wer aber auf sich selbst vertraut und fest daran glaubt, sein Leben selbst meistern zu können, kann auf eine solche falsche Ich-Stütze verzichten. In den meisten Fällen wird sie ohnehin ausbleiben. Schon ein altes Sprichwort sagt: »Verlaß dich auf andere, und du bist verlassen.«

Wie können wir uns aber davor schützen, von anderen ausgenutzt zu werden? Wir müssen wieder lernen, uns mit unserer Umwelt aktiv auseinanderzusetzen und nicht von ihr abhängig zu werden. Der erste Schritt dazu: Wir müssen wieder lernen, nein zu sagen. Diese Forderung hört sich zwar einfach an, dennoch ist sie nicht leicht zu verwirklichen.

Sie müssen dazu schließlich Ihre eigene Einstellung tiefgreifend verändern. Die Meinung »Ich habe es allen Menschen recht zu machen, nur nicht mir selbst« ist ein für allemal aufzugeben. Fragen Sie sich bei allem, was Sie tun wollen: Handle ich in eigenem Interesse, oder will ich es nur anderen recht machen? Zugegeben, es bereitet einige Schwierigkeiten, eine neue Einstellung einzuüben. Sie werden es nur dann schaffen, wenn Sie sich diese Frage immer wieder stellen.

Fragen Sie sich jeden Abend: Wie oft habe ich heute ja gesagt, obwohl ich hätte nein sagen sollen? Wann ist es mir gelungen, nein zu sagen, weil es in meinem eigenen Interesse war? Je größer Ihre Erfolge sind, desto mehr wird Ihr Selbstbewußtsein wachsen.

Hier noch einige Hinweise, wie Sie Ihr Vorhaben, bei Bedarf nein zu sagen, leichter in die Tat umsetzen können:

- *Erbitten Sie Bedenkzeit.*

  Das Neinsagen fällt dann schwer, wenn Sie sich überrumpeln lassen. Darauf wurde schon im vergangenen Abschnitt hingewiesen. Solche Überrumpelungsphrasen lauten etwa: »Wenn Sie nicht zusagen, greift ein anderer nach dem Angebot.« Oder: »Entscheiden Sie sich schnell, ehe es zu spät ist.«

  Viele Menschen fallen immer wieder auf solche Tricks herein. Erst wenn sie später in Ruhe über die Angelegenheit nachdenken, wird es ihnen bewußt, daß sie einmal mehr das Opfer einer Manipulation geworden sind.

  Wie können Sie sich vor einem solchen Reinfall schützen? Sagen Sie stets zunächst: »Ich werde darüber nachdenken.« So schützen Sie sich vor einer voreiligen und unüberlegten Handlung. Überlegen Sie in Ruhe zu Hause die Vor- und Nachteile und fällen Sie dann Ihre Entscheidung. Sie entschließen sich positiv oder negativ, je nachdem, wie Sie es wünschen, und nicht, weil Sie ein anderer drängt. Und denken Sie bitte nicht, wenn Sie in einer wichtigen Sache um Bedenkzeit bitten, daß Ihnen dies als Schwäche ausgelegt wird – im Gegenteil. Probieren Sie es einmal aus. Sie werden feststellen, daß Sie in der Achtung Ihrer Umgebung steigen.

- *Fällen Sie die richtige Entscheidung und bleiben Sie konsequent.* Viele Menschen entscheiden sich keineswegs für das für sie Richtige. Sie wollen lieber den bequemen Weg gehen. Oft auch entscheiden sie sich überhaupt nicht. Weshalb ist das eigentlich so? Und warum sind Entscheidungen oft so problematisch?
  Es liegt im Wesen der Entscheidung, immer auch etwas aufgeben zu müssen. Sie geben nämlich das auf, wofür Sie sich nicht entscheiden. Diesem Dilemma können Sie nicht entgehen! Viele Menschen suchen jedoch immer nur nach Vorteilen. Sie sind niemals bereit, für ihr Ziel auch Nachteile in Kauf zu nehmen. Jede Zielverwirklichung bedeutet aber auch einen Verzicht. Sie müssen nämlich auf alles das verzichten, was Ihnen weniger wichtig erscheint. Nur so gewinnen Sie Energie und Zeit für das für Sie allein Wichtige. Wer sich zu seinen Zielen bekennt, muß daher zwangsläufig auch zum Verzicht bereit sein. Und wer nicht entscheidet, was für ihn wichtig ist, wird niemals die Angst los, etwas zu versäumen.
- *Stehen Sie zu Ihrem Nein.*
  Natürlich müssen Sie auch zu Ihrem Nein stehen, wenn Sie sich einmal dazu entschlossen haben. Fühlen Sie sich dann nicht schuldig! Es gibt keinen Grund, sich schlecht zu fühlen, weil Sie für Ihre eigenen Interessen eingetreten sind. Trennen Sie sich so rasch wie möglich von falschen Einstellungen wie etwa der, es sei schlecht, im eigenen Interesse zu handeln, oder Sie könnten, wenn Sie nicht tun, was die anderen wollen, Zuneigung verlieren.
  Richtig ist vielmehr: Nur wer auch an seine eigenen Interessen denkt, liebt sich selbst. Wer sich aber nicht selbst liebt, vermag auch seine Mitmenschen nicht zu lieben. Sie gewinnen Achtung vor sich selbst, wenn Sie sich nicht unterdrücken lassen. Schließlich ist weder Geben noch Nehmen an sich besser. Am besten ist es, zu geben und zu nehmen, je nachdem, wie die Situation es erfordert.

Lassen Sie sich in Ihrem Nein nicht erschüttern. Nur wenn Sie die unberechtigten Forderungen der anderen abwehren, lösen Sie sich aus Abhängigkeiten und vermögen Ihrem Leben Sinn zu geben. Seien Sie also bereit, für Ihre Ziele zu kämpfen und Ihr Recht auf Selbstentfaltung zu verteidigen.

7. Befreien Sie sich von beengenden Normen und Konventionen

Nicht wenige Menschen meinen: Was für meine Mitmenschen richtig ist, muß auch für mich richtig sein. Und so übernehmen sie ungeprüft viele Verhaltensweisen ihrer Umgebung. Statt ihre eigenen Wünsche zu erkennen, passen sie sich der Allgemeinheit an. Natürlich sind wir alle ein Teil der Gemeinschaft. Doch jeder ist einmalig in seiner Persönlichkeit. Und dies gilt es zu erkennen.

Daraus sollen Sie nun keineswegs folgern, daß Sie Gesetze und Vorschriften übertreten sollen, wenn Ihnen der Sinn danach steht. Ohne Gesetze funktioniert unsere Gesellschaft nicht. Sich an bestehende Gesetze zu halten ist aber etwas anderes, als abhängig von Konventionen zu sein. Erinnern Sie sich an den außengeleiteten Menschen mit seinem »Rundum-Radar«? Er legt besonders großen Wert darauf, was die Umwelt sagt. Wer sich auf diese Art in Abhängigkeit bringt, wird nie zu seinen Zielvorstellungen finden. Es gilt vielmehr, innerhalb der Grenzen der Gemeinschaft sein eigenes Revier abzustecken, in dem man sich frei entfalten kann.

Hermann Hesse sagt in seinem Roman *Demian*: »Wer zu bequem ist, um selber zu denken und selber sein Richter zu sein, der fügt sich eben in Verbote, wie sie nun einmal sind. Andere spüren selber Gebote in sich, ihnen sind Dinge verboten, die jeder Ehrenmann täglich tut, und es sind ihnen andere Dinge erlaubt, die sonst verpönt sind. Jeder muß für sich selbst stehen.«

Wehren Sie sich gegen Konventionen, Normen und starre Regeln! Distanzieren Sie sich von Anpassungszwängen. Manche Menschen werden das zwar mißbilligen, und gelegentlich werden Sie wohl mit der Ansicht konfrontiert werden: »Wohin kommen wir, wenn das alle machen?« Mit Anarchie hat aber der Ausbruch aus beengenden Normen überhaupt nichts zu tun. Es geht vielmehr darum, daß sich jeder Mensch im Rahmen der bestehenden Gesellschaft einen größeren Freiheitsrahmen und einen größeren Entfaltungsspielraum verschafft.

Wollen dies aber die Menschen überhaupt? Warten sie nicht vielmehr nur auf jemanden, der ihnen die Richtung zeigt? Sie sehen sich meist nicht in der Lage, ihren Weg selbst zu finden. Wenn solche Hilflose die Botschaft erhalten: »Geht in diese Richtung, dort ist euer Ziel«, so werden sie brav wie eine Horde Schafe prompt dorthin gehen. Voraussetzung ist nur, daß sie in der stützenden Gemeinschaft der vielen anderen sind. Wird der Weg zu beschwerlich, so suchen sie nach neuen Heilverkündern für einen bequemeren Pfad. Heilverkünder wie Politiker, Werbeleute und Sektengründer machen sich das zunutze.

Wer bei allem, was er tut, fragt: »Was werden die anderen dazu sagen?«, wird seinen Lebenssinn nicht entdecken. Wahrscheinlich wird er sogar Schuldgefühle entwickeln, wenn er je eigene Wünsche hat. Er steht ja immer unter dem Zwang, es allen recht zu machen. Dabei gibt es meist niemanden, der ihn tatsächlich daran hindert, seinen eigenen Vorstellungen zu folgen. Gehen Sie Ihren eigenen Weg. Das setzt voraus, daß Sie sich aus der Abhängigkeit von anderen lösen. Stören Sie sich nicht daran, wenn andere in der Herde mitlaufen. Sie aber halten sich von ihr fern.

Begeben Sie sich auch nicht in Abhängigkeit von anderen, um der Angst zu entgehen. Es wäre falsch, jegliche Selbstentfaltung nur deshalb zu unterlassen, weil Sie Angst vor der Zukunft und vor der Verstoßung aus der Gesellschaft haben. Der ängstliche Mensch denkt insgeheim: Wie sollte ich mir anmaßen, ein anderes Leben zu führen als meine Mitmenschen? Ich bin doch nicht klüger als andere, um es besser wissen zu wollen!

Mit dieser Einstellung begeben sich Menschen freiwillig in ein Gefängnis der Eintönigkeit, Langeweile und Pflicht. Doch nur in der Freiheit draußen wartet auf sie das Abenteuer, von dem sie träumen. Es hilft ihnen gar nichts, wenn sie hinter imaginären Gitterstäben von einem abenteuerlichen Leben nur träumen.

Wir müssen mutig und entschlossen denken und handeln, um unsere Angst zu überwinden. Nur dann sind wir nicht mehr abhängig von der Meinung Dritter. Das bedeutet nicht, daß wir die Ansichten anderer verachten oder verurteilen sollen. Erkennen wir stattdessen: Jeder von uns ist ein Wesen, das nicht an die anderen gebunden ist. Das Leben ist unsere ureigene Angelegenheit.

Nun gibt es noch einen besonderen Fallstrick, durch den wir in Abhängigkeit geraten können: die Tendenz, sich ganz auf andere Menschen zu konzentrieren, kann sich auch in Helden- und Idolverehrung äußern. Hierbei blickt man immer auf andere, die die Werte festsetzen. Gewiß liegt in der Hochschätzung anderer Menschen noch nichts Schädliches. Zum Problem wird sie aber, wenn Sie Ihr Leben nach fremden Maßstäben ausrichten.

Entwickeln Sie also für Ihr Handeln eine eigene »Maßlatte« und ordnen Sie sich nicht anderen unter. Entscheiden Sie sich dafür, überflüssige Konventionen in aller Stille zu umgehen. Dies bringt Sie weiter, als lauthals gegen sie zu protestieren. Sie selbst haben es in der Hand, der zu sein, der Sie sein möchten. Befreien Sie sich von Abhängigkeiten und nehmen Sie Ihre Freiheit in die eigenen Hände.

8. Distanz hilft Ihnen, sich aus Abhängigkeiten zu lösen

Schon in Kapitel 2 ist darauf hingewiesen worden: Es gibt keine Sicherheit im Leben. Das einzige, was wir tun können, ist, die Wechselfälle des Lebens soweit wie möglich in Betracht zu ziehen und uns auf viele Wahrscheinlichkeiten einzustellen. Es ist erforderlich, sich auf mögliche Gefahren vorzubereiten, wo immer das geht. Natürlich können wir uns letztlich nur auf uns selbst verlassen. Sie können nun aber nicht erwarten, daß Sie in jeder Lage automatisch das Richtige tun werden. Zunächst müssen Sie die jeweilige Situation überblicken, um die wahrscheinlich richtige Entscheidung fällen zu können.

Um aber eine Situation zu überblicken, müssen Sie in erster Linie über die Fähigkeit verfügen, sich Distanz zu verschaffen. Das ist gewiß nicht einfach. Die Werbung weiß, daß wir in unseren Entscheidungen nur zu etwa zwanzig Prozent von der Vernunft und zu etwa achtzig Prozent vom Gefühl her gesteuert werden. In den häufigsten Fällen sind es Angstgefühle, die uns lenken und leiten. Von Angstgefühlen aber müssen Sie sich distanzieren können, wenn Sie erkennen wollen, was für Sie vermutlich das Richtige ist.

Ein Grund für unsere mangelnde Distanz liegt in der großen Hektik unseres Lebens. Ständig wirken neue Reize auf uns ein und treiben uns voran. Wir sind schon gar nicht mehr fähig, die Vielzahl der Anregungen zu bewältigen.

Erkennen Sie, wie notwendig es ist, sich aus dem Kreislauf dieser Hektik wenigstens für kurze Zeit zu befreien? Es gilt wieder zu lernen, innezuhalten und sich aus dem Kreislauf des Getriebenwerdens zu lösen. Nur dann haben Sie noch die Freiheit der Entscheidung. Sonst werden Sie von den Ereignissen davongerissen und überblicken nicht mehr, was Sie tun.

Lesen Sie bitte über diesen Hinweis nicht schnell hinweg: Sie müssen sich jeden Tag bemühen, abzuschalten und innezuhalten, um selbst zur Ruhe zu gelangen.

Wie gehen Sie vor? Um die innere Ruhe aufzubauen, ist es erforderlich, daß Sie sich vom Druck des Alltags lösen. Das erreichen Sie mit einer Entspannungs- und Meditationstechnik, wie ich sie in meinem Buch *Die universellen Kräfte Ihrer Psyche* beschrieben habe. Wenn Sie die dort angeführten Techniken anwenden, lernen Sie nicht nur, sich zu entspannen, sondern sich auch von der Hektik des Alltags zu distanzieren. So bewältigen Sie zugleich auch Angst und Ärger.

9. Glauben Sie nur ja nicht, immer eingreifen zu müssen

Gehören Sie vielleicht auch zu den Menschen, die von dem zwanghaften Gefühl gesteuert werden, immer etwas tun zu müssen? Neigen Sie dazu, vorschnell zu reagieren und unüberlegt zu handeln? Stehen Sie häufig unter einem Zwang, etwas zu unternehmen, da Sie meinen, ein anderer erwarte es von Ihnen?

Wenn Ihnen nicht bewußt wird, daß Sie auch über die Möglichkeit verfügen, nicht oder bloß verzögert zu handeln, sind Sie nicht frei von Abhängigkeiten. Natürlich ist das nicht als Aufforderung zu verstehen, nun starr- und dickköpfig zu werden. Sie sollen sich nur zu der Einstellung durchringen, daß Sie nicht in jeden Konflikt eingreifen müssen. Sehr häufig schaffen wir uns selbst Schwierigkeiten, da wir uns zu vorschnellem Eingreifen – Beurteilen, Bewerten, Handeln – verleiten lassen. Wer verzögert reagiert, vermag sich leichter aus der Hektik der Umgebung und der Beeinflussung durch Dritte herauszuhalten.

Es gibt im Leben nur sehr wenige Situationen, die sofortiges Handeln erfordern. Verzögerung im Handeln führt auch meist nicht, wie manche denken, zur Zeitvergeudung. Wer nämlich durch gründliche vorherige Überlegung eine Handlung richtig vorbereitet, muß sie nicht wiederholen oder korrigieren und spart deshalb oft noch Zeit. Hüten Sie sich daher stets vor übereiltem Handeln. Seien Sie immer auf der Hut, wenn Ihnen jemand für eine Entscheidung keine Zeit lassen will.

Denken Sie daran: Sie sollen niemals etwas tun, nur weil es ein anderer von Ihnen verlangt. Denken Sie vielmehr in Ruhe darüber nach und fällen Sie dann vielleicht sogar die Entscheidung, nichts zu tun. Es liegt oft in Ihrer Hand, die Dinge so zu lassen, wie sie sind. Sie können neben Ihren eigenen Problemen nicht auch noch die Ihrer Mitmenschen lösen. Das ist gewiß keine Aufforderung zur Unhöflichkeit; diese Erwägungen sollen Ihnen nur helfen, das Gefühl und die Fähigkeit zu entwickeln, Ihre Handlungen frei und überlegt selbst zu bestimmen.

Durch Innehalten und Stillhalten gewinnen wir Zeit und Ruhe. Sie lehren uns, ob Situationen und Menschen wirklich so sind, wie sie erscheinen, oder ob sie uns täuschen wollen. Ruhiges Beobachten und Überlegen verhindern gefährliche Impulsivität des Denkens, Fühlens und Handelns. Beobachten lehrt uns, um mit FRIEDRICH NIETZSCHE zu sprechen, »die abschließenden Impulse in die Hand zu bekommen« und verhängnisvolle Entwicklungen infolge unnötigen impulsiven Eingreifens zu vermeiden.

Eine alte chinesische Wahrheit sagt: »Wer innehalten kann, kommt nicht in Gefahr.« Bedienen Sie sich daher der Vorteile der verzögerten Reaktion. Halten Sie inne, beobachten Sie. So lösen Sie sich vom ungestümen Drang zu voreiligem Eingreifen, Beurteilen und Bewerten. Nur so schaffen Sie sich den Freiraum, den Sie zur Verwirklichung Ihres Lebenszieles so unbedingt brauchen.

10. Gelöstheit und Gelassenheit sind notwendig

Wer neue Wege gehen will, muß fähig sein, sich vom Alten und von überholten Ich-Strukturen zu lösen. Das setzt immer Gelöstheit voraus. Nur wer gelöst ist und »losgelassen« hat, ist auch frei. Wer über das »Loslassen« nachdenkt, stößt bald auf unangenehme emotionelle Widerstände. Er erkennt nämlich, daß zum Loslassen die Abkehr von altgewohnten Vorstellungen über Status, Ehrbegriffe, Meinungen und Ideologien, vom Besitzdenken und sogar von Erfahrungen der Vergangenheit erforderlich wird.

Jedes Loslassen ist ein gar nicht einfacher, recht schmerzlicher Prozeß. Der Mensch muß auf Sicherheiten und liebgewordene Gewohnheiten verzichten. Er befindet sich in einer existentiellen Ausnahmesituation; in der Zeit des Loslassens steht er ganz für sich allein. Er hat nichts mehr, an das er sich klammern kann, das ihm Halt gibt. In einem solchen Zustand des Loslassens hat der Mensch seine Bindungen abgeschüttelt. Er ist ganz »bei sich«. Er hat eine hohe Stufe des Seins erreicht.

Versuchen Sie doch einmal dieses Loslassen! Sie ruhen ganz in sich und werden sich einer verborgenen Kraft bewußt. In einem solchen Erlebnis können Sie manchmal auch verborgene Inhalte Ihres Tiefenbewußtseins erfahren. Nun wäre es aber völlig falsch, ständig im Zustand der Bindungslosigkeit verharren zu wollen. Es gilt also zwischen Loslassen und Ergreifen abzuwechseln wie zwischen Einatmen und Ausatmen. Völlige Bindungslosigkeit im Augenblick meditativer Entspannung macht Sie frei für echte Bindungen in Ihrem Leben. Sie müssen aber bisweilen auch den Entschluß fassen, etwas für immer aufzugeben, sich von Situationen und Menschen zu trennen, die Sie behindern, frei für neue Wege zu werden.

Die verborgenen Kräfte in Ihnen drängen zur Entfaltung, und Sie gehen Ihren Weg. Ohne Zielsetzung und Anstrengung geht es nicht. Ihre Weiterentwicklung vollzieht sich im Wechsel zwischen Sein und Werden. Das ist aber nur dann möglich, wenn Sie nichts mit Gewalt erreichen wollen. Daher ist es nötig, sich Gelassenheit anzueignen.

11. Bereitschaft zum Risiko führt Sie auf den Weg

»Wir fürchten uns davor, das zu werden, was wir in unseren vollkommensten Augenblicken, in unserer mutigsten Verfassung aufblitzen sehen.« So äußert sich der Psychologe ABRAHAM MASLOW. Es ist tatsächlich erschreckend festzustellen, wie wenig Menschen zum Wagnis des Wechsels bereit sind. Das im vorangegangenen Abschnitt erwähnte Loslassen vom Alten und Überholten bereitet vielen Menschen Schwierigkeiten. Es gibt aber viele Beweise dafür, daß die Bereitschaft, Veränderungen zu riskieren, dem Menschen zu seelischer Gesundheit und Wohlbefinden verhilft.

Allein das Wissen darüber sollte Sie ermuntern, gelegentlich Veränderungen zu riskieren. Konkrete Zukunftspläne werden Sie in Ihrer Hoffnung bestärken. Daher werden Ihnen in den beiden folgenden Kapiteln Möglichkeiten gezeigt, wie Sie Ihrem Leben Sinn geben können, wenn Sie den Mut finden, einen neuen Weg zu gehen. Wenn Sie einen so einschneidenden Schritt aber einmal geschafft haben, werden Sie glücklich sein, den Sprung ins Ungewisse gewagt zu haben. Sie werden mit größerer Risikobereitschaft zukünftige Veränderungen anstreben. Voraussetzung dafür ist, daß Sie sich die Frage nach dem eigenen Lebenssinn immer wieder neu stellen, bis Sie wissen, Ihren eigenen Weg erkannt zu haben.

Seien Sie bereit, Risiken einzugehen. Nutzen Sie Ihre Fähigkeit, sich weiterzuentwickeln.

Zusammenfassung

1. Haben Sie eine eigene Meinung, vertreten Sie Ihren eigenen Standpunkt. Es liegt einzig und allein an Ihnen selbst, wie groß der Einfluß anderer Personen auf Ihr Denken und Handeln ist.
2. Halten Sie an Ihrer Meinung fest; es ist aber nicht nötig, den anderen Ihre Meinung aufzudrängen.
3. Lassen Sie sich nicht von Lob und Tadel Ihrer Mitmenschen leiten. Erwarten Sie nicht Lob von anderen. Loben Sie sich selbst.
4. Geben Sie sich Ihre Ziele selbst vor. Machen Sie einen Tagesplan. Haken Sie ab, was Sie erledigen konnten.
5. Sie überwinden die Angst vor Mißerfolgen, wenn Sie Ihre eigenen Wünsche und Bedürfnisse selbst festlegen. Wer nach seinem »inneren Kompaß« handelt, verliert die Angst vor Mißerfolgen und stärkt sein eigenes Wertgefühl. Und denken Sie immer daran: Man lernt aus Fehlern meist mehr als aus Erfolgen.
6. Stellen Sie stets die Frage, ob etwas für Sie Sinn hat. Fragen Sie sich: Warum das? Was bringt es? Perfektionismus hat keinen Sinn. Er lähmt Ihr Handeln.
7. Viele Menschen spielen in ihrem Leben eine oder sogar mehrere Rollen, um die Mitmenschen zu beeindrucken. Wer eine Rolle spielt, wird nie dazukommen, seinen Lebenssinn zu verwirklichen. Er läuft vor sich selbst davon.
8. Schützen Sie sich vor Überrumpelung und Manipulation. Vermeiden Sie plötzliche Entscheidungen; erbitten Sie Bedenkzeit. Sie müssen auch lernen, nein zu sagen. Fragen Sie sich jeden Abend: Wie oft habe ich heute ja gesagt, obwohl ich nein sagen wollte?
9. Setzen Sie sich Prioritäten. Entscheiden Sie, was für Sie wichtig ist. So verlieren Sie die Angst, etwas zu versäumen, und Sie gehen Ihren eigenen Weg. Es gibt niemanden, der Sie daran hindern könnte. Haben Sie kein schlechtes Gewissen, für Ihre eigenen Interessen einzutreten.
10. Um eine richtige Entscheidung zu treffen, müssen Sie sich von einer Sache distanzieren können. Sie entscheiden besser, wenn Sie sich Zeit lassen und von unnötigem Eingreifen in Situationen, die Sie nichts angehen, Abstand nehmen. Sie entwickeln die dafür notwendigen Kräfte durch Innehalten und Beobachten.
11. Seien Sie bereit, Risiken auf sich zu nehmen. Lernen Sie, gelöst und gelassen zu sein. Das wird Ihnen helfen, neue Wege zu beschreiten.

Kapitel 5

Wie Sie neue Ziele finden

1. Sie selbst entdecken neue Wege

In jedem Menschen schlummern Begabungen, Fähigkeiten, Kräfte. Es ist ein Fundus von Möglichkeiten, seinem Leben einen Sinn zu geben. Sie gilt es, zu entdecken und bewußtzumachen. Wenn es Ihnen gelingt, sich diese bewußtzumachen, werden Sie aufgrund dieser neugewonnenen Einsicht auch neue Wege erkennen, die Sie gehen können. Wollen Sie Ihrem Leben Sinn geben, dann müssen Sie selbst die Stätte der Weisheit und Erkenntnis in Ihrem Inneren betreten.

Weder ein Buch noch ein Mensch kann Ihnen neue Wege vorschreiben oder aufzeigen. Sie müssen sie vielmehr selbst aufspüren. Dieses Buch kann Ihnen dabei helfen. Damit Sie aber neue Wege entdecken können, müssen Sie über Ihre eigene Situation nachdenken und in sich hineinhören. Die in diesem Buch vorgegebenen Fragen werden Ihnen helfen, sich der für Sie persönlich richtigen neuen Wege bewußt zu werden. Nehmen Sie sich die Zeit, in sich hineinzuhorchen und die Fragen wahrheitsgemäß zu beantworten.

Es ist wichtig, daß Sie mit sich selbst in Kontakt treten. Wer das nicht tut und über alle Fragen hinwegliest, ähnelt im Verhalten jenem Esel, der glaubt, klüger geworden zu sein, nur weil er mehrere Kisten Bücher schleppt. Machen Sie sich also die Mühe, zu sich selbst vorzustoßen. Es gilt, sich dem zu öffnen, was in Ihnen ist.

2. Lernen Sie, mit sich allein zu sein

Wer neue Wege entdecken will, muß sich mit sich selbst beschäftigen. Das kann man nur, wenn man mit sich allein ist. Für die meisten Menschen stellt die Einsamkeit etwas Bedrohliches dar. Sie verbringen einen nicht geringen Teil ihrer Zeit damit, vor dem Alleinsein davonzulaufen. Manche flüchten in die Arbeit, andere in das Vergnügen. Fernsehen, Rundfunk, Illustrierte und das gesellschaftliche Leben werden benutzt, um der Konfrontation mit sich selbst auszuweichen.

Warum haben sich die Menschen an diese Fluchtmechanismen gewöhnt? Warum haben sie eine derartige Angst vor dem Alleinsein? Was hindert sie daran, sich mit sich selbst zu beschäftigen? Hauptsächlich spielen dabei folgende Gründe eine Rolle:

- Ein Mensch glaubt nicht daran, das eigene Leben gestalten zu können, und läßt sich stattdessen von seinen Mitmenschen lenken.
- Er erwartet Anerkennung, Lob und Liebe von der Umwelt, indem er sich ihr anpaßt und sich von ihr abhängig macht, anstatt in sich selbst die Gründe für Anerkennung und Liebe zu schaffen.
- Er hat es verlernt, in sich hineinzuhorchen, und sucht nach Antworten auf die Fragen des Lebens stets anderswo, nur nicht bei sich selbst.
- Er nimmt sich nicht die Zeit, Alleinsein und innere Sammlung zu üben. Wenn sein Meditieren beim ersten Versuch nichts bringt, gibt er auf und sucht enttäuscht nach Ablenkungen.

Mit dieser Problematik haben wir uns schon in den Kapiteln 3 und 4 beschäftigt, bis auf den letzten Punkt: das Alleinsein. Wenn Sie es vermeiden wollen, vor sich selbst davonzulaufen, dann sollten Sie sich zunächst diese Tatsache bewußtmachen.

Leider wollen viele Menschen sich nicht eingestehen, daß sie nicht allein sein können. So laufen sie weiter vor sich selbst davon. Wohin führt die Flucht in die Masse, in Gesellschaft und Vergnügungen? Man vereinsamt dort innerlich noch mehr.

Lernen Sie also, wieder mit sich allein zu sein. Planen Sie jeden Tag zehn bis zwanzig Minuten für das vollkommene Alleinsein mit sich selbst ein. Sie üben das Alleinsein am besten mit der Meditationstechnik, die ich in meinem Buch *Die universellen Kräfte Ihrer Psyche* beschrieben habe. Verfahren Sie danach, dann werden sich Ihnen neue Wege offenbaren.

3. Was ist bei einem Selbstgespräch zu beachten?

Sie wissen, wie notwendig es ist, das Alleinsein zu pflegen. Es ist aber auch erforderlich, ganz systematisch über Ihr Leben nachzudenken.

Möchten Sie nicht einmal versuchen, über den Lauf Ihres Lebens nachzudenken? Versuchen Sie, Ihr eigener Gesprächspartner zu werden. Nehmen Sie sich für dieses Gespräch mit sich selbst genügend Zeit. Stellen Sie sich auf die Unterhaltung ein wie auf das Gespräch mit einem Freund, der manchmal recht schwierig ist. Über manche Dinge redet er gern und lang, über andere schweigt er lieber. Gehen Sie behutsam und taktvoll mit Ihrem Gesprächspartner um. Er mag es nämlich gar nicht, wenn man ihn zwingt, etwas zuzugeben, das er sich bisher noch nie eingestanden hat. Behandeln Sie Ihren Gesprächspartner so, daß er den Mut findet, Ihnen zu sagen, was ihn am meisten bedrückt. Werden Sie nicht unmutig, wenn Sie dabei nicht sofort Erfolg haben. Wer gibt schließlich schon bereitwillig zu, daß er sich oft unlogisch und widersprüchlich verhält.

Nur wenn Sie mit Ihrem inneren Gesprächspartner Geduld haben, wird er keine Ängste verspüren und den Tatsachen ins Auge schauen. Nur dann wird es ihm gelingen, sich nichts mehr vorzumachen und sich aufrichtig zu verhalten. Erst dann wird er bekennen, was er in seinem Leben ändern möchte.

Dieser schwierige Gesprächspartner sind Sie selbst. Sie werden Ihre Angst, unangenehme Tatsachen zu bekennen, leichter überwinden, wenn Sie daran denken: Selbst große und größte Geister gingen häufig in die Irre und machten Fehler. Friedrich Rückert sagt: »Das sind die Weisen, die durch Irrtum zur Wahrheit reisen. Die bei dem Irrtum verharren, das sind die Narren.«

Beantworten Sie nicht nur die Fragen, die in den folgenden Abschnitten dieses Kapitels gestellt werden, sondern gehen Sie auch den Fragen nach, die sich Ihnen selbst aufdrängen. Oft werden Sie auf gewisse Fragen nicht sofort eine Antwort haben. Wenn die Antwort beim ersten Lesen ausbleibt, lassen Sie sich Zeit. Lesen Sie die Frage noch einmal. Denken Sie über sie nach. Vielleicht steigen innere Bilder zu der Frage in Ihnen auf. Gefühle werden in Ihnen wach. Neue Einsichten werden folgen.

Machen Sie einen Unterschied zwischen den Gefühlen und Gedankenketten, die in Ihnen aufsteigen, und Ihren Reaktionen auf deren Inhalt. Trauen Sie nicht Ihren ersten spontanen Reaktionen. Der Mensch will manchmal bestimmte Erlebnisse – meist sind es, wie man sich vorstellen kann, Mißerfolge – einfach nicht zur Kenntnis nehmen. Um sich gegen sie abzuschirmen, konstruiert er dann ganze Ketten von Rechtfertigungen. Die Vernunft ist hierbei sehr erfinderisch und liefert schnell Begründungen, wenn eine Wahrheit nicht akzeptiert werden will.

Beachten Sie daher Ihre Gefühle! Dann spüren Sie, ob Sie bei der Beantwortung der Fragen ehrlich zu sich selbst sind. Ihre Gefühle geben Ihnen zwar nicht die Antwort auf jede der gestellten Fragen, sie vermitteln Ihnen aber meist Klarheit darüber, ob Sie sich selbst etwas vormachen und ob Sie Sinnvolles oder Sinnloses erwägen.

4. So können Sie Ihre Lebenssituation bestimmen

Die folgenden Fragen können Sie nur dann zu einer realistischen Einschätzung Ihrer Lage anregen, wenn Sie sie spontan beantworten. Bringen Sie also zum Ausdruck, wie Sie wirklich empfinden, ohne lange darüber nachzudenken, was für Sie richtig oder vorteilhaft ist. Kreuzen

Sie bei den Fragen ehrlich an, wie oft Sie die betreffenden Erlebnisse gehabt haben.

1. Wenn ich an den Tod denke, muß ich sagen, daß sich mein Leben nicht gelohnt hat.
   Ich habe dieses Empfinden
   a) nie ☐ b) selten ☐ c) häufig ☐
2. Sie versuchen, Ihren Mitmenschen oder sich selbst gegenüber Ihr Leben inhaltsvoller darzustellen, als es eigentlich ist.
   Ich tue dies
   a) nie ☐ b) selten ☐ c) häufig ☐
3. Haben Sie den Eindruck, daß Ihr Leben überwiegend das Ergebnis der Einwirkung anderer ist?
   Ich habe diesen Eindruck
   a) nie ☐ b) selten ☐ c) häufig ☐
4. Glauben Sie, daß man an seinem Leben nichts verändern kann?
   Ich habe das Gefühl der Ohnmacht
   a) nie ☐ b) selten ☐ c) häufig ☐
5. Werden Sie innerlich unruhig, wenn Sie über den Sinn Ihres Lebens nachdenken?
   Ich empfinde diese Unruhe
   a) nie ☐ b) selten ☐ c) häufig ☐
6. Empfinden Sie in Ihrer Freizeit Langeweile? Haben Sie das Gefühl, daß Sie Ihre Freizeit in einem gewissen Spannungszustand verbringen? Fehlt Ihnen das Gefühl echter Lebensfreude?
   Ich spüre diesen Mangel
   a) nie ☐ b) selten ☐ c) häufig ☐
7. Haben Sie Angst vor dem Tod? Verfallen Sie, wenn Sie an ihn denken, in hektische Betriebsamkeit, weil Sie den Tod nicht akzeptieren können?
   Ich habe dieses Angstgefühl
   a) nie ☐ b) selten ☐ c) häufig ☐

8. Sind Sie von Hoffnungslosigkeit erfüllt, wenn Sie ein Ziel nicht sofort erreichen? Zweifeln Sie daran, aus einem Mißerfolg etwas Positives machen zu können?
   Ich habe dieses Gefühl
   a) nie ☐ b) selten ☐ c) häufig ☐
9. Haben Sie das Gefühl, daß Erfolge Ihr Leben überhaupt nicht beeinflußt haben?
   Ich habe dieses Gefühl
   a) nie ☐ b) selten ☐ c) häufig ☐
10. Können Sie sich an der Schönheit der Natur und der Kunst erfreuen?
    Ich habe solche Erlebnisse
    a) häufig ☐ b) selten ☐ c) nie ☐
11. Gibt es Ideen, für die Sie sich einsetzen, um dem Fortschritt der Menschheit zu dienen?
    Es gibt einen solchen Einsatz in meinem Leben
    a) häufig ☐ b) gelegentlich ☐ c) nie ☐
12. Gibt es in Ihrem Leben Aufgaben, ohne die Sie sich Ihre Existenz nicht vorstellen können? Setzen Sie sich für Ziele ein, in denen Sie völlig aufgehen?
    Ich habe das Gefühl, ganz in einer Sache aufzugehen
    a) häufig ☐ b) selten ☐ c) nie ☐
13. Worauf beruht Ihre Selbstachtung? Denken Sie dabei aber nicht an Ihren Kontostand. Gibt es Werte, wie sie in Kapitel 1 erörtert sind, die für Ihr Leben von Bedeutung sind? Existieren andere Werte für Sie?
    In meinem Leben
    a) gibt es Werte ☐ c) gibt es keine ☐
14. Wie denken Sie über Ihre persönliche Entfaltung im Beruf und im Privatleben? Empfinden Sie Ihr Leben als Aufstieg, Stillstand oder Abstieg?

Ich bin der Meinung, daß mein Leben
a) aufsteigt ☐ b) stillsteht ☐ c) absteigt ☐

15. Auf welche Art und mit welchem Gleichnis würden Sie das Lebensgefühl zum Ausdruck bringen, das Sie zur Zeit erfüllt:
a) Ich fühle mich wie ein Vogel, der in die Lüfte steigt ☐
b) Ich fühle mich wie ein geprügelter Hund ☐
c) Ich fühle mich wie ein Gefangener ☐

Sie haben nun, indem Sie bei der Beantwortung der Fragen stets auch auf Ihre Gefühle geachtet haben, spontan a), b) oder c) angekreuzt. Jedes Kreuz hinter einem a) bringt zum Ausdruck, daß Sie Sinnmöglichkeiten in Ihrem Leben verwirklichen. Jedes Kreuz hinter einem c) weist auf einen Sinnmangel hin. Nur wenn die Anzahl der Kreuze bei a) größer als bei c) ist und Sie Frage 14 und 15 bei a) ankreuzen, ist Ihr Leben von ausreichenden Sinninhalten getragen.

5. Wie man »trotz allem« lohnende Lebensinhalte findet

Ein heute vierzigjähriger Angestellter verlor vor zwanzig Jahren infolge eines Autounfalls beide Beine. Er kann sich nur noch im Rollstuhl bewegen. Er berichtet über sein Leben: »Natürlich bin ich nicht glücklich darüber, daß ich mich nicht mehr zu Fuß bewegen kann. Doch darüber mache ich mir schon seit vielen Jahren keine Gedanken mehr. Es gibt soviel Schönes im Leben, an dem ich teilhabe. Ich kann nicht genug dafür danken.«

Erinnern Sie sich an die in Kapitel 2 erwähnte Mutter, die sich für eine Tochter einsetzte, die schon mehrere Selbstmordversuche hinter sich hatte? Obwohl die Situation ihrer Tochter nahezu aussichtslos zu sein schien, hörte die Mutter nicht auf, um das Leben ihres Kindes zu kämpfen.

Begnügen wir uns mit diesen zwei Beispielen. Sie zeigen, wie Menschen in aussichtslos erscheinenden Situationen trotz aller Schwierigkeiten ihrem Leben einen Sinn geben können. Nun gibt es in jedem

Leben Enttäuschungen und Schicksalsschläge, die einen Menschen vielleicht vorübergehend am Sinn des Lebens zweifeln lassen. Den Sinn des Lebens zu bejahen, das bedeutet, trotz aller Schwierigkeiten an ihm festzuhalten, wie dies aus den erwähnten Beispielen hervorleuchtet. Natürlich muß zunächst immer erst die Enttäuschung überwunden werden.

Zweifeln Sie am Sinn Ihres Lebens? Fühlen Sie sich zur Zeit enttäuscht und niedergedrückt? Dann werden Sie sich doch darüber klar, was Sie am Sinn des Lebens zweifeln läßt. Notieren Sie, was Ihnen am Leben sinnlos erscheint:

Ich finde folgendes an meinem Leben sinnlos:

....

....

....

Haben Sie aufgeschrieben, weshalb Sie am Sinn Ihres Lebens zweifeln? Gehen Sie Ihre Notizen noch einmal durch. Kehren Sie dann zu den anfangs dargelegten zwei Beispielen zurück und setzen Sie sich mit der Einstellung der zwei geschilderten Menschen zum Leben auseinander. Denken Sie nun nochmals über Ihr Leben nach. Was vermögen Sie trotz aller Schicksalsschläge, trotz Leid und Mühsal an Ihrem Leben Positives zu entdecken? Schreiben Sie auf, was Ihnen bewußt wird.

Trotzdem glaube ich, daß

....

....

....

Stellen Sie dem Negativen in Ihrem Leben Positives gegenüber. Nur so wird sich in Ihnen die Fähigkeit verstärken, sich wieder zu freuen und im Leben lohnende Sinninhalte zu finden. Auch Sie sind imstande, »trotz allem« sinnvolle Lebensinhalte für sich zu entdecken.

6. Orientieren Sie sich realistisch an Ihrer Situation

Ein Fuchs schleicht sich bei Sonnenaufgang aus seiner Höhle, um Beute zu machen. Er betrachtet seinen Schatten und spricht: »Heute mittag will ich ein Kamel verschlingen.« Doch er sucht vergeblich. Als es Mittag geworden und sein Magen immer noch leer ist, schaut er wieder auf seinen Schatten und spricht nun: »Eine Maus würde mir auch genügen.«

Vielleicht schmunzeln Sie über den Fuchs dieser Tierfabel. Immerhin hat er es am Ende doch noch geschafft, sich zu einer realistischen Zielsetzung durchzuringen. Leider sind dazu nur wenige Menschen fähig. Die meisten setzen sich gar keine, andere zu hohe Ziele.

Stecken Sie Ihre Ziele hoch an, aber nicht in unrealistischer Weise. Sie können nicht US-Präsident werden oder die längst tote Marilyn heiraten wollen. Ist Ihre Zielvorstellung unrealistisch, können Sie Ihr Verhalten nicht entsprechend steuern. Unrealistische Zielvorstellungen können zur Folge haben, daß am Ende ein verirrter und verwirrter Mensch übrigbleibt, der jede Orientierung verloren hat, und nur zu oft leidet ein solcher Mensch unter schweren psychischen Störungen:

- Seine Haltung ist von gleichgültiger Resignation geprägt. Sie reicht von der mutlosen Maxime »Was soll's?« bis zu depressiven Verstimmungen.
- Gefühle werden kaum noch empfunden. Es kommt höchstens zu Entladungen negativer Emotionen wie Sentimentalität, Wut oder Haß.
- Bindungen und Kontakte zu Mitmenschen verkümmern immer mehr.

Verfallen Sie nicht in den Fehler, Leitwerte, die mit Ihrem derzeitigen Ich nur wenig zu tun haben, als persönliche Ideale zu übernehmen. Setzen Sie sich immer Ziele, die sich an Ihrer konkreten Situation orientieren. Gehen Sie langsam vor. Durch realistische Zielsetzungen werden Konflikte mit sich selbst und mit der Umwelt vermieden.

Wir wollen den Sachverhalt an einem einfachen Beispiel verdeutlichen: Ein Familienvater kommt bei der Stellung der Frage nach dem Sinn seines Lebens zu dem Ergebnis, daß er in Zukunft seiner Familie mehr Liebe schenken möchte. Von heute auf morgen will er ein durch und durch liebevoller und liebenswerter Vater werden. Das ist unrealistisch. Es trägt den Keim des Scheiterns bereits in sich. Im Familienalltag müssen die Seinen ständig mit

- seiner leichten Erregbarkeit und Nervosität,
- seiner Unbeherrschtheit und
- seiner mangelnden Geduld im Umgang mit Kindern

fertig werden. Er selber merkt bald, daß er sein Vorhaben nicht sofort verwirklichen kann, und entwickelt Schuldgefühle. Die Folge: eine schwere seelische Krise.

Hätte der Mann sich an seiner eigenen Lebenssituation orientiert, hätte eine realistische Zielsetzung anders ausgesehen. Er hätte sich vornehmen können:

- den eigenen Gefühlen mehr Disziplin aufzuerlegen und seinem Vorhaben mehr Aufmerksamkeit zu schenken;
- im Zustand nervöser Gereiztheit Auseinandersetzungen mit der Familie zu vermeiden; statt dessen Entspannungsübungen zu machen;
- Spontanreaktionen zu vermeiden – und so schrittweise seine schlechten Gewohnheiten abzubauen.

Mit solchen Nahzielen hätte er eine wesentlich realistischere Chance, sein Endziel zu erreichen.

Nun zu einem anderen Beispiel: Eine stark beanspruchte Hausfrau lernt Französisch. Einmal in der Woche besucht sie abends einen Sprachkurs. Bald kommt sie in Schwierigkeiten, da sie offenbar die

Vokabeln zu leicht vergißt, die sie einmal pro Woche auswendig lernt. Ihr ganzer Plan droht ins Wanken zu geraten. Sie begreift, daß sie nicht alle Vokabeln auf einmal, sondern jeden Tag einige Vokabeln lernen muß. Sie beschließt, jeden Abend zwanzig Vokabeln zu lernen, und gewinnt so bald wieder den Anschluß an die übrigen Kursteilnehmer.

Halten wir fest: Orientieren Sie Ihre Zielvorstellungen an Ihrer realen Situation. Bauen Sie darauf auf.

7. Warum sich schriftliche Festlegungen lohnen

Sie wissen, wie wichtig es für Sie ist, sich von den Maßstäben der Umwelt zu lösen und ein Leben nach eigenen Vorstellungen zu planen und zu verwirklichen. Die eigenen Wünsche dürfen nicht länger unterdrückt werden.

Sie sagen vielleicht: Das ist durchaus richtig. Ich sehe es ein. Wie aber kann ich dies erreichen? Erstens müssen Sie an sich selbst denken und sich selbst zu erkennen versuchen; und zweitens sollten Sie Ihre Pläne und Vorstellungen niederschreiben.

Natürlich könnten Sie jetzt denken: Dazu habe ich keine Zeit. Schließlich habe ich viel zuviel zu tun. So sollten Sie nicht denken. Es ist nur eine beliebte Ausrede für alle, die der Beschäftigung mit sich selbst ausweichen wollen. Menschen mit solchen Ausflüchten finden meist genügend Zeit, sich mit allen möglichen Heldenfiguren des Fernsehens zu identifizieren. Sie kommen gar nicht auf den Gedanken, jeden Tag eine halbe Stunde für sich zu reservieren, um über ein sinnvolles Leben nachzudenken. Vielleicht fürchten sie sich auch davor, auf etwas zu stoßen, das sie gar nicht wissen wollen. Nichts führt aber an der Tatsache vorbei: Wer ein sinnvolles Leben führen will, muß sich mit sich selbst beschäftigen, und dazu ist jeden Tag mindestens eine Viertelstunde Zeit nötig.

Wollen Sie Ihrem Leben mehr Sinn geben, so ist es notwendig, daß Sie Ihre Gedanken und Vorstellungen über Ihr Leben niederschreiben. Mehrere Gründe sind es, die das erforderlich machen:

- Die schriftliche Fixierung hilft Ihnen, Ihren eigenen Vorstellungen auf den Grund zu gehen und sie besser zu entwickeln. Es zwingt Sie, Ihre Gedanken zu Ende zu denken und nicht bei Nebensächlichkeiten steckenzubleiben.
- Haben Sie eine Idee einmal schriftlich festgehalten, so können Sie sicher sein, daß sie Ihnen nicht mehr entfallen wird. Ihre Intuition wird nicht blockiert. Nun können weitere Vorstellungen und Ideen aus dem Unterbewußtsein emporsteigen.
- Das schriftliche Festhalten führt zu einer Klärung der Bewußtseinsinhalte. Wenn Sie darauf verzichten, Ihre Vorstellungen und Ideen niederzuschreiben, sinken diese nur zu leicht wieder ins Unterbewußtsein zurück.
- Wenn Sie das »Lebensbuch« Ihrer Zielvorstellungen jeden Tag einmal in die Hand nehmen, werden Sie mit diesen immer vertrauter; Ihre Zielvorstellungen nehmen von Ihnen Besitz.
- Ihre Notizen haben Ihnen als Plan zu dienen, als Soll-Vorstellung, die Sie jeden Abend mit dem von Ihnen erreichten Ist-Wert vergleichen. Diese Eigenkontrolle hat den Zweck, Ihr Lebensschiff zielstrebig auf Kurs zu halten.
- Das schriftlich Fixierte mahnt Sie, Ihr Ziel nicht aus den Augen zu verlieren, und da Sie das Geschriebene immer wieder nachlesen können, hilft es Ihnen, Zusammenhänge besser zu überblicken.
- Die Niederschrift trägt zu Ihrer inneren Entlastung und Erleichterung bei.

In den folgenden Abschnitten dieses Kapitels werden Ihnen Hilfestellungen gegeben, wie Sie leichter zu Ihren eigenen Zielvorstellungen vorstoßen können. Was sollten Sie dabei besonders beachten? Hier einige Anregungen:

- Unterdrücken Sie echte Wünsche und Zielsetzungen nicht dadurch, daß Sie sich fragen: Was werden wohl die anderen dazu sagen?

- Lassen Sie sich von Schwierigkeiten nicht abschrecken und glauben Sie an die Realisierbarkeit Ihrer Ideen. Lassen Sie keine Zweifel in sich aufkommen.
- Bedenken Sie stets: Nur die Technik der kleinen Schritte bringt Sie zum Ziel.
- Überlegen Sie sich, wie Sie gerne als Persönlichkeit vor sich selber dastehen möchten.
- Glauben Sie an Ihre Möglichkeiten und Ihren inneren Wert.

Nur wenn Sie weder Nachbarn noch irgendwelche Bekannte beeindrukken wollen, haben Sie sich hundertprozentig für Ihr eigenes Leben entschieden; dann sind Sie auch in der Lage, es sinnvoll zu gestalten.

8. Entdecken Sie, was Ihrem Leben Inhalt geben kann

Ich hoffe, bei der Lektüre dieses Buches sind Ihnen schon Gedanken gekommen, wie Sie Ihrem Leben mehr Sinn geben könnten. Dieser Abschnitt nun soll Sie anregen, systematische Überlegungen anzustellen..

a) Stellen Sie sich die folgende Frage: Angenommen, Sie brauchten nicht mehr den Lebensunterhalt für sich und Ihre Familie zu verdienen und Ihr Einkommen würde Ihnen regelmäßig weiter zufließen. Was würden Sie tun? Welche Ziele würden Sie ansteuern?

   Meine Ziele sind: ....

   ....

   ....

b) Nur zu oft verschieben Menschen die Frage nach dem Sinn ihres Lebens deshalb, weil sie den Tod einfach negieren. Nehmen wir an, ein Arzt sagte Ihnen, Sie hätten mit absoluter Sicherheit nur noch zwei Jahre zu leben. Was würden Sie tun?

Meine Ziele sind: ....

....

....

c) Was waren die Wunschträume und Ziele Ihrer Jugend? Haben Sie Ihre seinerzeitigen Vorstellungen verwirklichen können? Oder haben Sie sie aufgegeben? Bekennen Sie sich innerlich noch zu ihnen?

Die Wunschträume meiner Jugend, zu denen ich mich heute noch bekenne, sind: ....

....

....

d) Vielen Menschen gelingt es nicht, einen Lebenssinn in ihrer beruflichen Arbeit zu entdecken. Welche Bedeutung hat für Sie die berufliche Arbeit? Was empfinden Sie an Ihrer Arbeit als Zwang? Was könnten Sie an Ihrer Arbeit verändern? Welche neuen Perspektiven könnten Sie Ihrer Arbeit abgewinnen? (Hier geht es nicht darum, einem unerreichbaren Traumberuf nachzutrauern. Vielmehr kann man jedem Beruf mehr Bedeutung abgewinnen; man muß sich nur die richtige Zielsetzung vornehmen.)

Fassen wir diese Fragen zusammen: Was kann ich aus meiner Arbeit machen? Was könnte ich tun, damit mir meine Arbeit mehr bedeutet?

....

....

....

Was ist an meiner Einstellung zu ändern, damit mir die Arbeit mehr Befriedigung schenkt?

....

....

....

e) Es werden Ihnen siebzehn menschliche Eigenschaften genannt, die Sie unterschiedlich bewerten können. Schreiben Sie von diesen drei oder vier heraus, die für Sie wichtig sind. (Notieren Sie sich auch die, an denen Sie kein Interesse zeigen. Was ist die Ursache Ihres Desinteresses?)

1. Fleiß, Strebsamkeit
2. Intelligenz
3. Selbstdisziplin
4. Umgang mit Mitmenschen
5. Mut
6. Kreativität, Phantasie
7. Verantwortungsbewußtsein
8. Geduld
9. Toleranz
10. Intellektuelle Neugierde
11. Humor
12. Gelassenheit
13. Zärtlichkeit
14. Seelische Robustheit
15. Ehrlichkeit, Offenheit
16. Unabhängigkeit
17. Körperliche Gesundheit

Wichtig für mich sind:	Unwichtig für mich sind:
....	....

....

....

....

f) Hier finden Sie Werte angegeben, die zumindest für manche Menschen von großer Bedeutung sind. Wählen Sie auch hier drei oder vier aus, die für Sie wichtig beziehungsweise unwichtig sind.

1. Sicherheit der Familie
2. Materieller Wohlstand
3. Freiheit, Unabhängigkeit
4. Beruflicher Erfolg
5. Wachstum der Persönlichkeit
6. Selbstachtung
7. Freundschaft
8. Liebe
9. Politisches oder religiöses Engagement
10. Ein Leben voller Anregungen
11. Weisheit, Unabhängigkeit
12. Seelenheil
13. Gerechtigkeit
14. Erlebnisse

Wichtig für mich sind:

....

....

....

....

Unwichtig für mich sind:

....

....

....

....

g) Gibt es Aufgaben und Ziele in Ihrem Leben, die über Ihr eigenes Leben hinauszielen? Welche Aufgaben oder Ziele sind es? Oder haben Sie keine?

....

....

....

Wenn Sie bisher keine festumrissenen Zielvorstellungen hatten, die über Ihre Eigeninteressen hinausgehen, dann sollten Sie sich über die Gründe dafür klarwerden.

Ich habe kein Interesse an solchen Zielen, denn:
O Ich habe genug mit mir selbst zu tun.
O Ich habe bisher keine Aufgabe gefunden, die mir wichtig ist.
O Ich habe überhaupt kein Interesse an solchen Aufgaben.
Versuchen Sie Ihre Antworten zu begründen.

h) Was macht Sie traurig? Was macht Sie glücklich? Werden Sie sich Ihrer Verhaltensmuster bewußt. Denken Sie darüber nach, was für Sie in Zukunft ein Grund zum Feiern wäre. Folgendes gibt mir Grund zu Trauer oder Freude:

....

....

....

Folgendes ist für mich ein Grund zum Feiern:

....

....

....

i) Machen Sie sich bewußt, wie Sie Ihre Zeit verbringen. Tragen Sie die Stundenzahl für die Tätigkeiten in die linke Spalte der folgenden Tabelle ein.
Wie ich im Durchschnitt meine Zeit verbringe:

1. Berufliche Arbeit	....	....	....
2. Hausarbeit	....	....	....
3. Mit dem Partner verbrachte Zeit	....	....	....
4. Mit Kindern verbrachte Zeit	....	....	....
5. Mit Freunden verbrachte Zeit	....	....	....
6. Zeit für mich selbst	....	....	....
7. Zeit für andere	....	....	....
8. Schlaf	....	....	....
9. Anderes	....	....	....

Überlegen Sie, wie Sie Ihre Zeit sinnvoller verbringen können. Tragen Sie die idealen Werte in die mittlere Spalte ein. Bemühen Sie sich, in die Spalte rechts außen eine realistische, neue Zeiteinteilung einzutragen.

k) Machen Sie sich bewußt, wo Sie heute stehen. Beantworten Sie die Frage »Wer bin ich?« in etwa zwölf Sätzen. Führen Sie Tatsachen auf, die Sie charakterisieren. Vielleicht schreiben Sie: »Ich bin Familienvater, strebsam, erfolgreich, abhängig, nicht besonders liebevoll« oder ähnlich.

Ich bin ....

....

....

Überlegen Sie nun, wie Sie in zehn Jahren sein wollen. Hier geht es nicht darum, sich leeren Träumen über die eigene Person hinzugeben. Vielmehr ist danach gefragt, wie Sie sein werden, wenn Sie Ihre realistischen Pläne verwirklicht haben sollten.

Wenn ich meine Ziele erreicht habe, bin ich ....

....

....

Tragen Sie Ihre Antwort ein. Fällt es Ihnen schwer oder ist es gar unmöglich, einzelne Fragen zu beantworten, so verzweifeln Sie nicht. Häufig braucht es größeren Aufwand, die Sinnfrage eines Lebens zu klären. Lesen Sie den nächsten Abschnitt.

9. Gehen Sie nach dem Sieben-Phasen-Plan vor

Die Lektüre des vorangegangenen Abschnitts hat Ihnen vielleicht die eine oder die andere Erkenntnis beschert. Hier wollen wir nun versuchen, solche Erkenntnisse in eine systematische Betrachtung einzubeziehen.

Erster Schritt: Die Ermittlung des Ist-Zustandes.

Denken Sie darüber nach, welche Ziele, Wünsche und Werte bisher Ihr Leben bestimmt haben. Führen Sie eine Analyse des Ist-Zustandes durch. Welche Entschlüsse haben Ihr Leben bisher entscheidend beeinflußt? Was war ausschlaggebend für Sie, diese oder jene Entscheidung zu treffen?

....

....

....

....

Zweiter Schritt: Die Ermittlung des Soll-Zustandes.

Versuchen Sie herauszufinden, wer Sie sein möchten. Wie wollen Sie leben? Wie wollen Sie handeln? Was müssen Sie tun, um der zu werden, der Sie sein wollen?

....

....

....

....

Dritter Schritt: Der Soll-Ist-Vergleich.

Beantworten Sie die Frage: Wann und wo bin ich hinter meinen Soll-Vorstellungen zurückgeblieben?

....

....

....

....

Vierter Schritt: Welche menschlichen Werte wollen Sie verwirklichen?

Hier geht es darum, systematisch nachzudenken. Vielleicht ist es hilfreich, wenn Sie sich auf einen der schon im vorangegangenen Abschnitt dargelegten Hinweise stützen. Fragen Sie sich: Wie müßte ich mein Leben gestalten, um am Ende sagen zu können, es habe sich gelohnt, es war ein lebenswertes Leben? Vom Blickwinkel des Todes aus betrachtet wird Ihnen vieles, was Ihnen heute als wichtig erscheint, unwichtig vorkommen. Dagegen können oft Dinge, die Sie heute für nebensächlich halten, später zur Hauptsache werden.

Tragen Sie Ihre Vorstellungen ein. Die empfohlene Betrachtung vom Blickwinkel des Lebensendes aus soll Sie nicht deprimieren. Sie ist vielmehr eine gute Hilfe, Ihre Wertvorstellungen zu prüfen und zu korrigieren.

....

....

....

....

Fünfter Schritt: Warum entspricht die Realität nicht Ihrem Soll-Wert?

Machen Sie sich Gedanken darüber, ob das Soll wirklich Ihren eigenen Wünschen und Vorstellungen entspricht. Haben Sie vielleicht nur ein Idealbild Ihrer Umwelt ungeprüft übernommen? Welche Umwelteinflüsse haben dieses Soll-Bild bestimmt? Haben Sie ein Idealbild übernommen, das Sie vom eigenen Ich ablenkt?

....

....

....

....

Sechster Schritt: Warum ist Ihr Leben so verlaufen?

Bei dieser Betrachtung wird die Ermittlung des Ist-Zustandes weitergeführt. Versuchen Sie, folgende Fragen zu klären: Warum ist Ihr Leben so verlaufen und nicht anders? Wer hat die Weichen in den entscheidenden Lebensphasen gestellt? War es der Zufall? Waren es die anderen Menschen? Waren Sie es selbst?

....

....

....

....

Siebenter Schritt: Wie soll Ihr zukünftiges Leben aussehen?

Durch den vierten Schritt haben Sie herausgefunden, welche menschlichen Werte für Sie in der nächsten Zeit von Bedeutung sein sollten.

Überlegen Sie nun, was Sie tun müssen, um diese Werte zu verwirklichen. Gehen Sie dabei von der realen Alltagssituation aus. Beginnen Sie mit der Verwirklichung Ihrer Zielvorstellungen bei relativ kleinen Dingen und Entscheidungen. Erst wenn Sie die kleinen Schritte beherrschen, können Sie sich auch an wichtige Angelegenheiten wagen. Fragen Sie sich, ob Ihr Soll-Wert von Schritt 4 und 7 realisierbar ist.

....

....

....

....

Nehmen Sie sich Zeit für das Sieben-Phasen-Programm. Sie werden die Übungen mehrere Male wiederholen müssen, um zu den einzelnen Fragen klare Antworten zu erhalten. Hilfreich ist es, vor der Selbsterforschung eine Meditationsübung zu machen, um zu größerer Offenheit für geistige Eingebungen zu gelangen.

10. So kommen Sie von Ihrem Weg nicht ab

Haben Sie sich für einen neuen Weg entschieden? Dann müssen Sie ihr Ziel mit viel Geduld anstreben. Die Macht der Geduld kommt in folgender Parabel treffend zum Ausdruck: An einem kalten Frühjahrsmorgen kriecht eine Schnecke einen Kirschbaum hinaus. Ein Käfer begegnet ihr und spricht sie an: »He, Kumpel, jetzt wachsen dort oben aber noch keine Kirschen!« Die Schnecke antwortet: »Wenn ich oben ankomme, werden sie dort wachsen.«

Sie brauchen Geduld, um Ihren Weg zu entdecken. Sie brauchen noch mehr Geduld, um Ihre Ziele zu verwirklichen. Sie kommen nicht so leicht von Ihrem neuen Weg ab, wenn Sie sich gelegentlich die folgenden Fragen stellen:

- O Nähert sich mein Leben meinen neuen Wertvorstellungen?
- O Was mache ich richtig?
- O Was gilt es zu verbessern?

Machen Sie sich von Ihren Einsichten Notizen. Dann haben Ihre Erkenntnisse eine besonders große Wirkung auf Sie. So ergibt sich für Sie ein »Lebensbuch«, das Ihnen hilft, Ihren neuen Weg konsequent zu gehen.

Zugegeben, diese Technik erfordert einigen Aufwand an Zeit. Sie wird Sie aber davor bewahren, einfach in den Tag hineinzuleben wie bisher. Ihr Bücklein wird Sie anhalten, bewußter zu werden und Ihr Leben selbst zu steuern. Denken Sie daran: Für den Erfolg Ihres Selbstverwirklichungsplanes sind Sie selbst verantwortlich. Sie kommen sicher nicht von Ihrem eingeschlagenen Weg ab, wenn Sie Ihr Handeln regelmäßig überprüfen. Wichtig für Sie ist, daß sie vor sich selbst bestehen können. Niemand vermag Ihnen die dafür nötige Arbeit abzunehmen. Sie allein gehen den Weg, für den Sie sich entschieden haben.

11. Neue Lebensinhalte – neue Wege!

Erinnern Sie sich an Kapitel 2. Dort haben wir uns mit dem Sinn und den Geheimnissen des menschlichen Lebens beschäftigt. Eines der Geheimnisse des Lebens ist es, daß sich der sinnvolle Lebensinhalt für den Menschen mit den Jahren ändert.

Die Sinnantworten ändern sich mit

- O wachsender persönlicher Reife;
- O der Entfaltung der Persönlichkeit;
- O der Änderung der Umweltbedingungen des Menschen.

Die Frage nach dem Sinn Ihres Lebens müssen Sie sich also vor dem Hintergrund Ihrer konkreten Lebenssituation immer wieder neu stellen. »Sinnvoll leben« ist eine Aufgae für das ganze Leben! Natürlich bedeutet das nicht, daß man die Inhalte, die dem Leben Sinn geben, ständig neu suchen muß. Zunächst gilt es, die einmal als richtig erkannten Vorstellungen Tag für Tag in die Tat umzusetzen. Daher ist es nötig, immer wieder zu überprüfen, ob man seinem Weg auch treu geblieben ist.

Notieren Sie Ihre täglichen Erfolge und Mißefolge. Stehen Sie vor wichtigen Entscheidungen, so überlegen Sie, mit welcher Entscheidung und welcher Taktik Sie Ihr Ziel erreichen können. Notieren Sie sich jedoch stets Ihre Erfolge und Mißerfolge. Zur Selbsterziehung reicht gläubiges Vertrauen allein nicht aus. Ohne ständige Kontrolle geht es nicht. Für eine solche Kontrolle ist aber eine positive Grundeinstellung notwendig. Und seien Sie nicht zu streng mit sich selbst, wenn Ihre Kontrolle ergeben hat, daß Sie vom rechten Kurs abgekommen sind. Vermeiden Sie jegliche Selbstvorwürfe. Ihre Selbstentfaltung sollte immer von Freude begleitet sein.

Sollten Sie sich einmal in einer Phase negativer Stimmung befinden, so setzen Sie den Soll-Ist-Vergleich ruhig eine Zeitlang aus. Auf keinen Fall sollten Sie in einer solchen Phase Entscheidungen oder Entschlüsse von großer Tragweite fassen. Wenden Sie in solchen Situationen die Technik der Selbstbejahung zu. Führen Sie regelmäßig Meditationsübungen durch. So verschaffen Sie sich die notwendige Distanz. Bald werden Sie wieder positiver gestimmt sein; dann ist es Zeit, die Überprüfung Ihres Selbsterziehungsprogramms wieder in Angriff zu nehmen.

Zusammenfassung

1. Wenn Sie neue Wege gehen wollen, müssen Sie diese selbst finden. Niemand kann Ihnen die für Sie richtigen neuen Wege zeigen oder vorschreiben.
2. Sie entdecken Ihren Leenssinn nicht, wenn Sie vor sich davonlaufen. Sie finden lohnende Lebensinhalte leichter, wenn Sie Ihr Leben von seinem Ende her betrachten. So können Sie Wichtiges von Nebensächlichem Trennen.
3. Widmen Sie jeden Tag fünfzehn oder zwanzig Minuten Ihrem Alleinsein und der Beschäftigung mit sich selbst.
4. Seien Sie ei der Analyse Ihrer Lebenssituation ehrlich gegenüber sich selbst. Achten Sie auf Ihre Gefühle. Sie können Ihnen oft deutlichere Hinweise geben als Ihr Verstand.
5. Setzen Sie Ihre Ziele hoch, aber realistisch an. Steuern Sie zunächst Nahziele an, die Sie sicher verwirklichen können. Die Technik der kleinen Schritte führt zum Ziel.
6. Wer sich jeden Tag an seinem Idealbild orientiert, von dem er weit entfernt ist, kann Schuldgefühle entwickeln. Gehen Sie von Ihrer Lebenssituation aus.
7. Schreiben Sie Ihre Vorstellungen von Ihrem Leben nieder. Ihre Notizen dienen dazu, das »Ist« mit dem »Soll« zu vergleichen. Machen Sie realistische Tagespläne.
8. Gehen Sie nach dem in Abschnitt 9 dargelegten Sieben-Phasen-Olan vor. Die Beherzigung der erprobten Vorgehensweise kann für Sie von großem Nutzen sein.
9. Vergleichen Sie mehrmals in der Woche den Soll- mit dem Ist-Zustand.
10. Das Leben ist ständig im Fluß; auch Sinngebungen ändern sich. Überprüfen Sie von Zeit zu Zeit Ihre Zielvorstellungen. Scheuen Sie sich nicht, sie zu ändern und wieder neue Wege zu gehen.

Kapitel 6

Selbsterkenntnis, der Weg zu persönlicher Zielfindung

1. Erinnern Sie sich an Ihre Jugendträume?

Jeder Mensch ist in einer Weise angelegt, die ihn drängt, sich in eine bestimmte Richtung zu entwickeln. Wenn er diesem inneren Drang folgt, erfüllt sich der Sinn seines Lebens. Daher ist es für jeden von uns notwendig, zu unserem eigentlichen Wesenskern vorzustoßen und uns selbst zu erkennen.

Es gibt Menschen, die ihre Neigungen bereits in der Jugendzeit erkennen und mit großer Zielstrebigkeit verfolgen. Häufig erreichen jedoch auch sie erst über viele Umwege ihr Ziel.

Ein Beispiel ist die Lebensgeschichte des berühmten Archäologen HEINRICH SCHLIEMANN, des Entdeckers von Troja. Er wurde als Sohn eines armen Pastors in Mecklenburg geboren. Schon in seiner Kindheit war er von HOMERS *Ilias* tief ergriffen. Er war fest davon überzeugt, daß Troja wirklich existiert hatte, und schwor sich, die untergegangene Stadt zu entdecken. In den ersten fünfunddreißig Jahren seines Lebens entwickelte er sich nach einer überaus ärmlichen Jugend zu einem erfolgreichen Geschäftsmann, der sich durch geschickte Spekulationen ein ungeheures Vermögen erwarb. Damit vermochte er endlich seine Jugendträume zu verwirklichen. Unterstützt von seiner Frau, einer jungen Griechin, gelang es ihm, der Beschreibung HOMERS folgend, die

Ruinen von Troja auszugraben, gegen all die Einwände der Fachleute. Er verwirklichte den Traum seiner Jugend.

THOMAS EDWARD LAWRENCE – bekannt als »Lawrence von Arabien« – ist ein weiteres Beispiel für einen Menschen, der unbeirrt seinen Zielvorstellungen folgte. Obwohl er in seiner englischen Heimat als Sohn einer englischen Familie aufgewachsen war, fühlte er sich zu den Arabern hingezogen, mit denen er lange Zeit als einer der Ihren lebte. Er wurde nicht nur ihr militärischer Berater, sondern sogar ihr Anführer und führte sie schließlich zum Sieg gegen ihre türkischen Unterdrücker.

Was zeigen uns die Lebensgeschichten von Menschen wie diesen? Beide haben sie verwirklicht, was sie als ihren Lebenssinn ansahen. Und Sie? Kennen Sie Ihren Lebenssinn?

Leider wurden vielen von uns echte Neigungen in der Zeit unserer Jugend zerstört, indem sie entweder durch uns selbst oder durch andere unterdrückt wurden. Wer also als Erwachsener Schwierigkeiten hat, seine eigene Zielsetzung zu erkennen, sollte sich zunächst einmal die Frage stellen: Was wollte ich in meiner Jugend verwirklichen? Wozu drängten mich meine Jugendträume? Was waren meine geheimen Wünsche, ehe die Vernunft mich zwang, auf diese Sehnsüchte zu verzichten? Aus praktischer Erfahrung weiß ich, daß im Zuge des Meditierens oft Erinnerungen aus der Jugendzeit ins Bewußtsein aufsteigen.

An solchen Erinnerungszipfeln hängen mitunter ganze Ketten von Vorstellungsbildern, die dem Menschen Aufschluß über seine verborgenen Wünsche geben können. Selbst wenn es nicht möglich sein sollte, den solcherart wiederentdeckten Neigungen in Beruf und Alltagsleben nachzugehen, kann doch oft die Freizeit dafür verwendet werden, wenigstens ansatzweise die Erfüllung solcher Wünsche anzustreben.

Versuchen Sie doch, sich an die Wünsche Ihrer Jugendzeit zu erinnern! Sie vermitteln Ihnen mit Sicherheit eine bessere Erkenntnis Ihres Wesens. Natürlich sind Sie damit allein noch nicht zu vollständiger Selbsterkenntnis vorgestoßen. Unser Ich ist nämlich wie das Meer, ohne Maß und ohne Grenzen, unendlich weit und letztlich unausschöpflich.

Auf diese Art haben Sie aber immerhin eine wichtige Wahrheit über sich selbst entdeckt.

2. Finden Sie zu Ihrem höheren Lebensziel!

Die meisten Menschen erhoffen sich das Glück ihres Lebens von einer Änderung bestimmter äußerer Bedingungen. Sie erwarten, glücklich zu sein, wenn sie etwa

- die Ausbildung abgeschlossen,
- einen Ehepartner gefunden,
- ein Geschäft aufgebaut haben,
- wohlhabend und angesehen sind.

Manche bauen auch auf eine Änderung der politischen Verhältnisse oder was es auch sonst immer sein mag. Wenn aber schließlich im optimalen Fall alles Erwünschte eingetreten ist, fühlen sie sich überraschenderweise doch nicht glücklich.

Zwar verfolgen wir alle materialistische Ziele, die der Sicherung unseres Lebensunterhaltes dienen. Doch diese einmal gewonnene Sicherheit allein macht noch nicht den Sinn unseres Lebens aus. JESUS mahnte uns: »Sammelt nicht Schätze für die Erde, sondern für den Himmel.« Was wollte er damit wohl sagen?

Im vorangegangenen Kapitel wurde Ihnen nahegelegt, sich Gedanken über die Wertvorstellungen zu machen, die Sie verwirklichen wollen. In welchen dieser Wertvorstellungen vermögen Sie einen wirklichen Lebenssinn zu entdecken? Welche dieser Vorstellungen drängen aus der Tiefe des Bewußtseins, sich zu verwirklichen? So gesehen steht ein individueller Lebensplan schon von der Geburt eines Menschen an fest. Wenn nun Ihr persönliches Lebensziel identisch ist mit dem in Ihrem Unterbewußtsein angelegten, kann sich Ihre Selbstverwirklichung verhältnismäßig schnell vollziehen. Sie handeln im Zustand der Harmonie mit sich selbst. Sie kennen den Sinn Ihres Lebens, Ihr Dasein ist erfüllt, und Sie sind glücklich.

Erkennen Sie, wie notwendig es ist, sich neben der Erfüllung Ihrer Alltagspflichten dieser höheren Sinnfindung zu widmen? Es ist die Voraussetzung, wirklich der Mensch zu werden, der Sie Ihrer Begabung und Ihren Anlagen entsprechend sein könnten.

3. Haben Sie den Mut zur Selbsterkenntnis!

Fast jeder Mensch trägt viel Negatives, viel Destruktives in sich. Wer ist schon ganz frei von Eifersucht, Neid und Haß? Diese destruktiven Tendenzen, die oft unkontrolliert aus der Tiefe des Unterbewußtseins hervorbrechen, will am liebsten niemand von uns wahrhaben. Und natürlich wollen wir sie auch uns selbst gegenüber nicht eingestehen. Solche Abgründigkeiten unserer menschlichen Existenz einzusehen, erfordert viel Mut und Wahrheitsliebe. Wer diesen Mut aufbringt, wird sich häufig der Tatsache bewußt, daß er gar nicht so zufrieden ist, wie er es sich und anderen nur zu oft vormachen will.

Obwohl jeder Mensch in der Tiefe seines Wesens über viele positive Anlagen verfügt, muß er dennoch auch die weniger erfreulichen Seiten seines Ich erkennen. Es gilt, auch seelische Empfindungen und Regungen zu erkennen, die wir nicht als wünschenswert erachten. Die bewußte Vergegenwärtigung unserer Gefühle ist an sich nicht leicht. Es fällt uns im allgemeinen leicht, eine Blüte, einen Vogel oder ein Insekt zu beobachten. Doch Gefühle wie Angst, Wut oder Verzweiflung ins Auge zu fassen, ist schwierig. Viele Menschen setzen sich über solche Gefühle einfach hinweg: sie werden verdrängt. Es gilt jedoch, sie zu erkennen und nicht einfach zu verdrängen.

Bringen Sie den Mut auf, Ihre negativen Gefühle zu erkennen und zu analysieren! Was ist die Folge solchen Vorgehens? Negative Gefühle, die Sie nicht verdrängen, werden durch deren Bewußtmachung schwächer und verlieren ihre destruktive Wirkung. Natürlich sollten Sie stets versuchen, durch positives Denken Gefühle erfreulicher Art wie Liebe und Freude in sich wachzurufen. Das gelingt Ihnen leicht, wenn Sie es nur wollen. Probieren Sie es aus!

4. Vertrauen Sie Ihrem Gewissen

Kein Mensch ist frei vom Einfluß seiner Eltern, seiner Erzieher, des Milieus, der Gesellschaft. Umwelteinflüsse gehen natürlich nicht spurlos an einem Menschen vorbei. Aber mit dem Gewissen, das hier angesprochen ist, haben sie nichts zu tun. Wenn sich ein Mensch bei seinem Handeln allein von der Furcht vor Strafe oder der Hoffnung auf Belohnung leiten läßt, ist das Gewissen in ihm nicht zu Wort gekommen. Das Gewissen ist ein menschliches Phänomen, das sich nicht auf Lernprozesse zurückführen läßt. Das Gewissen ist vielmehr eine moralische Instanz, die dem Menschen von Anfang an einverleibt ist. Es ist eine intuitive Fähigkeit, die ihm hilft, wertend Stellung zu nehmen. Es ist die ihm angeborene Richtungsanzeige, gleichsam sein ganz individueller »Kompaß«, der ihn befähigt, sein Verhalten kurssicher zu steuern.

Da das Gewissen über unsere menschliche Ebene in eine höhere Wirklichkeit hineinragt, ist es kein Ergebnis der Welt, in der wir leben. Könnten wir uns nicht nach unserem Gewissen richten, dann wären von außen an uns herangetragene Regeln und Vorschriften die einzigen Richtlinien für unser Leben. Erst das Gewissen erlaubt es uns, unseren freien Willen in verantwortlicher Weise zu gebrauchen. HERMANN HESSE sagt über die innere Stimme: »Ziel eines sinnvollen Lebens ist es, den Ruf der inneren Stimme zu hören und ihm möglichst zu folgen. Der Weg . . ., das Leben möglichst in der Gestalt anzunehmen, die als Ahnung in uns vorgezeichnet ist.«

Lauschen Sie Ihrer inneren Stimme! Richten Sie sich nach dem, was Sie da vernehmen. Ihre innere Stimme ermöglicht es Ihnen, den Sinngehalt jeder Situation aufzuspüren.

Die innere Stimme ist »Gott im Menschen«, so hat sie JESUS wie auch LAOTSE genannt. Viele bedeutende Menschen haben auf die Stimme Gottes im Menschen hingewiesen. Einer von ihnen ist CARL GUSTAV JUNG, der große Psychologe, der die höchste moralische Instanz im Menschen den »inneren Gott« nennt.

Wenn Sie die Stille suchen und in sich hineinhören, vernehmen Sie Ihre innere Stimme. Es liegt bei Ihnen, zu ihr ja oder nein zu sagen. Sie haben die Freiheit der Entscheidung, sich zur Wegweisung Ihrer inneren Stimme zu bekennen oder nicht. Sie sind keineswegs so vorprogrammiert, daß Sie keine andere Wahl haben. Es ist Ihnen – leider – auch möglich, Ihr Ohr vor der Mahnerin in Ihrem Inneren zu verschließen. Auch besteht eine andere Gefahr: Ihre innere Stimme verbindet Sie zwar mit einer höheren Wirklichkeit, sie ist aber, wie schon gesagt, zugleich ein menschliches Phänomen, und so kann sie sich auch irren. Sie können nie gänzlich ausschließen, daß der Weg, den die Stimme Ihnen weist, auch ins Ungewisse führen kann.

Sie befinden sich im Leben oft in der Lage eines KOLUMBUS, der in die Weite des Ozeans der Ungewißheit hinaussegelt. Obwohl Sie nie absolut sicher sein können, von Ihrem Gewissen richtig beraten zu sein, haben Sie doch keine andere Wahl, als seiner Stimme zu folgen. Seien Sie zu diesem Risiko bereit!

Hören Sie auf Ihre innere Stimme! Ihr intuitiver Charakter reicht weit über die Vernunft hinaus in eine andere Dimension der Wirklichkeit. Wenn wir auch die umfassende höhere Ordnung und den letzten Sinn des Seins nie ganz begreifen können, es bleibt uns doch keine andere Wahl: Die einzige Möglichkeit, diese Ordnung zu erahnen, führt über unser intuitives, ständig vom Irrtum bedrohtes Gewissen. Hören Sie auf diese innere Autorität. Lassen Sie sich von ihr leiten, Sie haben keine bessere Alternative!

5. Wie man die Stimme des Gewissens vernehmen kann

Von der Stimme unseres Gewissens sprachen die großen Philosophen, Mystiker und Erleuchteten aller Religionen immer wieder. Was kann man aber tun, um seine innere Stimme zu vernehmen?

So schaffen Sie optimale Voraussetzungen, die Ihnen ermöglichen, Ihre innere Stimme zu Wort kommen zu lassen:

- Seien Sie optimistisch. Glauben Sie, daß es die innere Stimme gibt und vertrauen Sie ihr. Vertrauen ist die Kraft, die Sie am schnellsten mit Ihrem »inneren Helfer« verbindet. Selbstbejahung verstärkt die helfende Kraft.
- Meditieren Sie regelmäßig jeden Tag. In der Stille kann Ihre innere Stimme leichter zu Wort kommen.
- Orientieren Sie sich an Ihrer inneren Stimme. Hören Sie auf sie, so wird Ihre innere Stimme ermuntert, sich häufiger zur Worte zu melden.
- Versuchen Sie, sich Ihre Träume bewußtzumachen und deren Inhalte zu deuten.

Verfahren Sie nach diesem wirksamen Programm. Sie können sich erst richtig entfalten, wenn Sie aus eigenem Entschluß handeln und sich nicht zu Handlungen gezwungen fühlen. Folgen Sie in eigener Verantwortlichkeit dem, was Ihnen Ihre innere Stimme sagt. Leben ist immer ein Risiko. Das größte Risiko besteht aber darin, die Stimme des Gewissens zu unterdrücken.

6. Erkennen Sie die Forderung der Stunde

Die Suche des Menschen nach dem Sinn des Lebens beginnt bereits in alltäglichen Situationen. Diese gilt es, in ihrer Bedeutung zu erkennen. Sinn muß aber auch dem abgewonnenen werden, was die Lebensumstände an Sie herantragen. Wie gesagt, sollten Sie den Mut haben, neue Wege zu beschreiten.

Es gibt aber Situationen, die man nicht verändern kann und die man so nehmen muß, wie sie sind. Oft ist es auch einfach falsch, vor einer Situation davonzulaufen, die nicht unseren Wünschen entspricht. Anstatt vorschnell aufzugeben, gilt es, sich in Geduld zu üben. Mit einer veränderten Einstellung und neuen Verhaltensweisen können wir sogar noch in verfahrenen Situationen das Richtige tun. Dazu ein Beispiel:

Ein Familienvater, dessen Ehe brüchig ist, will dem Alltagstrott entfliehen. Er denkt ans »Aussteigen«. Das würde aber seine Familie in unüberwindbare Schwierigkeiten bringen. Zwei seiner Kinder sind mit dem Studium noch nicht fertig und brauchen wenigstens für einige Zeit noch die finanzielle Unterstützung des Vaters. Nachdem dieser längere Zeit über seine Situation nachgedacht hat, erkennt er, daß seine Aufgabe zunächst darin besteht, das Naheliegende zu tun, nämlich seine Kinder bis zum Abschluß ihrer Ausbildung nicht zu verlassen. Er verschiebt sein Vorhaben, bis die Ausbildung der Kinder beendet sein wird, und gibt damit seinem Leben, so verfahren es ist, einen Sinn, der ihn aufrichtet.

Oder ein anderes Beispiel: Eine Hausfrau ist von dem Wunsch durchdrungen, ihren Mitmenschen zu helfen. Natürlich weiß sie bei einer solchen allgemeinen Zielsetzung zunächst nicht, wo sie beginnen soll. Setzt sie sich aber zur Aufgabe, dort zu beginnen, wo sie im Leben steht, wird ihr vielleicht bewußt, daß sich ihr Anliegen auch einfach verwirklichen ließe, indem sie bereit wäre, mehr Verständnis für ihre Kinder aufzubringen, einer Nachbarin Trost im Leid oder ihrem Mann mehr Liebe zuzuwenden.

»Charity begins at home« (Nächstenliebe beginnt in den eigenen vier Wänden) lautet ein weltkluger englischer Spruch. Beginnen Sie daher in Ihrer nächsten Nähe. Fangen Sie dort an, wo Sie gerade stehen. Denken Sie an das Naheliegende.

7. Widerspiegelt der Alltag Ihre Ziele?

Bleiben wir beim Naheliegenden: Haben Sie schon einmal bewußt darauf geachtet, wie Sie sich im Alltag verhalten? Da zeigt es sich, ob Sie sich zu Ihren Lebenszielen bekennen. Achten Sie einmal darauf, wie Sie

- Ihrem Partner zeigen, daß Sie ihn lieben;
- mit Ihren Kindern umgehen;
- Ihre Mitmenschen begrüßen und sich mit ihnen unterhalten.

Sie erkennen bei einer Überprüfung Ihres Verhaltens, ob Ihr Vorgehen Sie näher an das heranbringt, was Sie sich zum Ziel gesetzt haben. Die Selbstbeobachtung im Alltag ist eine sehr wirkungsvolle Ergänzung zu der inneren Sammlung, die man in der Stille vollzieht.

Bereits im Abschnitt 3 dieses Kapitels haben Sie erfahren, weshalb Mut zur Überprüfung des eigenen Verhaltens so notwendig ist. Bewußtes Vergegenwärtigen schwächt negative Verhaltensweisen ab und verstärkt positive. Die Kontrolle Ihres Verhaltens im Alltag zeigt Ihnen aber auch immer wieder von neuem, ob es Ihnen gelingt, Ihre Zielvorstellungen in die Wirklichkeit umzusetzen. Haben Sie dabei die notwendige Geduld. Es erfordert oft Monate und Jahre, alteingeschliffene Verhaltensweisen durch neue zu ersetzen.

8. Verbinden Sie Meditation mit der Betrachtung der Realität

Beim Meditieren kommt es zu einer Versenkung in sich selbst. Versenkung dient aber nicht, wie die Achtsamkeit im Alltag, der bewußten Wahrnehmung irgendwelcher Ereignisse oder Tatsachen der äußeren Realität. Häufig tauchen zwar aus dem Unterbewußtsein des Meditierenden intuitiv neue Einsichten über seine Lebenssituation auf, doch kann manchmal die Verarbeitung vergangener Erfahrungen unbefriedigend sein. Daher empfiehlt es sich, vor oder nach dem Meditieren eine Betrachtung der realen Lebenssituation zu versuchen.

Wie gehen Sie dabei am besten vor?

- Lassen Sie die Tagesereignisse noch einmal vor Ihrem geistigen Auge ablaufen.
- Stellen Sie sich die Frage: Was habe ich richtig gemacht? Was könnte ich besser machen? Betrachten Sie den Tagesverlauf vom Hintergrund der generellen Zielsetzung, die Sie gewählt haben.
- Fassen Sie Vorsätze für den nächsten Tag.

Wenn es Ihnen gelingt, Meditation und Betrachtung der Realität zu verknüpfen, wird Ihnen das erleichtern, auf dem einmal eingeschlagenen Weg weiterzugehen.

9. Überwinden Sie Barrieren durch Selbsterkenntnis!

Unser Bewußtsein (im engeren Sinn) gleicht der Spitze eines Eisbergs. Unterhalb dessen, was wir bewußt gewärtig haben, ist das Unterbewußtsein tätig und ist in uns noch das Universalbewußtsein oder Überbewußtsein lebendig, das auch als das »wahre Selbst« bezeichnet wird. Es ist der göttliche Funke in jedem Menschen und die größte Quelle seiner Kraft. Wer Zugang zu dieser Seelenschicht seiner Persönlichkeit findet, erfährt Geborgenheit und Harmonie. Bei den meisten Menschen ist diese Seite ihres Wesens sehr tief verschüttet.

Die Frage lautet: Wie dringen Sie zu dieser Bewußtseinsschicht Ihrer Persönlichkeit vor? Wie erlangen Sie Zugang zu Bewußtseinsebenen, die Ihnen bisher verschlossen waren? Natürlich gibt es dafür kein Patentrezept. Doch hat sich folgendes Vorgehen bewährt:

- Trainieren Sie Ihre Aufmerksamkeit. Achten Sie auf Ihre Verhaltensweisen und Reaktionen. Achtsam zu sein bedeutet zum Beispiel, die eigenen Gefühle nicht zu verdrängen und sie sich bewußt zu vergegenwärtigen. Das alles könnte man Bewußtseinstraining nennen.
- Machen Sie sich Inhalte des Unterbewußtseins bewußt, indem Sie meditieren. In den Strom der aus Ihrem Unterbewußtsein auftauchenden Ideen und Bilder schieben sich oft auch Seinszustände aus

der tiefsten Schicht Ihrer Persönlichkeit ein wie zum Beispiel ein allgemeines Glücksgefühl, ein wunderbarer Zustand der Geborgenheit und Harmonie.

- Denken Sie über sich selbst nach. Finden Sie heraus, was Sie falsch machen. Üben Sie im Geiste die als richtig erkannten Verhaltensweisen ein.
- Denken Sie positiv. Bauen Sie bewußt lebensbejahende Inhalte in sich auf. Negative Gedanken- oder Gefühlsinhalte wirken wie Barrieren, die Ihnen den Zugang zu den tiefsten Seinsschichten verwehren. Nehmen Sie sich die Zeit zu systematischer Selbstbejahung. Erkennen Sie, wenn sich Ihrer im Alltag negative Inhalte bemächtigen, und ersetzen Sie diese so rasch wie möglich durch positive.

Das Ziel, Zugang zu Ihrem wahren Selbst zu finden, ist gewiß nicht von heute auf morgen zu erreichen. Sie haben vermutlich Ihr ganzes Leben damit zu tun. In den Kulturen des Ostens wird diese höchste Form der Selbsterkenntnis in ihrer Vollendung als Erleuchtung bezeichnet (BUDDHA ist der Erleuchtete). Im Zustand der Erleuchtung wird dem Menschen höchste Weisheit zuteil.

Zusammenfassung

1. Jeder Mensch ist aufgrund seiner Anlagen von Geburt an auf ein Ziel angelegt. Es drängt ihn, dieses Ziel zu verwirklichen.
2. Versuchen Sie, sich an Ihre Zukunftsträume aus der Jugendzeit zu erinnern. Sie können Ihnen wertvolle Selbsterkenntnisse vermitteln.
3. Materielle Zielsetzungen allein führen nicht zum Glück. Es gilt zu erkennen, welche geistig-seelischen Werte Sie verwirklichen wollen. Was ist Ihr höheres Lebensziel?
4. Finden Sie den Mut, Gefühlsregungen nicht zu verdrängen, sondern bewußt wahrzunehmen. Negative Gefühle werden durch deren Bewußtmachung abgeschwächt, positive Gefühle wie Liebe und Freude intensiviert.
5. Das Gewissen ist eine intuitive Fähigkeit, die jedem Menschen innewohnt. Es ist Ihr innerer Kompaß, Ihre innere Autorität.
6. Das Gewissen ermöglicht Ihnen, den Sinn einer Situation zu erfassen, und leitet Sie an, wie Sie ein sinnvolles Leben führen können.
7. Die Stimme Ihres Gewissens kann sich auch irren. Dennoch sollten Sie immer dieser Ihrer inneren Autorität folgen. Sie haben die Freiheit, sich zu entscheiden.
8. Wenn Sie meditieren, können Sie die Stimme Ihres Inneren vernehmen. In der Stille kommt Ihre innere Stimme am besten zu Gehör.
9. Vor oder nach der Meditation empfiehlt sich eine Bestandsaufnahme der eigenen Lebenssituation.
10. Selbstbeobachtung und die Analyse Ihrer Verhaltensweisen im Alltag vermitteln Ihnen Selbsterkenntnis. Lassen Sie vor Ihrem geistigen Auge noch einmal die Tagesereignisse abrollen.
11. Halten Sie Ihre Gedanken und Einsichten schriftlich fest.
12. Haben Sie Geduld: Zur Selbsterkenntnis können Sie nur schrittweise vordringen.

Kapitel 7

Humor schafft neue Lebensperspektiven

1. Das Wesen des Humors

Humor ist die Fähigkeit, in allen Lebenslagen, auch in schwierigen, über sich selbst und andere lächeln und lachen zu können. Humor ist Ihnen eine große Hilfe, wenn es darum geht, Veränderungen im Leben zu wagen oder sich mit solchen abzufinden, die Ihnen aufgezwungen werden. Wer das Komische an einer Situation zu erkennen vermag, kann sich von ihr besser distanzieren und wird sie so auch leichter bewältigen.

Es geht darum, ein wenig Abstand zu sich selbst zu entwickeln; zu erkennen, daß man selbst nicht so überaus wichtig ist, und gleichzeitig zu wissen, daß man nur ein Mensch ist wie viele andere auch: nicht besser, nicht schlechter. Dieses Sowohl-Als-auch, diese Relativierung des vermeintlich Feststehenden, bringt uns der Humor bei. Er lehrt uns, mit einem (vielleicht ein wenig traurigen) Lächeln unsere eigenen Fehler und die anderer Menschen zu tolerieren. Er erleichtert uns Entscheidungen – wenn unsere Wahl falsch gewesen sein sollte, dann lehrt er uns, lächelnd die Folgen zu tragen. Sich lächelnd in das Unabänderliche zu fügen, gerade das ist Humor, wie bei Wilhelm Busch nachzulesen ist:

Es sitzt ein Vogel auf dem Leim,
Er flattert sehr und kann nicht heim.
Ein schwarzer Kater schleicht herzu,
Die Krallen scharf, die Augen gluh.

Am Baum hinauf und immer höher
Kommt er dem armen Vogel näher.
Der Vogel denkt: Weil das so ist
Und weil mich doch der Kater frißt,
So will ich keine Zeit verlieren,
Will noch ein wenig quinquillieren
Und lustig pfeifen wie zuvor.
Der Vogel, scheint mir, hat Humor.

Entwickeln Sie Humor als Lebenshilfe – Sie werden ihn brauchen! Wenn Sie Ihre Offenheit für Humor schärfen wollen, müssen Sie lernen, eine Situation von einem anderen als dem herkömmlichen Blickwinkel aus zu betrachten. Der Witz schärft diese Fähigkeit – wir wollen dies an einem Beispiel veranschaulichen.

Ein junger Mann geht in einem Tanzlokal auf eine ältere Dame zu, verneigt sich und sagt: »Darf ich Sie zum Tanz bitten?« Die Dame wirft ihm einen verächtlichen Blick zu und erwidert: »Ich tanze nicht mit einem Kind.« »O Verzeihung«, kontert der junge Mann, »ich wußte nicht, daß Sie schwanger sind.«

Worin liegt da der »Witz«? Analysieren wir, wie der Zuhörer die kleine Geschichte aufnimmt. Ihr Aufbau läßt eine ganz bestimmte Fortsetzung erwarten: Da die Dame in beleidigender Schärfe die Aufforderung des jungen Mannes mit einer Anspielung auf sein Alter zurückweist, müßte jetzt entweder ein verschüchtertes Zurückweichen des jungen Mannes kommen oder eine ebenso scharfe Erwiderung. Statt dessen kommt der Witz, dessen Pointe – jeder Witz muß eine Pointe haben; man kann auch sagen, die Pointe *ist* der Witz – darin besteht, daß der Vorwurf »Ich tanze nicht mit einem Kind« auch noch eine zweite Bedeutung haben kann – eben die, die der junge Mann impliziert. So richtet sich der verbale Angriff der Dame nun plötzlich gegen sie selbst, und die Spannung und Irritation, die beim Zuhörer entstehen, der aus seiner »vorprogrammierten« Gedankenbahn geworfen ist, schaffen sich in einem befreienden Gelächter Luft. Man freut sich, daß die aggressive Dame mit ihren eigenen Waffen geschlagen worden ist.

Hier noch ein weiteres Beispiel: Der Großgrundbesitzer von Bülow hört, daß im Nachbarort ein Knecht lebt, der ihm sehr ähnlich sieht. Von Bülow bestellt den Mann zu sich und stellt tatsächlich eine große Ähnlichkeit fest. »Sagen Sie mal«, fragt er herablassend, »hat Ihre Mutter auf dem Gut als Magd gedient?« »Nein, Herr Baron«, ist die Antwort, »aber mein Vater als Kutscher.«

Auch hier die Umkehrung der Situation, die Abwehr der Aggression, das Schlagen mit den eigenen Waffen: Der Baron bringt ziemlich unverblümt zum Ausdruck, die Mutter des Knechts habe dem sexuellen Vergnügen seines, des Barons, Vater gedient. Die Antwort des Knechts auf diese Unterstellung dreht die Situation völlig um: Er weist den Baron in die Schranken und spielt den Ball ins Feld des Gegners zurück. Urplötzlich ist nicht die Abkunft des Knechts, sondern die des hochgeborenen Barons in Frage gestellt. Der »Kleine« hat es dem »Großen« gezeigt und darf sich der Sympathie des Publikums sicher sein.

Die befreiende Wirkung des Lachens kann eine verfahrene Situation entschärfen, kann Aggressionen abwehren und Spannungen lösen. Und noch etwas: Wer die Lacher auf seiner Seite hat, ist schon obenauf. Umgekehrt gilt dies genauso: Derjenige, auf dessen Kosten gelacht wird, ist in der schlechteren Position. Um auf den Baron und den Knecht zurückzukommen: Nehmen wir an, der Knecht hätte den Mut gehabt, die Unverschämtheit des Barons mit scharfen Worten zurückzuweisen – was hätte es ihm gebracht? Es wäre höchstens ein Klatsch entstanden, nach dem Motto »Es wird schon was dran sein«. So aber muß der Baron wie ein begossener Pudel abziehen.

Um einen guten Witz zu verstehen, müssen versteckte Zusammenhänge und Analogien aufgespürt werden. Jeder gute Witz enthält gewissermaßen ein Rätsel, das der Zuhörer lösen muß. In den hier erwähnten Beispielen gelangt man dann zum Verständnis des Witzes, wenn man gleichsam aus dem Normalablauf der Erzählung heraustritt. Es gilt, die Aufmerksamkeit auf einen Grundzug der beschriebenen Situation zu richten oder auf einen Aspekt des Problems zu verschieben, der zunächst ignoriert oder nur schwach am Rande wahrgenommen wurde. Es handelt sich um dieselben unbewußten Vorgänge, die auch beim schöpferischen Prozeß eine Rolle spielen. Humor erfordert, zwei Dinge oder Sachverhalte, die auf verschiedenen Ebenen liegen, miteinander in Beziehung zu bringen. Das setzt aber voraus, sich von stereotypen Denkgewohnheiten zu lösen.

Der Witz verführt uns, Situationen von einem ganz anderen Blickwinkel aus zu betrachten. Er kann auch konventionelle Regeln, sonst jede für sich als richtig angesehen, in der neuen Kombination als fragwürdig erscheinen lassen.

Das veranschaulicht folgendes Beispiel: Ein Sträfling spielte mit seinen Wärtern Karten. Als sie ihn beim Mogeln ertappten, warfen sie ihn aus dem Gefängnis.

Zwei konventionelle Regeln – nämlich: Verbrecher werden durch Einsperren, Falschspieler durch Hinauswerfen bestraft –, die beide für sich durchaus als richtig empfunden werden, geraten in dieser Situation miteinander in Widerspruch und lösen so die komische Wirkung aus.

Von einem ähnlichen Gegensatzpaar berichtet die traurige Geschichte von dem Australier, der in die Nervenklinik eingeliefert werden mußte: Er hatte versucht, seinen Bumerang wegzuwerfen . . .

Damit der Witz verstanden wird, müssen – wie gesagt – versteckte Zusammenhänge freigelegt werden. Jeder gute Witz erfordert vom Zuhörer die Fähigkeit, eine gegebene Situation auch von einem anderen Blickwinkel aus zu betrachten.

Das Lachen über einen Witz enthält zwei Elemente: zum ersten die Bewunderung über die Spitzfindigkeit des Witzes, zum zweiten die Befriedigung darüber, daß man schlau genug ist, die Pointe zu verstehen.

Sowohl beim Humor als auch bei der schöpferischen Leistung spielt das Gefühl eine Rolle. Die gefühlsmäßige Explosion, eine Entdeckung gemacht zu haben, ist mit dem Lachen verwandt. Und die stille Freude, die auf den kreativen Prozeß folgt, ist mit der Befriedigung zu vergleichen, die jemand hat, wenn er den Witz verstanden hat.

2. Humor läßt negatives Denken und Fühlen nicht zu

Wer negative Gedanken und destruktive Gefühle hegt, führt seinem Unterbewußtsein schlechte »Nahrung« zu. Er gleicht einem Gärtner, der fauligen Samen in die Erde senkt. Negatives kann nicht zu positiven Folgerungen führen. Durch negative Gedanken und Gefühle wird das Unterbewußtsein dementsprechend geprägt, also negativ programmiert, und es wird, sozusagen autonom, das Handeln eines Menschen so steuern, daß sich das Negative unweigerlich in seinem Leben niederschlagen wird.

Dieses Wissen über die Macht unseres Denkens und Fühlens und die Arbeitsweise des Unterbewußtseins sollte Sie von negativen Anwandlungen abhalten. Vielleicht vermögen Sie sich aber von negativem Denken leichter zu distanzieren, wenn Sie sich die Macht der Gedanken von einer anderen Perspektive her bewußtmachen. Dazu folgende Geschichte:

Grün wohnt in der Altstadt von Amsterdam. Die Straßen sind sehr eng, so daß man sich bequem mit dem Nachbarn auf der anderen Straßenseite unterhalten kann. In einer heißen Sommernacht wälzt sich Grün ruhelos im Bett herum. Seine Frau fragt besorgt: »Ist dir nicht gut? Soll ich dir etwas zu trinken bringen?«

»Das hilft mir auch nicht«, jammert Grün. »Ich schulde unserem Nachbarn, dem Blau, tausend Gulden. Morgen muß ich meine Schulden zahlen, ich hab' aber kein Geld.« »Ist das alles? Hast du keine weiteren Sorgen?« fragt die Frau. Sie steht auf, geht zum Fenster und öffnet es. Dann ruft sie: »Blau, hörst du mich?« Nach einer Weile geht auf der anderen Straßenseite ein Fenster auf. Blau ruft zurück: »Was ist denn, Frau Grün?« Sie antwortet: »Mein Mann, der Grün, kann dir morgen die tausend Gulden nicht zurückgeben.« Dann schließt sie das Fenster, legt sich wieder hin und sagt zu ihrem Mann: »So, gib Ruh' und schlaf endlich. Wenn jetzt wer nicht schlafen kann, ist's der Blau.«

In übersteigerter und übertriebener Verkürzung (aus ihr bezieht die Geschichte ihre komische Wirkung) wird hier gezeigt, wie man sich gegen negative Gedanken immunisieren kann, indem man sie abschiebt.

3. Sind Konsum- und Kaufzwang nicht zum Lachen?

Viele Menschen sind innerlich nicht frei. Sie liegen gleichsam an den Ketten ihrer Besitzgier. Auch der Witz hat sich dieses Umstands bemächtigt:

Ein Versicherungsvertreter sagt zu seinem Bekannten: »Freund, laß dich bei uns versichern. Brichst du dir den Arm, dann erhältst du fünftausend Mark. Brichst du dir das Bein, bekommst du zehntausend Mark. Und brichst du dir das Genick, ja dann bist du ein gemachter Mann.«

Die schrankenlose Besitzgier, der Tanz ums Goldene Kalb ohne Rücksicht auf die Werte des Lebens – hier sind sie in grotesker Konsequenz ad absurdum geführt: Brichst du dir das Genick, dann bist du zwar tot, aber das macht nichts; Hauptsache, du bist reich!

Sie können zur richtigen Einstellung gelangen, wenn Sie sich die Fragen stellen:

- Warum noch mehr materiellen Wohlstand? Nützt er mir?
- Warum noch mehr kaufen? Brauche ich das?
- Was bringt es, hundert Mark mehr zu bekommen und hundert Mark mehr auszugeben?

Denken Sie einmal unter diesem Gesichtspunkt über Ihr Leben nach. Vielleicht werden Sie sich dann fragen, ob es sinnvoll ist, nach immer noch mehr Konsum zu drängen und am eigentlichen Leben vorbeizugehen. Lachen Sie lieber, wenn Sie wieder einmal der Kaufzwang überfällt oder wenn Sie angesichts eines nicht ganz gefüllten Bankkontos von Existenzängsten geschüttelt werden. Lachen ist die beste Medizin.

4. Nehmen Sie die Mitmenschen humorvoll, nicht feindselig

Wer sich gegenüber seinen Mitmenschen richtig verhalten will, muß auf ihre Schwächen Rücksicht nehmen. Das bedeutet aber nicht, daß Sie über Ihre Mitmenschen schlecht denken sollen. Mit negativen Gedanken vergiften Sie nur Ihr eigenes Unterbewußtsein und fühlen sich selbst schlecht.

Richtig ist vielmehr, sich auf die Schwächen der Umwelt einzustellen, ohne über sie schlecht zu denken. Wer das nicht zuwege bringt, der ist selber schuld, wenn er mit seinen Mitmenschen in Konflikt gerät.

Schwierigkeiten mit seinen Mitmenschen vermeiden wollte auch der Wiener Graf Bobby, den sein stets in Geldnöten befindlicher Freund Rudi wieder einmal anpumpen wollte. »Weißt was, lieber Rudi«, sagte Bobby, »sein ma lieber gleich bös!«

Eine recht eigenwillige und nicht unbedingt nachahmenswerte Einstellung zur Umwelt verrät Herr Krakauer. Im Zug von Frankfurt nach Hamburg trifft er einen Konkurrenten. Man begrüßt sich, und Krakauer fragt den anderen, wohin er fahre. »Nach Düsseldorf«, ist die Antwort. Darauf Krakauer: »Sie sagen mir, Sie fahren nach Düsseldorf, damit ich glauben soll, Sie fahren anderswohin. Zufällig weiß ich aber, daß Sie wirklich nach Düsseldorf fahren. Da frag' ich Sie, haben Sie es nötig, mich so anzulügen?«

Herr Krakauer hat sich ein solches Feindbild von seinen Mitmenschen aufgebaut, daß er überzeugt ist, die anderen seien ihm auch feindlich gesinnt. Er kommt gar nicht auf den Gedanken, jemand könnte die Wahrheit sagen.

Herr Krakauer sollte uns ein warnendes Beispiel sein, daß jeder Inhalt negativen Denkens und Fühlens – Neid, Mißtrauen, Feindseligkeit – sich immer gegen einen selbst richtet.

Schmunzeln Sie lieber über Ihre Mitmenschen, aber denken Sie nicht schlecht über sie. Bringen Sie ihnen eine humorvolle Einstellung entgegen.

Und denken Sie daran: Wenn Sie Schwierigkeiten mit Menschen bekommen, so haben Sie sich diese meist selbst zuzuschreiben, weil Sie es versäumt haben, sich auf Ihr Gegenüber richtig einzustellen.

5. Selbstbehauptung – warum nicht humorvoll?

Zur Kunst der Selbstbehauptung gehört es, seine Gefühle und Bedürfnisse geschickt zu äußern. Wer das kann, vermeidet Aggressionen.

Ein junger Angestellter findet bei seiner ersten Gehaltsabrechnung einen Begleitzettel vor mit dem Hinweis: »Ihr Gehalt ist eine vertrauliche Angelegenheit, über die Sie mit niemandem sprechen dürfen.« Er schickt den Zettel mit folgenden Worten wieder zur Personalabteilung zurück: »Ich werde mit niemandem darüber sprechen. Ich bin darüber genauso beschämt wie Sie.«

Eine gesunde Einstellung zu den eigenen Interessen kommt auch in folgender Geschichte aus Sowjetrußland zum Ausdruck: »Was würdest du tun«, fragt ein Kommissar einen Juden, »wenn die Partei den letzten Rubel von dir verlangte?« »Ich würde ihn dir sofort geben«, behauptet der Jude. »Anständig«, meint der Kommissar. »Und was machst du, wenn die Partei dein letztes Hemd verlangt?« »Ich würde schreien und es auf keinen Fall hergeben.« »Wo bleibt denn da die Logik?« wundert sich der Kommissar. »Ganz einfach: Ich besitze nicht einen Rubel. Aber ein Hemd habe ich.«

Selbstbehauptung hat nicht zum Ziel, die Schwächen anderer auszunützen. Richtige Selbstbehauptung bedeutet vielmehr, sich zwar für die eigenen Interessen einzusetzen, aber auch die Rechte der Mitmenschen zu achten.

Geschickte Selbstbehauptung kommt in folgender Verhaltensweise zum Ausdruck: Moritz wird gefragt: »Warum antwortest du auf eine Frage immer mit einer Gegenfrage?« Darauf Moritz: »Und warum soll ich's nicht tun?«

6. Man kann Ärger auch humorvoll zum Ausdruck bringen

Ein armer Theologiestudent wurde häufig bei einem reichen Hausherrn zum Essen eingeladen. Jeden Tag gab es aber Erbsen. Regelmäßig aß er die Erbsen, bis sie ihm zum Hals heraushingen. Einmal sprach er vor dem Essen nicht den Speisesegen. Der Hausherr verwundert sich und fragt erstaunt: »Warum segnest du nicht die Speisen? Du willst doch Pfarrer werden?« Der Theologiestudent erwidert: »Lieber Hausherr, man spricht den Segen über die Früchte, die in der Erde oder auf den Bäumen wachsen. Aber welchen Segen man über Früchte spricht, die einem zum Hals heraushängen, weiß ich nicht . . .«

Der Theologiestudent schluckte seinen Ärger nicht hinunter, sondern kleidete ihn in einen kleinen Scherz. So jung er war, er kannte seine Mitmenschen und wußte, daß selbst harte Vorwürfe akzeptiert werden, wenn sie gefällig in ein Scherzwort verpackt sind.

Unangenehme Erfahrungen werden sich im Leben nie vermeiden lassen. Entscheidend ist nur, daß man sich von ihnen nicht aus dem Gleichgewicht bringen läßt.

Konrad Adenauer sah einmal, wie einer seiner Mitarbeiter eine sehr saure Miene machte. Der Kanzler erkundigte sich nach dem Grund. »Ich habe mich über Herrn Sowieso ärgern müssen«, antwortete der Gefragte. Schmunzelnd wies ihn der große alte Mann zurecht: »Wer sich über seine Mitmenschen ärgert, büßt für die Sünden anderer.«

7. Humor erhält Sie innerlich jung

Mangel an Humor führt zu der Auffassung, daß das Leben hart und schwer ist. Menschen mit einer solchen Grundeinstellung laufen Gefahr, innerlich zu versteinern. Ihre Geistes- und Gefühlshaltung führt zu einer Starrheit, die keine persönliche Entwicklung mehr zuläßt. Wir haben es schon festgestellt: Sinn für Humor zu haben bedeutet, eine Situation gleichsam von einem erhöhten Standpunkt aus zu sehen.

Bemühen Sie sich, gelegentlich auch die humorvollen Aspekte einer Situation zu entdecken. Hüten Sie sich aber vor dem Extrem, in jeder Situation etwas Komisches entdecken zu wollen. Ein solches Verhalten ist genauso lächerlich wie der Drang zu übersteigerter Ernsthaftigkeit. Wer sich anderen gegenüber immer nur todernst gibt, nimmt sich selbst zu ernst und macht sich damit kaum Freunde.

Entwickeln Sie Sinn für Humor. Sinn für Humor besteht aber nicht darin, mit Absicht komisch zu sein. Der Sinn für Humor zeigt sich vielmehr darin, bei der Betrachtung von Extremen das Gegensätzliche zu entdecken. Damit laufen Sie auch nicht Gefahr, sich mit einem der Extreme zu identifizieren; Sie bewahren Abstand und begegnen der Situation mit innerer Offenheit.

Doch das ist nicht alles. Wer sich um Humor bemüht, entwickelt seine schöpferischen Fähigkeiten. Humor fördert Phantasie und Kreativität. So stärken Sie Eigenschaften, die für Ihren neuen Weg wichtig sind.

Zusammenfassung

1. Sinn für Humor zu haben bedeutet, beide Pole einer Situation von einer höheren Warte aus zu sehen.
2. Mit Humor vermögen Sie im Vergleich von Extremen das Widersprüchliche zu entdecken. Das verhütet, daß Sie selbst in das eine oder andere Extrem verfallen.
3. Humor bewahrt Sie davor, das Leben todernst zu nehmen. Wer sich stets todernst gibt, nimmt sich selbst zu ernst.
4. Wer sich krampfhaft bemüht, hinter jeder Situation etwas Komisches zu entdecken, verfällt in die gleiche Einseitigkeit wie jemand, der immer nur ernst ist.
5. Humor macht Sie frei, sich innerlich zu öffnen; er erhält Sie jung und entwicklungsfähig.
6. Humor schenkt Ihnen Freiheit, da Sie Situationen offen und ohne Begrenzung erleben.
7. Humor schenkt Ihnen aber vor allem viel Lebensfreude, die nichts kostet, aber viel wert ist.
8. Humor schult Ihre schöpferischen Fähigkeiten. Er fördert Phantasie und Kreativität.

Kapitel 8

Öffnen Sie sich neuen Erfahrungen

1. Wie unser Erleben faszinierend wird

Wer in seinem Leben zwar beglückende Erlebnisse hat, aber für sich keinen sinnvollen Lebensweg erkennen kann, wird mit seinem Leben nicht völlig zufrieden sein. Umgekehrt wird jemand, der zielstrebig seinen Lebensweg verfolgt, vielleicht meinen, das Leben ginge an ihm vorüber, wenn ihm nicht genug schöne Erlebnisse zuteil werden. Seinen eigenen Weg zu gehen und Erlebnisse der Freude und des Glücks zu haben sind für ein sinnvolles Leben gleich wichtig. Die vielleicht siebzig oder achtzig Jahre unseres Lebens sind schnell vorbei; und es ist schade, wenn wir sie nicht intensiv zu nutzen verstehen. Daher wollen wir uns in diesem Kapitel damit beschäftigen, wie Sie zu größerer Lebensintensität und Erlebnistiefe gelangen können.

Kinder haben eine besonders tiefe Erlebnisfähigkeit. HERMANN HESSE sagt in diesem Zusammenhang: »Wenn alt gewordene Menschen sich darauf zu besinnen versuchen, wann, wie oft und wie stark sie Glück empfunden haben, dann suchen sie vor allem in der Kindheit, und mit Recht, denn zum Erleben des Glücks bedarf es vor allem der Unabhängigkeit von der Zeit und damit von der Furcht sowohl wie von der Hoffnung, und diese Fähigkeit kommt den meisten Menschen mit den Jahren abhanden.«

In dem Büchlein *Glück* beschreibt der Dichter ein Erlebnis, das er mit zehn Jahren hatte: »Eines Morgens erwachte ich, ein lebhafter Knabe von vielleicht zehn Jahren, mit einem ganz ungewöhnlich holden und tiefen Gefühl von Freude und Wohlsein, das mich wie eine innere Sonne durchstrahlte, so als sei jetzt eben, in diesem Augenblick des Erwachens aus einem guten Knabenschlaf, etwas Neues und Wunderbares geschehen, als sei meine ganz kleine-große Knabenwelt in einem neuen und höheren Zustand ... Ich wußte nichts von gestern und von morgen, ich war von einem glückhaften Heute umfangen und sanft umspült. Es tat wohl und wurde von Sinnen und Seele ohne Neugierde und ohne Rechenschaft gekostet, es durchrann mich und schmeckte herrlich ... Vor dem Fenster lag ein Stückchen Dach. Ein gewöhnliches Hausdach, aber auch dies Dach, das langweilige und öde Dach aus dunklen rotbraunen Ziegeln schien zu lachen ... Der Himmel und die etwas rauhe Kante des Dachrückens, das uniformierte Heer der braunen und das luftig dünne Blau des einzigen Glasziegels schienen auf eine schöne und erfreuliche Weise miteinander einverstanden, sie hatten nichts anderes im Sinn als in dieser besonderen Morgenstunde einander anzulachen und es gut miteinander zu meinen ... So lag ich, den beginnenden Morgen samt dem ruhigen Nachgefühl des Schlafes genießend, eine schöne Ewigkeit im Bett ... Und ob dieses Glück hundert Sekunden oder zehn Minuten gedauert habe, es war so außerhalb der Zeit, daß es jedem anderen echten Glück so vollkommen glich wie ein flatternder Bläuling dem anderen. Es war vergänglich, es wurde von der Zeit umspült, aber es war tief und ewig genug, um über mehr als sechzig Jahre hinweg mich noch heute zu sich zurückzurufen und zu ziehen, daß ich mit müden Augen und schmerzenden Fingern bemüht sein muß, es anzurufen und ihm zuzulächeln, es nachzubilden und zu beschreiben. Es bestand aus nichts, dieses Glück, als aus dem Zusammenklang der paar Dinge um mich her mit meinem eigenen Sein, aus einem wunschlosen Wohlsein, das nach keiner Änderung, keiner Steigerung mehr verlangte.«

Und nachdem Hermann Hesse vom Klang einer Trompete aus dem Bett gelockt wurde, schaute er aus dem Dachfenster und erinnerte sich, daß heute keine Schule, sondern ein Feiertag war. Er beendet die

Beschreibung seines Erlebnisses mit den Worten: »So war doch das Eigentliche und Schöne und Göttliche dieses Morgenzaubers schon vergangen, und hinter diesem holden Wunder schlugen die Wellen der Zeit, der Welt, der Gewöhnlichkeit wieder zusammen.«

Können Sie sich vielleicht erinnern, in Ihrer Jugend ein ähnliches Erlebnis erfahren zu haben? Kinder erleben alles sehr intensiv. Besonders an Festtagen und in den Ferien ist die Empfänglichkeit für Eindrücke, die Sensibilität, gesteigert. Deshalb erinnern wir uns als Erwachsene oft solcher Erlebnisse aus der Kindheit.

Um Erlebnisse dieser Art zu haben, muß unser Bewußtsein für Wahrnehmungen und Empfindungen offen sein. Jeder Tag beschert uns neue Eindrücke. Wir müssen nur aufmerksam sein und die Eindrücke an uns heranlassen. Es liegt also hauptsächlich an uns und unserer Aufgeschlossenheit, ob und wie oft wir, wie einst FAUST, zum Augenblick sagen können: »Verweile doch, du bist so schön.« Doch diese stillen Augenblicke der Schönheit und der Freude, in denen wir uns dem Ewigen näher fühlen, werden häufig von uns nicht wahrgenommen, weil wir ja meistens viel zu beschäftigt sind.

In welcher Lebensphase und -situation Sie sich auch immer befinden, auch Ihre Seele sucht immer nach dem Erlebnis stillen Glücks.

Sie sind nun aber keineswegs darauf angewiesen, nur von den Nachklängen Ihrer Jugenderlebnisse zu zehren. Zwar büßen viele Menschen, wenn sie erwachsen sind, viel von ihrer Sensibilität, ihrer Empfindungsfähigkeit, ein. Das muß aber nicht sein. Wenn Sie meinen sollten, in Ihrem Alter sei Ihnen intensives Erleben nicht mehr möglich, so täuschen Sie sich. Auch Sie können die Sensibilität Ihrer Jugend wiedererlangen.

Der Körper altert zwar, doch die Seele vermag immer jung zu bleiben. Sie müssen dazu nur bereit sein. Mit den Voraussetzungen, die dafür notwendig sind, wollen wir uns in diesem Kapitel beschäftigen.

2. Erinnern Sie sich beglückender Erlebnisse aus der Jugendzeit?

Sind Ihnen vielleicht beim Lesen des vorangegangenen Abschnittes schöne Erinnerungen aus Ihrer Jugendzeit aufgestiegen? Mir ist dabei ein Erlebnis eingefallen, das ich hatte, als ich etwa zehn Jahre alt war:

Ich saß vor dem Haus meiner Eltern und blickte auf den Kirschbaum. Er war dicht belaubt, und nur hier und dort drangen einige wenige Lichtbündel durch. Ein Teil der Kirschen war schon reif, und ich genoß den Duft der Blätter und den Anblick der roten Kirschen. Ein Vogel raschelte im Baum. Dann flog er davon. Im Nachbargarten hörte ich mehrere Vögel singen. Mein Blick fiel auf die Steinplatten der Terrasse. Die Sonne schien darauf, kleine Quarzkristalle funkelten im Licht. Der Vogelgesang verstummte. Ich hörte eine Stimme und wußte zugleich, daß es eigentlich keine Stimme war, sondern ein Gedanke, der von mir Besitz ergriff: »Alles lebt. Die Welt ist vollkommen.« Plötzlich verwandelten sich die vielen Quarzkristalle in leuchtende Sterne. Sie waren rot, blau, grün, begannen sich zu bewegen. Alles schien in einen hellen Lichtnebel getaucht. Die roten, blauen und grünen Lichter ordneten sich zu einer Spirale, die sich zu drehen begann. Es war ein faszinierendes Schauspiel von Formen und Farben. Nach einiger Zeit änderte sich das Bild; die Spirale verwandelte sich in Sterne, aus den Sternen wurden wieder Quarzkristalle. Am Ende blickte ich wieder auf die Terrasse; alles war wie vorher. Dann hörte ich auch die Vögel wieder singen.

Eine intuitive Erkenntnis leuchtete in mir auf: Der Mensch ist schon seit Ewigkeit im Universum beheimatet. Ein Gefühl tiefer Geborgenheit ergriff mich. Ich spürte, daß nicht nur ich, sondern jeder Mensch etwas Unzerstörbares hat. Ich begriff: Wir kommen von irgendwo und gehen wieder irgendwohin. Ein großes Glücksgefühl erfaßte mich.

Die Erinnerung an das Erlebnis hat bis heute nichts an Intensität eingebüßt. Gewiß dürfte ein Grund dafür auch sein, daß ich neben dem Naturerlebnis eine mystische Erfahrung gewonnen hatte.

Erinnern Sie sich an schöne Erlebnisse aus der Jugendzeit? Was hat Sie besonders beglückt? Worüber konnten Sie sich von ganzem Herzen freuen? Waren es vielleicht Wanderungen, ein Erlebnis besonderer Art beim Schwimmen oder Bergsteigen? Ein Photoalbum mit Bildern aus der Jugendzeit kann eine Hilfe sein, sich leichter an Örtlichkeiten und somit auch an Erlebnisse zu erinnern. Fallen Ihnen solche Erlebnisse ein? Was ist aus Ihrer Empfindungsfähigkeit geworden? Ist sie noch vorhanden?

Die Fähigkeit des Kindes, alles intensiv zu erleben, und zur begeisterten Hingabe an das, was es erlebt, ist die Grundlage auch allen erotischen, künstlerischen und religiösen Erlebens. Haben Sie sich die kindliche Empfindungstiefe bewahrt, vielleicht sogar über das kindliche Maß hinaus weiterentwickelt? Oder ist Ihr Gefühlsleben verkümmert? Ist die Erlebnisbereitschaft in Randzonen Ihrer Persönlichkeit abgedrängt und hat sie keinen entscheidenden Einfluß mehr auf Ihre Persönlichkeit? Das wäre zum Beispiel dann gegeben, wenn Sie Fernweh haben oder wenn Luftschlösser und Zukunftsträume die Fähigkeit zu einem tiefen Erlebnis im Alltag verhindern.

Zurück zu der Frage: An welche schönen Erlebnisse aus der Jugend können Sie sich noch erinnern? Vielleicht fällt Ihnen dieses oder jenes Erlebnis ein? Damit ist zwar längst noch nicht gesichert, daß Sie glücklich sind; doch durch solche Erinnerungen wird Ihnen vielleicht bewußt, welche große Fähigkeit zum Erleben in Ihnen ist.

Die Bewußtmachung tiefgreifender erfreulicher Erlebnisse aus der Vergangenheit wirkt als positive Kraft, sie beeinflußt das allgemeine Lebensgefühl zum Guten hin und ermöglicht Ihnen, eine negative Phase Ihres Lebens leichter zu überwinden. Als FAUST die Giftschale an seine Lippen setzt, hört er den Klang der Osterglocken. Erinnerungen an die Zeit seiner Kindheit tauchen in ihm auf. Diese wirken auf ihn so positiv, daß ihm daraus die Kraft für das Weiterleben erwächst.

Erinnern Sie sich also an schöne Erlebnisse der Jugendzeit! Sie zeigen Ihnen, welche große Erlebnisfähigkeit in Ihnen ist. Und diese Fähigkeit können Sie in jeder Lebensphase neu aktivieren.

3. Steigern Sie bewußt Ihre Sensibilität

Sensibel zu sein bedeutet, empfindsam, feinfühlig zu sein. Der Organismus ist fähig, Sinnes- und Gefühlsreize aufzunehmen, sie sich bewußtzumachen und zu verarbeiten. Sensibel zu sein bedeutet, die Wirklichkeit zu erfahren. Sind Sie sensibel? Sind Ihre Sinne offen, empfangsbereit? Ist es nicht sehr oft so, daß Sie bestimmte Wahrnehmungs- oder Gefühlsinhalte einfach unterdrücken, weil diese Realität nicht in Ihre Erwartungshaltung paßt?

Dazu ein Beispiel. Sagen wir, Sie haben eine längere Urlaubsreise gemacht. Viele schöne Erlebnisse sind Ihnen zuteil geworden. Am ersten Arbeitstag berichten Sie einem Arbeitskollegen von Ihrem Urlaub. In Ihrer Freude über die Reise erkennen Sie im Zuge Ihrer Erzählung nicht den Ausdruck der Ablehnung im Gesicht Ihres Gegenübers. Sie erwarten, daß sich der Kollege über Ihren Urlaub genauso freut wie Sie. Da Sie bei Ihrer Erwartungshaltung bleiben möchten, nehmen Sie die Situation nicht so zur Kenntnis, wie sie ist. Sie ignorieren die Signale. Sie täuschen sich selbst und reagieren nicht, wie es notwendig wäre.

Ein solcher Vorgang wird als selektives Wahrnehmen bezeichnet. Sie filtern das heraus, was nicht in das eigene Konzept paßt. Sie lassen nur das gelten, was Sie sehen wollen. Nicht erwünschte Wahrnehmungen werden übersehen. Hat das einen Sinn?

Sie sollten die Realität nicht mit dem verwechseln, was Sie sich als Wirklichkeit wünschen. Sie sollten sie wahrnehmen mit allen Sinnen. Es gilt also, genau zu sehen, zu hören, zu riechen, zu schmecken, zu fühlen. Die »Pforten« der Wahrnehmung müssen weit geöffnet werden. Nur dann vermögen Sie wieder die Frische und den Reichtum der Gegenwart zu entdecken.

Nehmen wir einmal an, Sie machen einen Spaziergang. Auf einer Wiese erblicken Sie eine Butterblume. Sie bleiben stehen und versuchen, die Butterblume zu »erleben«, zu »erfahren«. Ihr Verstand mischt sich in die Wahrnehmung ein: Das ist doch eine ganz gewöhnliche Butterblume. Es ist Zeitverschwendung, sie genauer zu betrachten. Es mischt sich ein weiterer Gedanke in Ihr Erleben: Wie mag wohl die gelbe Farbe der Blume zustande kommen? Diese Frage wäre vielleicht sinnvoll, wenn Sie sie als Botaniker oder Forscher stellten.

Wenn es Ihnen aber bei einem Spaziergang nicht möglich ist, sich an einer Blume ohne intellektuellen Vorbehalt zu erfreuen, dann leiden Sie bereits an gefühlsmäßiger Verarmung. Sie sollten sich dem Erlebnis vorbehaltlos hingeben, wie ein Kind das tut. Genau das müssen wir alle wieder lernen. Lassen Sie mich das an einem eigenen Erlebnis veranschaulichen.

Ich sitze auf einem Stuhl im Garten und nehme mit meinen Sinnen wahr, was geschieht. Es ist Nachmittag, die Sonne scheint. Es ist warm, es weht ein angenehmes Lüftchen. Ich rieche den Duft der Kiefern, die im Garten stehen. Die Geräusche der entfernt liegenden Straße dringen zu mir herüber. Eine Mutter ruft ihr Kind. Ein Vogel setzt sich auf die Spitze der Tanne, die vor mir steht. Er schaut nach rechts und nach links und fliegt dann wieder davon. Ich erlebe den Duft des Rasens, in dessen Nähe ich sitze. Vor mir kriecht eine Ameise. Eine Wolke hat sich vor die Sonne geschoben. Die Farben werden blasser und stumpfer. Eine Drossel setzt sich auf den Tannenast ganz in meiner Nähe und schaut mich interessiert an. Sie hüpft in den Rasen und fliegt davon. Nun ist die Wolke an der Sonne vorbeigezogen. Die Farben hellen sich auf. Von der gegenüberliegenden Talseite dringen schwache Maschinengeräusche herüber. Ich denke an nichts und nehme einfach nur wahr. Ich empfinde eine tiefe Harmonie. Die Blätter des Kirschbaums rascheln im Wind. Ich habe kein Zeitgefühl mehr, ich lebe ganz im Jetzt. Es gibt kein Nachdenken, keine Reflexion über das, was ich erlebe. Ich fühle mich mit allem, was rund um mich ist und geschieht, eng verbunden.

Es ist ein unmittelbares Erleben, das glücklich macht. Trotz der Vielfalt der Wahrnehmungen und Eindrücke habe ich ein Empfinden für die Einheit und den Sinn der Schöpfung. Ein solches Erlebnis läßt mich verstehen, begreifen, ohne daß sich das Denken analysierend einschaltet. Es ist ursprüngliches Erleben, das keiner Worte bedarf.

4. Sind Sie sich der Gefahr der Abstumpfung bewußt?

Wer sich seine Sensibilität erhalten will, muß sich der Gefahr bewußt werden, daß viele Menschen mit zunehmendem Alter gefühlsmäßig abstumpfen. Wie kommt es dazu?

Der berufstätige Mensch hat seinen Arbeitsplatz im allgemeinen in einer lauten Fabrikhalle oder in einem muffigen Büro. Das allein ist schon ein Grund, daß seine Sinne immer mehr abstumpfen. In der Berufswelt wird vom Menschen Leistung und Erfolg erwartet. Vernunftgemäßes Handeln wird honoriert; Gefühle werden als störend empfunden. Das Denken der Berufstätigen dreht sich fast zwangsläufig um Erfolg und Geld.

Wenn aber der Kopf tagtäglich nur von solchen Gedanken voll ist, sinkt die Fähigkeit der Wahrnehmung und der Gefühlsempfindung. Je mehr das Denken um Leistung, Konsum, Erfolg und Sicherheit kreist, desto mehr stumpft die Wahrnehmungsfähigkeit ab und hindert den Menschen mit allen seinen Sinnen zu leben und neue und frische Eindrücke aufzunehmen.

Es steht aber nirgends geschrieben, daß Ihre Sensibilität mit dem Alter abnehmen muß. Jeder von uns ist in der Lage, die Außenwelt mit wachen Sinnen wahrzunehmen.

Legen Sie sich wieder einmal, wie vor langer Zeit damals als Kind, auf eine Wiese. Nehmen Sie die Gerüche der Wiese wahr. Schauen Sie in das Blau des Himmels. Spielen Sie mit Ihren Fingern mit dem gezackten Rand eines Blattes. Berühren Sie mit Ihren Händen die Erde. Vergessen Sie alles und geben Sie sich solchen sinnlichen Erlebnissen hin. Derartige Erfahrungen rufen in Ihnen auch die Liebe zur Natur wach. Lernen Sie, wieder offen zu sein für das, was um Sie herum geschieht.

Vielleicht schaltet sich jetzt Ihr kritisches Denken ein: Warum soll ich mich auf einer Wiese hinlegen? Ich habe das früher oft genug getan. Außerdem weiß ich, wie all das aussieht. Das kann doch bloß langweilig sein. So könnte ein reiner Verstandesmensch urteilen.

Welche Einstellung hat hingegen ein sensibler Mensch? Auch er hat schon oft auf einer Wiese gelegen. Auch er hat schon häufig einen Spaziergang im Wald gemacht. Für ihn aber ist der Wald alles andere als langweilig. Offenen Sinnes erfährt er das Tun und Treiben um ihn auf der Wiese oder im Wald. Alles lebt, und immer gibt es Neues zu entdecken. Vielleicht beobachtet er ein Reh, wie es in hohen Fluchten über die Lichtung setzt. Oft schon hat er ein Reh gesehen, und dennoch ist es in diesem Augenblick für ihn frisch und neu, als hätte er noch nie eins gesehen.

Die Wirklichkeit ist so vielfältig, daß der empfindungsfähige, einfühlsame Mensch in ihr immer wieder Neues zu entdecken vermag. Gerade aber wenn der Verstand schweigt, enthüllen sich den Sinnen neue Aspekte der unerschöpflichen Schönheit der Wirklichkeit.

Alle Menschen suchen nach Glück. Warum werden so viele im Alter liebesunfähig und abgestumpft? Sie meinen, das Glück nur durch Leistung und Erfolg erreichen zu können. Niemand hat ihnen gesagt, wie lebenswichtig es im wahrsten Sinne des Wortes ist, für alle Reize offen und empfänglich zu bleiben. Nicht wenige Menschen entdecken tiefgehendes Erleben erst wieder auf dem Totenbett. Sie machen sich dann bittere Vorwürfe, am eigenen Leben vorbeigelebt zu haben. Doch dann ist es zu spät. MARK AUREL, der Philosoph auf dem römischen Kaiserthron, gibt den Rat: »Wie du am Ende deines Lebens gelebt zu haben wünschest, so lebe jetzt. Du kannst es.«

Pflegen, entfalten Sie also Ihre Sensibilität! Setzen Sie das Denken dann ein, wenn es notwendig und nützlich ist. Nur wenn Sie erlebnisfähig sind, leben Sie wirklich.

5. Auf Ihre Aufmerksamkeit und Sensibilität kommt es an

Richten Sie einmal Ihren Blick auf ein Bild. Versuchen Sie gleichzeitig mit Ihrer Hand einen Gegenstand zu erfassen. Und bemühen Sie sich außerdem, einer Melodie zu lauschen. Was stellen Sie fest? Können Sie sich auf das Bild konzentrieren und zugleich den Gegenstand mit der Hand ertasten? Vermögen Sie die Melodie wahrzunehmen, ohne daß Ihre Konzentration auf das Bild und die Tastempfindung nachlassen? Lesen Sie bitte noch nicht weiter. Machen Sie erst den Versuch.

Was haben Sie herausgefunden? Wenn Sie intensiv das Bild wahrnehmen, sind Sie nicht imstande, eine ebenso intensive Tastempfindung zu haben und Töne wahrzunehmen. Richten Sie Ihre Achtsamkeit auf die Melodie, so gelingt es Ihnen nicht, zu einer genauen Wahrnehmung des Bildes und des betasteten Gegenstandes zu gelangen. Wenn Sie meinen, daß die gleichzeitige Wahrnehmung all dieser Reize doch möglich sei, so liegt das am Hin- und Herspringen Ihrer Wahrnehmungsfähigkeit: sie springt in Sekundenbruchteilen hin und her und nimmt dabei jeden Sinneseindruck für sich wahr. Man nennt das übrigens fluktuierende Aufmerksamkeit, über die virtuos nur wenige Menschen verfügen.

Da sitzen Sie zum Beispiel im Restaurant, genießen Ihr Essen, richten Ihre Blicke auf Ihr Gegenüber und führen eine angeregte Konversation. Wenn Sie nun aber der Meinung sind, das alles gleichzeitig zu tun, so irren Sie sich gewaltig. In Wirklichkeit springt Ihre Aufmerksamkeit von der Geschmacksempfindung zur visuellen und von dieser zur akustischen Wahrnehmung und von dieser wieder zurück zur Geschmacksempfindung. Für den Bruchteil eines Augenblicks sehen Sie etwas, hören Sie etwas, und für einen kurzen Moment schmecken Sie etwas und so weiter.

Wenn Sie Ihre Sensibilität schärfen wollen, muß Ihre Aufmerksamkeit beim Gegenstand Ihrer Wahrnehmung länger verharren können. Je länger es Ihnen gelingt, Ihre Aufmerksamkeit auf einen Vorgang oder Gegenstand zu konzentrieren, desto größer wird die Intensität, die Klarheit und der Beziehungsreichtum des Wahrgenommenen sein. Flüchtige Wahrnehmungen lassen viele Facetten des Objekts, viele Aspekte des Vorgangs unbeachtet. Erst anhaltende Aufmerksamkeit vermittelt unserem Bewußtsein deutlich Wahrnehmungsinhalte und enthüllt uns die Vielfalt ihrer Aspekte.

Aufmerksamkeit ist also die erste und wichtigste Voraussetzung für intensive Wahrnehmung. Die Fähigkeit dazu hängt nicht vom biologischen Alter ab. Jeder von uns vermag seine Aufnahmefähigkeit zu verbessern. Alles, was Sie dazu brauchen, ist ein Training von ein paar Minuten täglich. Sie üben Ihre Aufmerksamkeit, indem Sie das, was in Ihnen oder um Sie herum vorgeht, deutlich wahrzunehmen versuchen. Ob Sie dabei auf körperliche Vorgänge oder auf Ihre Gefühle, ob Sie auf eine Blume oder einen Käfer oder auf Ihr Kind oder auf den Ehepartner achten, spielt keine Rolle. Sie lernen, mit neuen Augen zu sehen, neuen Ohren zu hören. Das kann niemand stellvertretend für Sie tun. Das müssen Sie selbst tun.

6. Reize nutzen sich ab

Sie werden nur dann fähig sein, intensiv zu leben, wenn Sie genügend Anregungen haben. Dafür gilt es zu sorgen. Darin liegt aber auch eine große Gefahr. Vielen Menschen ist nicht bewußt, daß sich alle Reize mit der Zeit abnützen. Die Abnutzung der Reize ist ein Gesetz, dem niemand entgehen kann. Ein neuer Reiz erweckt eine heftige Reaktion und wird wegen seines Neuheitswertes intensiv erlebt. Hält der Reiz längere Zeit an, ist eine allmähliche Schwächung der Reaktion festzustellen. Am Ende empfindet der Mensch gegenüber dem Reiz sogar Abneigung.

Gewiß haben Sie eine Lieblingsmelodie, die Sie gern hören. Wenn Sie sie aber unausgesetzt auf dem Plattenspieler ablaufen lassen, dann schlägt Ihr angenehmes Gefühl bald in Abneigung um. Bald können Sie die Melodie nicht mehr hören. Auch im Ehealltag macht sich das Gesetz von der Abnutzung der Reize geltend wie auch in anderen Bereichen. Der Mensch stumpft im Laufe der Zeit Reizen gegenüber ab, ob es sich nun um Gewohnheiten oder um Kaffee, Alkohol oder Psychopharmaka handelt. Süchtige versuchen zwar, die Wirkung durch immer stärkere Dosen aufrechtzuerhalten, doch das ist nur bis zu einer bestimmten

Grenze möglich. Bei Überdosierung bricht der Körper früher oder später zusammen.

Intensives Erleben kann man zwar durch Abwechslung in den Erlebnisinhalten verlängern, aber auch dies ist nur begrenzt möglich. Bald erschöpft sich die Wahrnehmungsfähigkeit des Menschen. Es bleibt ihm keine andere Wahl: Der Organismus muß sich von der Erlebnisfülle erholen und eine Erholungspause einlegen, um neue Energie aufzutanken. Die Erholungspause ist also notwendig, um von neuem zu tiefer Erlebensintensität zu gelangen.

Ich erinnere mich noch sehr gut an meine erste Fernostreise. In seinen Informationen riet das Reiseunternehmen den Reiseteilnehmern, sich jeden Tag etwa eine Stunde hinzulegen, um so neue Kraft für das Erleben der faszinierenden neuen Umgebung aufzutanken. Da mein Erlebnishunger groß war und ich jede Minute nutzen wollte, hielt ich mich nicht an den Ratschlag. Bald mußte ich aber erkennen, daß viele Eindrücke an meinem Bewußtsein vorbeirauschten. Das änderte sich erst, als ich mir dann wirklich jeden Tag eine Stunde Ruhe gönnte. Mit frischer Wahrnehmungsfähigkeit vermochte ich dann die Flut der auf mich einstürmenden Eindrücke in mich aufzunehmen.

Bedauern Sie also Erholungspausen nicht als Verlust Ihrer Zeit. Sie müssen den Strom des Erlebens unterbrechen, um nach der Erholung neue Eindrücke genießen zu können.

7. Entziehen Sie sich ständiger Reizüberflutung

Wann wird ein Erleben als intensiv bezeichnet? Erlebnisse sind intensiv, wenn die Empfindungsstärke zunimmt. Zu dem, was man empfindet, muß also noch ein »Mehr« hinzukommen. Nur wenn dieses »Mehr« anhält, bleibt der Eindruck intensiven Erlebens erhalten. Daß ein solcher Vorgang nicht unbegrenzt möglich ist, wurde im vorangegangenen Abschnitt schon erwähnt. Folgende Frage drängt sich auf: Um wieviel muß der Reiz zunehmen, daß die Empfindung stärker wird?

Mit diesem Problem hat sich die experimentelle Psychophysik schon im vergangenen Jahrhundert beschäftigt. Das Ergebnis der vielen Untersuchungen ist unter dem Namen »Weber-Fechnersches Gesetz« bekannt: Um die Empfindungsstärke arithmetisch zu steigern, ist eine geometrische Steigerung der Reize erforderlich. Bemühungen um intensives und eindringliches Erleben können nur dann Erfolg haben, wenn die Bedeutung dieses Gesetzes beachtet wird, und zwar auch in seinem umgekehrten Sinn.

Die Wahrnehmung ist eindringlich und das Empfinden intensiv, wenn wir einer nicht zu großen Anzahl von Reizen ausgesetzt sind. In diesem Fall reichen für ein intensiveres Erleben bereits schwache Impulse von außen aus, die in uns Empfindungen und Gefühle auslösen. In einer ganz anderen Situation befindet sich jemand, der unter einer hohen Reizbelastung steht. Zur Steigerung seiner Empfindung bedarf er heftiger Reizsteigerungen. Die Reizschwelle liegt viel höher. Ein Mensch in dieser Lage bemerkt die Fülle der Details in der Umgebung nicht mehr. Er geht wie ein Blinder an allem vorbei. Er horcht vielleicht erst auf, wenn mit lautem Sirenengeheul ein Rettungswagen an ihm vorbeifährt, oder er schaut erst bewußt etwas an, wenn sich auf der Straße ein Unfall ereignet hat.

Auch der Wohlstand macht den Menschen erlebnisarm, unsere Reizschwelle immer höher. Wenn sich zum Beispiel ein armer junger Mann zum ersten Male ein Transistorradio kauft, wird er vielleicht genauso glücklich sein wie der Sohn reicher Eltern, der dieses Glück erst bei einem teuren Sportwagen erlebt.

Gott sei Dank sind Impulse für jeden da, und sie müssen nicht gekauft werden. Sie stehen jedem zur Verfügung. Eine Überfülle verschiedenster Reize bietet uns die Natur, die Kunst und zwischenmenschliche Beziehungen. Sie brauchen sich ihnen nur zu öffnen. Es liegt ganz an Ihnen.

Erkennen Sie, wie notwendig es ist, die eigene Reizschwelle herabzusetzen. Solche Erneuerungen brauchen alle Menschen, die ständig starken Reizen, sei es am Arbeitsplatz oder sei es anderswo, ausgesetzt sind. Wer es versteht, sich der Reizüberflutung immer wieder für einige Zeit zu entziehen, vermag ein intensiveres Leben zu führen.

8. Breites oder tiefes Erleben?

Manche Menschen fühlen sich erst dann glücklich, wenn sie sich mit möglichst vielen Aufgaben und Problemen herumschlagen können. Sie sind hektisch rund um die Uhr. Solche Zeitgenossen führen gewiß kein langweiliges Leben. Doch wenn sie Bilanz ziehen, bleibt den meisten ein Gefühl des Unbefriedigtseins. Zu Recht spüren sie, wie alles nur an der Oberfläche blieb, ohne ihr Inneres zu berühren. Doch auch sie sehnen sich, wie alle anderen, nach einem erfüllten Gefühlsleben, und das ist ohne tiefe Gefühle nicht möglich.

Ein tiefes Gefühl zeichnet sich durch folgende Merkmale aus:

- Es tritt »rein« und nicht als eine Mischung von Gefühlen auf.
- Es vergeht nicht schnell, sondern durchdringt das ganze Sein auf längere Zeit.
- Es erfaßt tiefste Bereiche unseres Wesens.

Ein tiefes Gefühl kann zum Beispiel eine Mutter überkommen, wenn sie ihr kleines Kind anblickt, oder einen Wanderer, der von der Schönheit der Natur überwältigt wird. Sie würden sich am liebsten ganz in sich selbst zurückziehen, um ihre innere Bewegung voll auszukosten.

Erinnern Sie sich an Gefühle ähnlicher Erlebnistiefe? Wenn ja, dann werden Sie es bestätigen: Man zehrt lange von ihnen und denkt gerne an solche Erlebnisse zurück.

Sie werden uns nicht in hektischem Tun zuteil. Es ist etwas, das sich in Ihrem Inneren ereignet, etwas, das eindringlich und mit tiefgehender Gefühlsbeteiligung erlebt wird. Es kommt nicht auf die Vielfalt, sondern auf die Tiefe dessen an, was Sie erleben.

9. Die Wohltat der Stille

Die Aufgaben und Notwendigkeiten des Alltags erfordern es, daß wir eine ziemlich »dicke Haut« haben. So werden wir mit den Schwierigkeiten des Lebens leichter fertig. Die »dicke Haut« gereicht uns aber zum Nachteil, wenn sie zum Dauerzustand wird und uns jegliches tiefes Erleben unmöglich macht.

Wie läßt sich unter solchen Umständen die Fähigkeit tiefen Erlebens aufrechterhalten oder gar steigern? Eine Möglichkeit besteht darin, sich von Lärm und Hektik in eine ruhige Umgebung zurückzuziehen und diese auf sich wirken zu lassen. Manche Großstadtmenschen suchen stille und einsame Orte auf, um wieder zu sich zu kommen. Seit Jahrtausenden haben sich Einsiedler und Mönche in die Stille der Wüste, der Berge oder der Klöster zurückgezogen.

Nun wird dies aber für die meisten von uns kaum möglich sein. Solche »Ruheplätze« finden sich meistens nicht in unserer Nähe. Außerdem werden die beruflichen und familiären Verpflichtungen einen längeren Aufenthalt in der Abgeschiedenheit ausschließen. Daher muß ein anderer Weg gegangen werden.

Klar sollte sein: Ruhe allein und Passivität reichen nicht aus. Wer sich für einige Stunden hinlegt und schläft oder in einen schlafähnlichen Zustand verfällt, wird sich von seiner Erschöpfung und Müdigkeit erholen; doch an der seelischen Stumpfheit wird sich nichts ändern. Das schon erörterte »Loslassen« und bloße Passivität sind zwar notwendige Voraussetzungen für intensives Erleben, hinzukommen muß aber noch seelische Wachheit.

Alle diese Anforderungen sind erfüllt, wenn wir meditieren. Erinnern Sie sich der Meditationsübung, die Ihnen schon vorgestellt wurde. Um zu meditieren, suchen Sie einen ruhigen Platz in Ihrer Wohnung auf und schließen die Augen. So entziehen Sie sich weitgehend äußeren Reizen und können ungestört in sich hineinhorchen. Ihre Gedanken und Gefühle vermögen leicht auszuschwingen und, weil sie nicht durch neue Eindrücke von außen verdrängt werden, auch in Ruhe auszuklingen. Da

Sie sich sammeln – also im Zustand gesteigerter innerer Wachheit sind – wird Ihr Erleben intensiver.

Mit einer solchen Meditationsübung dringen Sie nicht nur zum eigenen Selbst vor. Sie schützen sich auch vor Abstumpfung. Sie leben ja nur wirklich, wenn Sie zu tiefem »Er-leben« fähig sind.

10. Ergriffenheit und Begeisterung

Erinnern Sie sich an das Gefühl, das Sie empfanden, als man Ihnen zum erstenmal Ihr neugeborenes Kind zeigte? Erinnern Sie sich an die Gefühle, die Sie hatten, als Sie am Totenbett eines nahen Verwandten standen? Was es auch immer sein mag: gewiß haben Sie in bestimmten Höhepunkt- oder Tiefpunktsituationen Ihres Lebens eine tiefe Ergriffenheit erfahren. Je intensiver Ihr Erleben ist, desto mehr wächst die Ergriffenheit. Die Fähigkeit intensiven Erlebens ist also die Voraussetzung für die Erfahrung tiefer Ergriffenheit.

Oft sind Menschen erst infolge einer tiefen Ergriffenheit ermutigt worden, neue Wege zu gehen. Dazu ein Beispiel: Auf seinen Ausfahrten aus dem Palast seines Vaters begegnete der in Üppigkeit aufgewachsene Prinz SIDDHARTHA, der spätere BUDDHA, überall im Land menschlichem Leid in der Form von Armut, Krankheit und Tod. Der junge Prinz hatte gewiß auch schon vorher Arme, Kranke und Tote gesehen, aber er war für die Leiden seiner Umwelt nicht empfänglich gewesen. Erst als er das Leiden gleichsam zum erstenmal so sah, daß sein Herz davon zutiefst betroffen war, wurde er jener Ergriffenheit fähig, die ihn dazu drängte, nach Möglichkeiten zu suchen, wie diesem Leiden begegnet werden konnte.

Was auch immer Ihr Ziel sein mag oder welchen neuen Weg immer Sie einschlagen wollen, Sie müssen sich mit Begeisterung aufmachen. Das setzt voraus, daß Sie der Begeisterung überhaupt fähig sind. Begeisterungsfähige Menschen sind immer solche, die über die Fähigkeit tiefen Erlebens verfügen. Tiefe Begeisterung hat natürlich nichts zu tun mit oberflächlicher Hingerissenheit an einen kurzlebigen Augenblick oder der Begeisterung von Sportfans. Begeisterung als Folge tiefer Ergriffenheit vermag Ihr Leben zu ändern oder zumindest nachhaltig zu beeinflussen. Deshalb ist es wichtig, daß Sie sich Ihre Begeisterungsfähigkeit erhalten und sie pflegen.

11. Liebe, die große Kraft in uns

Für die Entfaltung der Liebesfähigkeit spielt die Sensibilität eine große Rolle. Ihre Sinne müssen offen sein; Sie müssen bereit sein, das wahrzunehmen, was von Ihrem Partner ausgeht, und dieses Innewerden ist durch starke Gefühlsbeteiligung gekennzeichnet. Sie erleben den Partner mit Ihren Sinnen und Ihrem Gefühl, nicht mit Ihrem Verstand. Wenn das, was Sie denken, vorherrschend ist, dann erleben Sie den Partner nicht von der Tiefe Ihres und seines Seins her. Zu welchen Verzerrungen übrigens das Denken führen kann, ist schon erwähnt worden. Nur wenn der Verstand still ist, sind Sie uneingeschränkter Wahrnehmung und intensiven Empfindens fähig.

Vom Hintergrund Ihres analytischen Denkens her sehen Sie Ihren Partner in der gewohnten Weise. Da ist die Gefahr groß, daß die Zuneigung erstarrt. Nur mit Hilfe Ihrer Sensibilität können Sie den Partner jeden Augenblick neu erleben. Wenn diese Frische des Erlebens abhanden kommt, verliert bald auch die Sexualität ihren Reiz. Die sexuelle Triebspannung baut sich vielleicht körperlich immer wieder auf, und im Orgasmus wird schließlich der Sexualtrieb befriedigt. Es fehlt aber das Empfinden jener Glückseligkeit, die sich nur dort einstellt, wo Liebe ist.

Wie kann man seine Liebesfähigkeit steigern? Es ist nicht möglich, sich einfach zur Liebe zu zwingen, indem Sie sich auferlegen: Ich werde jetzt meine Frau, mein Kind, die Menschen oder die Natur lieben. Ein solcher Entschluß kommt allein aus dem Denken. Wie sollen Sie da wahrnehmen, was um Sie herum geschieht? Wenn Sie sich mit dem beschäftigen, was sein müßte, erfahren Sie nicht das, was ist. Wenn Sie sich mit Ihren Hoffnungen und Illusionen abfinden, erfahren Sie nicht die Wirklichkeit.

Je mehr Sie vom Verstand her geleitet sind, um so weniger vermögen Sie sich innerlich zu öffnen. Wer sein Glück aber auf solche Art willentlich anstrebt, der vertreibt es nur. Das wird Ihnen bewußt, wenn Sie auf sich selbst und Ihre eigenen Erfahrungen achten.

Auf die Liebesfähigkeit zweier Menschen im Verhältnis zueinander wirkt es sich sehr förderlich aus, wenn sie nach gemeinsamen Erlebnissen suchen. Dabei ergeben sich allerdings oft Schwierigkeiten. Er wird vielleicht von klassischer Musik ergriffen, sie begeistert sich für große Kunst. Vielleicht fasziniert ihn der Sternenhimmel, sie faszinieren Blumen und Schmetterlinge.

Was fasziniert Sie? Wofür begeistern Sie sich? Haben Sie nicht schon Momente des Ergriffenseins erlebt, in denen Sie über sich selbst hinauswuchsen? In solchen Erfahrungen überschreiten Sie die Grenzen Ihres Ich.

Versuchen Sie doch einmal, diesen Zustand mit Ihrem Partner gemeinsam zu erreichen. Haben Sie einmal daran gedacht, den Partner zu den Orten seiner Begeisterung zu begleiten, selbst wenn Sie seine Vorliebe nicht teilen? Häufig verwandelt sich ein solches »Opfer« in ein Geschenk für beide.

So kann zum Beispiel das gemeinsame Erlebnis der Natur, etwa bei einem Waldspaziergang, unerwartet zu einem Hochgefühl der Liebe zueinander führen. Worum es sich auch immer handeln mag: Stunden gemeinsamen Erlebens mit dem Partner erneuern die Erlebnisfrische und vertiefen die Liebe zueinander.

Einander zu lieben bedeutet aber nicht, daß zwei Menschen immer dasselbe tun sollen. Im übrigen ändert sich der Mensch und somit auch seine vorherrschende Neigung. Es gilt dann, den Partner in dem zu unterstützen, was er tun will, selbst wenn man es aus eigenem nicht tun möchte. Je älter wir werden, desto größer wird meist das Bedürfnis nach einer Verfeinerung der Liebesbeziehung.

Wer seine Liebesfähigkeit steigern will, muß sich auch die Zeit zum Lieben nehmen. Rückblickend bedauern viele Menschen, sich nicht genug Zeit für die Liebe genommen zu haben. Das allein ist aber nicht alles. Eine Liebesbeziehung kann sich nur positiv entwickeln, wenn

- das Recht des Partners geachtet wird, eine eigenständige Persönlichkeit zu sein;
- Hörigkeiten vermieden werden;
- Offenheit und Vertrauen gepflegt werden;
- Übellaunigkeit nicht auf den Partner übertragen wird;
- Eifersucht und Rivalitätsdenken vermieden werden;
- Eigenarten des Partners, die man vielleicht nicht mag, mit Toleranz begegnet wird.

Beschränken wir uns auf diese grobe Übersicht, die natürlich nicht vollständig sein kann.

Liebe muß sich nicht auf einen Partner beziehen, obwohl das im allgemeinen sicher die schönste Form ihrer Erfüllung unter Menschen ist. Nicht zufällig sprechen wir auch von der Liebe zu einem Tier oder ganz allgemein zur Natur und zu dem, was in ihr geschieht, oder von der Liebe zur Kunst – oder zu Gott, die wohl die höchste Form ihrer Erfüllung ist. Wer liebt, lebt zweifellos besonders intensiv.

Wenn Sie Ihrem Leben mehr Sinn geben wollen, geht es sehr wesentlich auch darum, Ihre Liebesfähigkeit zu steigern. Die Liebe ist eine Form glücklichen Erlebens, die jedem von uns offensteht. Die Fähigkeit ist in Ihnen angelegt. Natürlich sollten Sie Liebe nicht auf Sexualität reduzieren. Wer sich auf sexuelle Liebe beschränkt, verarmt an seinen Möglichkeiten. Glücklich werden Sie, wenn Sie sich Ihre Liebesfähigkeit angesichts all dessen bewahren, was Sie an Schönem oder Ergreifendem wahrnehmen können. All dem sollten Sie sich ganz öffnen.

Für Ihr Glück und Ihre seelische Gesundheit ist es nicht notwendig, Liebe zu erhalten. Wichtiger ist es, selbst zu lieben. Wer es nur darauf anlegt, geliebt zu werden, zeigt, daß er als Kind nicht genug Liebe erhalten hat. Wenn Sie selbst lieben, wird Ihnen Liebe auch von anderen zuteil. Deshalb sollte Liebe die Antriebskraft Ihres Verhaltens sein, das Fundament Ihrer Geistes- und Gefühlshaltung, das Leitmotiv Ihres Lebens.

Liebe ist der Schlüssel zu seelischer Gesundheit und zu Glück. Kraft Liebe stehen Sie in lebendiger Gemeinsamkeit mit Ihrer Umwelt. Liebe gibt Ihrem Leben Sinn.

12. Grenzerfahrungen: das Leben ist lebenswert

Versuchen Sie sich, an die wunderbarsten Erfahrungen Ihres Lebens zu erinnern. Was haben Sie im Augenblick Ihrer Verzücktheit gefühlt? Solche Erlebnisse wurden Ihnen vielleicht zuteil angesichts eines überwältigenden Schauspiels der Natur oder getragen von der Liebe zu einem anderen Menschen, vielleicht auch angesichts eines Gemäldes oder in einem kreativen Augenblick oder in Form eines Musikerlebnisses.

In solchen Momenten ekstatischer Verzückung nehmen wir anders wahr als sonst im täglichen Leben. Ein Naturschauspiel wird bewundert, nicht weil Sie Ihre Stimmung anheben wollen; wir sind einfach von dem Geschehen hingerissen. Wir lieben in solchen Momenten einen Menschen, nicht weil wir Sicherheit erwarten oder weil wir wiedergeliebt werden wollen, wir lieben ihn mit allen Fasern unseres Seins um seiner selbst willen.

Wie sind solche Erlebnisse zu erklären? Infolge der Intensität des Wahrnehmens leben wir vollständig im Hier und Jetzt des Augenblicks. Das Erleben ist kritischem oder bewertendem Denken entzogen. Wir können diesen Zustand auch als Einssein mit uns und der Umwelt oder als tiefe Seinserfahrung bezeichnen.

Solche Erfahrungen machen uns zutiefst glücklich. Sie sind geradezu kennzeichnend für den Zustand inneren Glücks. Solchen Seinserlebnissen haften folgende Merkmale an:

- Wir nehmen das Wahrnehmungsobjekt als Ganzes und vollständig wahr. Es existiert für uns in solchen Momenten nichts anderes.
- Die Wahrnehmung nutzt sich ihrer Intensität nach nicht ab. Sie wird vielmehr im Wiederholungsfall noch faszinierender. Das Denken ist still, Nützlichkeitserwägungen spielen keine Rolle.
- Wahrnehmungen im Zuge solcher Grenzerfahrungen sind ichüberschreitend. Sie sind ichlos und laufen selbstvergessen ab.
- Raum und Zeit haben keine Bedeutung mehr. Grenzerfahrungen spielen sich gleichsam in einer höheren Dimension ab.
- Wir erfahren die Welt als Einheit. Wir erleben das als etwas Grandioses, das uns mit einem Gefühl tiefer Ehrfurcht erfüllt.

Solche Grenzerfahrungen können Ihnen nicht nur die Sicht auf neue Wege eröffnen, sondern in Ihnen auch die freudige Gewißheit wachrufen, daß das Leben lebenswert ist.

13. Kosmisch-mystische Erfahrungen

In allen Weltreligionen ist immer wieder von Erfahrungen berichtet worden, die den im vorausgegangenen Abschnitt beschriebenen Grenzerfahrungen gleichen. Im Zen-Buddhismus werden solche Erfahrungen als Satori, im Buddhismus als Samadhi, im Taoismus als Tao bezeichnet. Die christlichen Mystiker nennen es die Einswerdung mit Gott, aber auch als den Zustand der Erleuchtung oder Verzückung.

Wie auch immer solche Erfahrungen genannt werden, es handelt sich um die Veränderung des menschlichen Bewußtseins und um ein Erleben des Urgrundes allen Seins. Die Trennung zwischen der Umwelt und dem Individuum wird aufgehoben. Der Mensch fühlt sich eins mit der Natur und dem Kosmos. Diese Gefühle werden begleitet von einem Gefühl der Freiheit, des Glücks und der Liebe. Häufig nimmt der Mensch in diesem Bewußtseinszustand Lichterscheinungen wahr.

Die Grunderfahrung, die solche Erlebnisse hinterlassen, ist die Einheit mit einer höheren Wirklichkeit oder mit Gott. Das Bewußtsein ist verändert. Es nimmt nun eine Wirklichkeit wahr, die mit dem Alltagsbewußtsein nicht erfahren werden kann.

- Die Natur des Menschen unterscheidet sich nicht von der innersten Natur der anderen Lebewesen.
- Raum- und Zeitgefühl sind aufgehoben.
- Wissen, »inneres Wissen«, wird uns zuteil. Wir haben die Gewißheit dieses inneren Wissens. Die Erfahrung einer höheren Realität wird als intuitive Erleuchtung empfunden. Sie entzieht sich unserem Verstand.
- Diese Erlebnisse entziehen sich auch einer kohärenten sprachlichen Beschreibung.
- Der Mensch wird ergriffen von einem tiefen Gefühl der Ehrfurcht und einem umfassenden Gefühl des Sichwunderns über das Innewerden einer höheren Wirklichkeit. Das Erlebte wird als göttlich empfunden.
- Gefühle der Freude und des Friedens stellen sich ein. Die Gefühle sind besonders intensiv, sie spielen sich auf einer höheren Ebene dessen ab, was wir normalerweise erleben.
- Der Mensch wird seiner eigenen Fähigkeiten gewahr, was ihm ein neues Selbstwertgefühl verschafft und insbesondere in erhöhter Sensibilität und dem Zuwachs an Toleranz und Liebe zum Ausdruck kommt.

Zu solchen Erlebnissen verhilft Ihnen auch die Meditation. Im Zustand innerer Sammlung verändern Sie Ihr Bewußtsein so, daß Sie jene Wirklichkeit wahrzunehmen imstande sind, die Sie sonst mit Ihren Sinnen und Ihrem Bewußtsein nicht erfahren können. Weshalb ist das aber so?

Die Filtertheorie, so kann man sie nennen, geht auf Henri Bergson zurück. Ihr zufolge arbeiten unsere Sinnesorgane wie enge Schlitze, die nur einen kleinen Bereich der Vielfalt des Wahrzunehmenden hindurchlassen. Die Filtersysteme schalten eine große Zahl der aufgenommenen Reize aus und leiten nur die dem Bewußtsein zu, die für unser Überleben notwendig sind. Im Zustand der inneren Sammlung – wenn wir meditieren – verlieren die Filter an Bedeutsamkeit. Wir nehmen die höhere Wirklichkeit direkt wahr. Wir sind in einem Bewußtseinszustand, der uns unabhängig von der biologischen Programmierung macht. Die Filterfunktion unserer Sinnesorgane und des Nervensystems wird aufgehoben. Unabhängig von Konditionierungen erleben wir die Welt immer wieder neu.

Nur sind Menschen in diesem Bewußtseinszustand nicht lebensfähig. Stellen Sie sich einmal vor, Sie würden in einem solchen Hochgefühl einen Wagen in einer Großstadt fahren! Zur Bewältigung dieser Alltagsaufgabe ist dann wieder der Bewußtseinszustand unseres Alltags nötig. Dann wirken wieder die Filter und lassen nur das durch, was für uns zum Überleben notwendig ist. So vermögen wir wieder den Alltag zu bewältigen. Alte Lernerfahrungen fließen uns zu. Sie müssen nicht noch einmal gemacht werden. Deshalb können wir aus Gewohnheit richtig Auto fahren.

Eine andere Möglichkeit, zu einem erweiterten Bewußtseinszustand zu gelangen, ist die größtmögliche Abschaltung aller auf uns einströmenden Sinnesreize. Diese Art sensorischer Deprivation wurde von den Mystikern schon immer benutzt, indem sie karge Klosterzellen, abgelegene Höhlen oder Wüsten aufsuchten. Sie wird auch beim Meditieren angestrebt, indem wir uns in die Stille zurückziehen und die Augen schließen, so daß die Aufnahme von Sinnesreizen weitgehend verhindert ist.

Die Vorteile der Meditation liegen auf der Hand. Nutzen auch Sie diese Chance, neue Erfahrungen zu sammeln. Die Möglichkeiten, die sich Ihnen eröffnen, sind faszinierender als die längste Weltreise.

Zusammenfassung

1. Ein glückliches Leben setzt voraus, daß wir unseren eigenen Lebensweg gehen und Erlebnisse haben, die tiefgehend und erfreulich sind. Jeder Mensch hat dieses Bedürfnis.
2. Bei vielen Menschen nimmt die Erlebnisfähigkeit mit zunehmendem Alter ab. Dies muß jedoch nicht sein. Jeder von uns vermag sich seine ursprüngliche Erlebnisfrische zu bewahren oder sie zurückzugewinnen.
3. Versuchen Sie sich faszinierender Erlebnisse aus der Jugendzeit zu erinnern. Die Erinnerung an tiefgreifende, beglückende Erlebnisse der Vergangenheit wirkt wie eine positive Kraft und beeinflußt das Lebensgefühl zum Guten.
4. Um sensibel zu sein, müssen Ihre Sinne offen und Ihre Gefühle beteiligt sein. Selektives Wahrnehmen, indem Sie nicht erwünschte Tatsachen einfach übersehen, behindert Sie, die Wirklichkeit so zu sehen, wie sie ist.
5. Wenn Sie sich einem Erlebnis hingeben, sollten Sie dabei auf analytisches Denken verzichten können. Echtes Erleben bedarf der Unmittelbarkeit und ist von Augenblick zu Augenblick neu. Dem, was Sie denken, haften immer Erfahrungen der Vergangenheit an.
6. Wenn Sie sich in Gedanken ständig mit Leistung, Konsum und Sicherheit beschäftigen, vermögen Sie nicht unverfälscht wahrzunehmen. Nur wenn der Verstand nicht interveniert, enthüllt sich den Sinnen Neues.
7. Sie steigern Ihre Sensibilität, wenn Ihre Aufmerksamkeit längere Zeit auf den Gegenstand der Wahrnehmung gerichtet ist. Aufmerksam sind Sie, wenn Sie das wahrnehmen, was in Ihnen und um Sie herum geschieht.
8. Reize nutzen sich mit der Zeit ab. Entziehen Sie sich ständiger Reizüberflutung. Schalten Sie Pausen der Erholung ein. Das erhöht sowohl die Wahrnehmungsfähigkeit als die Empfindungsintensität.
9. Sie steigern Ihre Sensibilität, wenn Sie sich bisweilen von Lärm und Hektik in eine ruhige Umgebung zurückziehen und Ihre seelische Wachheit durch Meditation trainieren.
10. Intensives Erleben führt zu Ergriffenheit und Begeisterung. Sie geben Ihnen die Kraft, neue Wege zu gehen.
11. Sensibilität steigert Ihre Liebesfähigkeit. Gemeinsames Erleben mit dem Partner vertieft die gegenseitige Liebe.
12. Liebe muß sich nicht nur auf einen Partner beziehen. Sie können zum Beispiel auch Liebe zur Natur empfinden, große Kunst lieben – oder Gott. Liebe sollte das Leitmotiv Ihres Lebens sein.
13. In Grenzerfahrungen öffnen sich für Sie neue Pforten der Wahrnehmung. In solchen Augenblicken schweigt der Verstand. Sie fühlen sich mit sich und

der Umwelt eins. Zeit und Raum haben keine Bedeutung mehr. Sie haben die Gewißheit, daß das Leben lebenswert ist.

14. Wie Grenzerfahrungen stellen sich auch kosmisch-mystische Erfahrungen in einem veränderten Bewußtseinszustand ein. Sie erleben eine höhere Wirklichkeit, die ihrem Normalbewußtsein nicht zugänglich ist. Zu Grenzerfahrungen und kosmisch-mystischen Erlebnissen gelangen Sie, indem Sie meditieren.

Kapitel 9

Menschen beschreiten neue Wege

1. Seien Sie bereit, neu anzufangen

Kaum jemand weiß bereits mit siebzehn oder neunzehn Jahren richtig über sich selbst Bescheid. Häufig wissen Menschen erst mit Dreißig oder Vierzig, wohin es sie drängt und was sie im Leben wollen. Dann gilt es, einen neuen Anfang zu machen.

Erfolgreiche Menschen haben schon immer verstanden, ihr Leben zu ändern, wenn es erforderlich war. Das taten Menschen der unterschiedlichsten Berufe: Arbeiter, Angestellte, Wissenschaftler, Schriftsteller, Geschäftsleute oder Politiker. Auf den Maler PAUL GAUGUIN, die Schriftstellerin und Photographin LENI RIEFENSTAHL und den Schriftsteller WILLY BREINHOLST wurde schon hingewiesen. Es gibt viele andere Beispiele. Der amerikanische Schriftsteller und Nobelpreisträger für Literatur WILLIAM FAULKNER war in seinen jungen Jahren zunächst Anstreicher, Tischler und Bauer. Erst dann entwickelte er sich zu einem der bedeutendsten Schriftsteller der zeitgenössischen amerikanischen Literatur. Der weltbekannte Filmregisseur BILLY WILDER war in seiner Jugend Eintänzer. MARIANNE KOCH studierte Medizin und war Ärztin, bevor sie Schauspielerin wurde. Der Komponist ANTON BRUCKNER war zunächst Schulgehilfe und begann erst mit Vierzig zu komponieren.

Zu den Menschen, die sich im Leben wiederholt wandelten, gehört auch der Leipziger Philosoph GUSTAV THEODOR FECHNER (1801–1887). Die erste Periode seines Lebens verbrachte er als Physikprofessor und als Verfasser chemischer und physikalischer Fachbücher. Danach beschäftigte er sich mit der Naturphilosophie. Er wurde Professor der Philosophie und brachte eine Reihe metaphysischer Schriften heraus; die bekannteste ist: *Über die Dinge des Himmels und des Jenseits.* Im letzten Abschnitt seines Lebens wandte er sich psychophysikalischen Problemen zu. Er veröffentlichte Arbeiten über den Raum- und Zeitsinn und wurde Mitentdecker des Weber-Fechnerschen Gesetzes, das Sie schon kennenlernten. In der Mitte seines Lebens erlitt er infolge Überarbeitung einen Zusammenbruch. Eine Verdauungsstörung, eine zeitweilige Erblindung und noch andere Krankheiten brachten ihn fast ins Grab. Doch sein Glaube an das Leben und die Kraft, die er in sich trug, halfen ihm, wieder gesund und aktiv zu werden.

Was war das Geheimnis seiner Kraft? Der Forscher bekannte als Achtundsiebzigjähriger: »Blicke ich zurück auf mein Leben, so finde ich mich nicht unter der Zahl derer, denen der Lebensweg leicht gemacht wurde. Indem ich den ganzen Zusammenhang überblicke, finde ich, daß das Schlimme mir noch Schlimmeres ersparte und daß ich auf Wegen, die nicht im Bereich menschlicher Voraussicht liegen, zu Besserem entgegengeführt worden bin. Mein bisheriges Leben verrät mir Prinzip und Richtung des Ganzen. So stelle ich das, was bisher noch schwer und dunkel für mich war, einer Zukunft über dieses Leben hinaus anheim, an die ich glaube.«

Verstehen Sie, wie notwendig die Bereitschaft ist, wenn es Sie dazu drängt, neu anzufangen? Neue Chancen tun sich auf. Sie müssen sie nur erkennen. Verharren Sie also nicht auf eingeschliffenen Bahnen, wenn es Sie drängt, Ihr Leben zu ändern. Sie sind imstande, zu jeder Zeit neu anzufangen. Blicken Sie nach vorne. Sie dürfen nicht resignieren. Vielleicht erreichen Sie erst mit Sechzig oder Siebzig ein Glück, von dem Sie mit zwanzig Jahren geträumt haben. Sie haben selbst mit Fünfzig, Siebzig oder gar Neunzig noch die Möglichkeit, etwas Neues zu tun. Sie haben die Kraft, Ihr Leben nach einem Schicksalsschlag zu ändern. Und natürlich schaffen Sie es auch, Ihr Leben zu ändern, wenn es Ihnen langweilig geworden ist.

2. Sie werden die Kraft haben, die Sie brauchen

Fürchten Sie sich vor dem Unbekannten? Haben Sie Angst, neue Wege zu gehen? Meiden Sie das Unbekannte, weil Sie es nicht kennen? Dann befreien Sie sich von einer solchen Einstellung. Sie ist nämlich völlig falsch.

Vielleicht hat man Ihnen als Kind eingeredet, um alles Unbekannte einen Bogen zu machen und sich nicht in Gefahr zu begeben. Solche Ermahnungen sind vielleicht gut gemeint, aber falsch. Halten Sie sich für neue Erfahrungen offen. Seien Sie bereit, Neuland zu beschreiten. Glauben Sie an sich. Unendlich viele Möglichkeiten des Lebens stehen für Sie offen.

Vielleicht hegen Sie die Befürchtung, Sie könnten an neuen Erfahrungen zerbrechen. Auch diese Ansicht ist unrichtig. Sie sind stärker als Sie glauben. Und Sie werden nicht zerbrechen, wenn Sie sich Neuem öffnen. Sobald Sie die Routine und Eintönigkeit Ihres bisherigen Lebens hinter sich lassen, werden Sie innerlich erstarken. Sie werden ungeahnte neue Kräfte entwickeln, weil Sie sie brauchen werden. ALBERT EINSTEIN war sein ganzes Leben vom Unbekannten fasziniert. In seiner berühmt gewordenen Schrift *Woran ich glaube* bekannte er: »Das schönste Erlebnis, das es gibt, ist das des Geheimnisvollen.« Ist es ein Wunder, daß er der Entdecker umwälzender neuer Tatsachen war, die er dem Unbekannten abrang?

In diesem Kapitel wird über neue Wege berichtet und die Menschen, die solche Wege beschritten haben – Menschen, die den Mut hatten, das zu tun, was sie tun wollten, was ihrer inneren Berufung entsprach. Lassen Sie sich von ihrem Beispiel anstecken. Beschließen Sie, den Weg zu gehen, auf den es Sie drängt.

3. Eine neue Welt erschließt sich

Eines Tages entschloß ich mich, in den Korallenriffen der Tropenmeere zu tauchen. In der stummen, geheimnisvollen Welt unter Wasser wollte ich Erfahrungen sammeln, mein Bewußtsein erweitern.

Dabei ging es mir wie Leni Riefenstahl: Ich mußte einen Tauchkurs absolvieren. Als erstes meldete ich mich bei einem Tauchklub an. Die besten Voraussetzungen für das Tauchen brachte ich gewiß nicht mit. Ich bin keine Wasserratte und habe weiß Gott keine Vorliebe für das feuchte Element. Immerhin konnte ich mich nach einigem Training längere Zeit mit dem Tauchgerät auf dem Boden des Hallenbadbeckens bewegen, ohne Beklemmungszustände zu bekommen. Über Erfahrungen in einem Freigewässer verfügte ich nicht.

Mit dieser sehr unvollkommenen Tauchausbildung flog ich auf die Malediven. Die Inseln liegen wie eine Kette von Smaragden im Indischen Ozean. Die zweiundzwanzig größeren Atolle sind aus etwa zweitausend Inseln und Kleinatollen aufgebaut. Die meisten der Inseln sind mit Kokospalmen bewachsen und fallen zum Meer mit blendend weißen Sandstränden ab. Die Inseln erstrecken sich über eine Länge von rund tausend Kilometern, nur etwa zweihundert davon sind bewohnt.

Über dem Wasser bieten die Inseln nicht so viel Abwechslung. Wer jedoch den Kopf unter Wasser steckt, dem erschließt sich eine Welt, die in ihrer Lebensvielfalt und Buntheit überwältigend ist. Zu Recht werden die Korallenriffe der Malediven zu den Naturwundern gezählt. Die Reichhaltigkeit und Vielfalt der Fischwelt in den Wässern um die Malediven ist sonst nirgends mehr anzutreffen.

Der Flug war anstrengend, aber als ich zum erstenmal das herrlich blaue Wasser und den weißen Sandstrand sah, war jede Müdigkeit verflogen. Ich kleidete mich sofort um, setzte meine Schnorchelbrille auf, ging etwa einen Meter tief ins Wasser und schwamm zwischen den Korallen umher. Was ich bereits jetzt sah, übertraf all meine Erwartungen. Ein großer Schwarm der gelben Schmetterlingsfische kam bis auf Reichweite auf mich zugeschwommen. Ein Pfauenkaiserfisch schwamm in der Nähe meines linken Armes, ein Papageifisch blickte mich neugierig an. Mehr Ordnung vermochte ich in die Fülle des Geschehens um mich herum nicht hineinzubringen. Zuviel Neues stürmte auf mich ein. Ich blieb mindestens eine Stunde im Wasser; ich hatte das Gefühl, in vollkommener Harmonie mit der Welt zu sein.

Bereits am ersten Tag meldete ich mich zu einem Gerätetauchkurs an. Nach drei Tagen war es endlich soweit. Früh um neun Uhr fuhr ich mit anderen Tauchern und zwei Tauchlehrern hinaus zum Außenriff. Während ich mein Gerät anlegte, beschlich mich ein unangenehmes Gefühl der Beklemmung. Als Neuling kam ich als letzter an die Reihe. Ich nahm all meinen Mut zusammen, um vom Boot ins Wasser zu springen, wo mich bereits der Tauchlehrer erwartete. Ich folgte ihm über die seichte Riffplatte zum Außenriff. Dort ging das helle Grün der Seichtwasserzone jäh in ein fast tintiges Blau über. Der Tauchlehrer ließ sich am Rand des Riffes in die Tiefe. Nach einigen Metern hielt er an und winkte mich zu sich.

Wieder mußte ich all meinen Mut zusammennehmen, um an dem Steilabfall hinabzutauchen. Tiefblaues Wasser umfing mich. Ich hatte das Gefühl, in einem grenzenlosen Raum zu schweben. Ich empfand ein immenses Glücksgefühl. Je tiefer wir kamen, desto dunkler wurde es. In einer Tiefe von zwölf Metern bekam ich wieder Angst. Ich deutete dem Tauchlehrer an, daß ich nach oben schwimmen wollte. Ein paar Meter höher fühlte ich mich wieder sicher und wurde ruhiger. Etwa sieben Meter unter dem Meeresspiegel setzte ich mich auf eine große Koralle und blickte um mich herum. Der Eindruck war gewaltig. Ein dicker grüner Papageifisch zog an mir vorüber. An der Riffwand standen Schwärme der kleinen rot und orange gefärbten Rötlinge.

Gelbe Schmetterlingsfische schwammen pärchenweise durch das Geäst der Korallen. In den Höhlen der Riffwand hielten sich Schwärme der roten Husarenfische auf. Gelegentlich erblickte ich einen blau-weiß-gelb gebänderten Pfauenkaiserfisch, gewiß einer der schönsten Riffbewohner. Beim Weiterschwimmen sah ich einen finster blickenden Zackenbarsch in seiner Höhle. Zwischen hohen Korallentürmen erkannte ich Fächer violetter Hornkorallen. Ich sah gelbe, rote und blaue Korallen. Erneut erfaßte mich ein großes Glücksgefühl. Ich fühlte mich als Bestandteil dieser bunten, wirbelnden Vielfalt um mich und, umgeben von der Stille dieses tiefen Blaus, der alltäglichen Welt vollkommen entrückt. Ein Gefühl großer Ehrfurcht und Verbundenheit mit all den Lebewesen kam in mir auf. Ich hatte den Eindruck, die Grenzen meines Ich zu überschreiten.

Nachdem der Tauchgang schon längst beendet war, schwang das Gefühl immer noch in mir nach. Als ich abends müde im Bett lag und die Augen schloß, lebten viele Eindrücke wieder in mir auf. Ich war stolz darauf, meine Angst vor dem Wasser überwunden zu haben. Gewiß hatte ich keine taucherische Leistung vollbracht. Doch die Überwindung meiner Angst hatte mir ein Erlebnis von höchster Intensität und dazu noch ein ungeahntes Glücksgefühl beschert. Eine tiefe Freude am Leben erfüllte mich.

4. Seien auch Sie bereit für neue Erfahrungen

Für mich war das Tauchen im Indischen Ozean ein Weg, neue Erfahrungen zu machen. Welchen neuen Erfahrungen wollen Sie sich öffnen? Oder wollen Sie das gar nicht? Sie sind neuen Erfahrungen abhold, wenn Sie

- O immer zur gleichen Jahreszeit am selben Ort im selben Hotel Urlaub machen;
- O über Entspannungstraining oder Meditieren zwar reden, es aber nie ausprobiert haben;
- O immer in derselben Stadt wohnen, weil Sie Angst haben, mit Neuem konfrontiert zu werden;
- O es ablehnen, etwas Neues anzufangen, aus Furcht, es könnte Ihnen vielleicht nicht hundertprozentig gelingen;
- O die Meinung anderer nicht anhören wollen.

Beenden wir die Aufzählung, obwohl sie gewiß nicht vollzählig ist. Es gibt sehr viele Verhaltensweisen, in denen sich die Angst vor dem Unbekannten ausdrückt.

Nun kann es aber gewiß nicht Ihr Ziel sein, jeden Tag wie den vorangegangenen zu verbringen. Das würde zu seelischer Verarmung und Verkarstung führen. Nehmen Sie daher etwas auf sich, das Sie aus der gewohnten Routine reißt. Machen Sie etwas, das Ihnen bisher nie eingefallen ist. Zum Beispiel könnten Sie ein Bild malen, barfuß durch einen Park laufen oder eine Reise in ein entlegenes Land buchen, obwohl Sie Angst vor dem Fliegen haben.

Was es auch immer sein mag, tun Sie etwas, das für Sie völlig neu ist. So entfalten Sie sich. Entscheiden Sie sich für das Wachstum. Wenn Sie etwas Neues tun, verlieren Sie die Angst vor dem Unbekannten und können sich freuen.

5. Sie machten Ihr Hobby zum Beruf – als Unternehmer in Asien

Wie soll es möglich sein, daß Europäer sich ein neues Leben als Unternehmer im fernen Asien aufbauen, werden Sie sich vielleicht fragen. Um Ihnen das genauer zu erläutern, muß ich noch einmal auf die Malediven zurückkommen.

Herbert und Robert waren dort meine Tauchlehrer. Ihnen gehört die Tauchstation. Sie sind Tauchlehrer und Unternehmer zugleich. Herbert kommt aus München. Er studierte Maschinenbau und wollte eigentlich Berufsschullehrer werden. Als er sein Studium beendet hatte, schreckte er davor zurück, sein Leben in einem Klassenzimmer zu begraben. Er war ein Freiluftmensch, er liebte die Natur, war ein begeisterter Taucher. Warum also nicht sein Hobby zum Beruf machen? Er wagte den Schritt, selbständig zu werden, und übernahm nach kurzer Anlaufzeit in eigener Geschäftsführung die Tauchstation auf der Malediveninsel Villingli.

Sein Kamerad Robert ist Schweizer und kommt aus Basel. Dort war er mehrere Jahre in leitender Position bei einem großen Chemieunternehmen beschäftigt. »Weißt du, Heinz«, sagte er zu mir, »man fühlt sich nicht glücklich, wenn der Verantwortungsbereich ständig von neuen Direktiven eingeschränkt wird. Nach einigen Jahren konnte ich das nicht mehr mitmachen. Ich wollte weg aus dem Großbetrieb, der keinen Spielraum für Individualität und Phantasie läßt. Als ich hörte, daß Herbert einen Mitarbeiter suchte, habe ich mich kurzentschlossen für die Malediven entschieden.«

Herbert und Robert organisieren den ganzen Tauchbetrieb. Nach jedem Tauchgang müssen die Preßluftflaschen wieder mit Luft gefüllt und überprüft werden. Die Interessierten, die sich für den nächsten Tag zu Tauchgängen in eine Liste eintragen, werden in Zweiergruppen eingeteilt. Das ist notwendig, damit beim Tauchgang immer zwei Taucher gemeinsam tauchen und so der eine auf den anderen achtgeben kann. Bisweilen ist der Andrang zum Tauchen besonders groß. Dann müssen sogar zwei Boote gechartert werden. Bevor es ins Wasser geht, kontrollieren Herbert und Robert auf dem Boot, ob alle Taucher die Geräte richtig angelegt haben. Beim Tauchgang nehmen sie sich der schwächsten Taucher an. Nach einem Tauchgang wird der Transport der Flaschen durch einheimische Träger vom Hafen zur Tauchstation überwacht. Die Abgabe und Rückstellung von Leihgeräten wie Weste, Flossen und Maske müssen klaglos funktionieren. Neue Gäste kommen und melden sich an. Es herrscht meist ein sehr reger Betrieb. Um das alles zu schaffen, müssen Robert und Herbert in aller Herrgottsfrühe aus den Federn und kommen erst spät nachts ins Bett.

Um nicht im Hotel wohnen zu müssen, ließen sie sich einen kleinen Bungalow bauen. Die Planung und Überwachung der Bauarbeiten kostete viel Zeit und Mühe. Ob ihnen der Bungalow nach zehn Jahren auch noch gehören wird, ist mehr als fraglich. Nach heutigem maledivischen Recht fällt das Eigentum von Ausländern nach zehn Jahren an den maledivischen Staat. Da die Baukosten aber sehr niedrig sind – ein kleiner Bungalow mit Klimaanlage kostet kaum mehr als fünftausend

Dollar – kümmert dies die beiden jungen Unternehmer wenig. Beide machen jedes Jahr vier Wochen Urlaub in ihrer Heimat. Und da so mancher Tauchbesessene ihnen frische Wurst aus Deutschland oder Leckerbissen aus Österreich und der Schweiz mitbringt, vermissen sie, wie sie sagen, gar nichts.

Mit echter Begeisterung bringen sie den Gästen die Schönheiten unter Wasser nahe. Anderen Menschen die berauschende Schönheit der Unterwasserwelt zu zeigen, ist für Robert und Herbert zum Inhalt und Sinn ihres Lebens geworden. Sie sorgen für eine gute Atmosphäre, sind kameradschaftlich und herzlich. Beide zeigen viel Einfühlungsvermögen, und der Besserwisserton so mancher Tauchlehrer anderswo fehlt auf Villingli Gott sei Dank völlig. Sie liehen mir Bücher über Korallen und Tropenfische. Bei den Tauchgängen zeigten sie mir viele Schönheiten des Meeres, die ich selbst wahrscheinlich übersehen hätte. Und Herbert nahm wiederholt einen großen Scheinwerfer mit, damit wir unter Wasser bessere Filmaufnahmen machen konnten.

Was beweist uns das Beispiel von Herbert und Robert? Man kann aus seinem Hobby einen Beruf machen, ja man kann so sogar Unternehmer werden. Wem es ernst damit ist, seinem Leben Sinn zu geben, der vermag sich für sein Anliegen zu engagieren. Und man nimmt vieles in Kauf, wenn man als selbständiger Unternehmer sein eigener Herr sein kann. So manche hätten sich gescheut, einen solchen Schritt zu wagen. Die ärztliche Versorgung auf den Malediven ist schlecht, und gegen Tropenkrankheiten ist niemand gefeit. Doch Herbert und Robert tun solche Erwägungen lachend als Defätismus ab. Sagte mir doch Herbert: »Wer davon überzeugt ist, daß er krank wird, der wird es auch.« Sicher hat er recht.

Es ist kein Zweifel: Wer an sich glaubt und seinem Leben Sinn gibt, der entwickelt mehr Energien, aber auch Abwehrstoffe als ein Mensch, der sich treiben läßt.

6. Sie setzten auf das Unbekannte

Freude am Abenteuer und Mut, etwas Neues anzufangen – das haben viele Menschen bewiesen, die auswanderten. Viele gingen nach Kanada. Fast alle brachten nur wenig Geld mit. Manche machten sich selbständig und besitzen heute eigene Firmen. Fliegen sie nach einigen Jahren auf Besuch in die alte Heimat, dann stellen sie fest, daß es dort eigentlich wenig Neues gibt. Ihre Bekannten verrichten immer noch die gleiche Arbeit und beklagen sich über ihr eintöniges Leben. Selbst die Zwanzigjährigen reden in Deutschland heute schon von ihrer Pension. Deshalb verlieren die Besucher bald ihr Heimweh und kehren gern wieder nach Kanada zurück.

Wer Kanada besucht, ist verwundert, wie vielfältig die Unternehmen sind, die dort Einwanderern gehören. So leitet ein ehemaliger Berliner am Tag sein eigenes Delikatessengeschäft, und am Abend führt er ein gut gehendes französisches Restaurant. Daneben spekuliert er an der Börse und gründete einen Betrieb, der aus Filmabfall Silber zurückgewinnt. Die örtliche Stadtverwaltung liefert ihm alte Röntgenaufnahmen und anderes belichtetes Filmmaterial. Daraus gewinnt er Silber, das er an Juweliere verkauft. Ein anderer Auswanderer gründete eine Firma, die Stahlteile aus Europa importiert. Daneben machte er eine Firma auf, die Baumaschinen verleiht, repariert und verkauft. Außerdem schuf er noch ein Unternehmen, das Immobilien verwaltet.

Auswanderer lernen fast immer in kurzer Zeit, die wirtschaftliche Situation zu erkennen und für sich zu nutzen. Weniger behindert durch eine schwerfällige Bürokratie und hohe Steuerabgaben, entwickeln sie einen gesunden Sinn für geschäftlichen Erfolg.

Nun sollen diese Zeilen nicht so verstanden werden, daß Sie nach Kanada auswandern und dort selbständig werden sollen. Die Lebensgeschichte von Auswanderern zeigt nur klar, wozu ein Mensch imstande ist, wenn er Ideen hat und bereit ist, einen neuen Anfang zu machen.

7. Ein Polizist versucht sich als Reisephotograph

Klaus ist ein großer, blonder junger Mann von sechsundzwanzig Jahren. Seinen Beruf als Polizeibeamter übt er gern aus. Häufig muß er beim Dienst auch viele Überstunden machen. Da sie »abgebummelt« werden, kommen im Jahr einige zusätzliche Tage Freizeit heraus. Neben seinem Beruf hat Klaus eine große Leidenschaft. Er photographiert gern. Bei Photowettbewerben hat er schon einige Preise gewonnen. Gelegentlich veröffentlicht eine Tageszeitung eines seiner Photos.

Als ich ihn kennenlernte, hatte er gerade eine sechswöchige Asienreise beendet. Er hatte zum zweitenmal mehrere Länder Südostasiens besucht, um die Arbeiten an einem Bildband fertigzustellen. »Photographieren verschafft mir eine große Freude«, sagte er. »Es ist für mich zum entscheidenden Lebensinhalt geworden. Ich bemühe mich, ebenso gute Bilder wie die Berufsphotographen zu machen. Natürlich muß ich schon sehr viel Erfolg haben, bevor ich meinen Beruf als Polizeibeamter aufgebe und hauptberuflich auf die Jagd nach Motiven gehe.«

Niemand weiß, ob es dem Polizisten je gelingen wird, eine neue Karriere als Photograph zu starten. Vielleicht ist er nicht besonders risikofreudig. Er schätzt die Sicherheit seines Berufes und wartet ab, wie seine weitere Entwicklung als Photograph verlaufen wird. Hat er aber deshalb weniger Freude an dem, was er tut?

Fast niemand hat das Glück und den Vorzug, all seinen Neigungen im Berufsleben nachgehen zu können. Daher muß jeder einzelne nach Möglichkeiten suchen, in der Freizeit seine persönlichen Wünsche und Anliegen zu verwirklichen. Seien Sie mutig, blicken Sie nicht zurück, sondern vorwärts. Wenn Ihr Wunsch stark genug ist, dann bringen Sie es auch zuwege, zur Kraft zu finden, um ihn in Erfüllung gehen zu lassen. Und wenn Sie bereit sind, Ihr Leben Ihren Anliegen und Zielen zu widmen und nicht der Umwelt, um ihr zu gefallen, dann haben Sie eine große Chance, Ihre Ziele zu erreichen.

8. Claudia kämpfte ums Überleben

Als achtzehnjähriges Mädchen heiratete Claudia einen Mann, der fünf Jahre älter als sie war. Sie wurde Mutter von zwei Mädchen. Die Arbeit zu Hause und die Beschäftigung mit den Kindern füllte sie voll aus. Mehr als fünfzehn Jahre lief die Ehe gut. Doch dann kam es zur Krise. Als ihre Kinder vierzehn und sechzehn Jahre alt waren, begann ihr Mann fremdzugehen. Nach einiger Zeit zog er sogar aus der Wohnung aus. Das Geld, das er ihr überwies, reichte selbst bei sparsamster Lebensführung nicht aus, sie und ihre Kinder durchzubringen.

Was sollte die junge Frau tun? Bisher war sie immer von ihrem Mann finanziell abhängig gewesen. Sie hatte zwar eine abgeschlossene Berufsausbildung als kaufmännische Angestellte, doch trotz aller Bemühungen konnte sie in ihrem ehemaligen Beruf keine Anstellung finden. Endlich hatte sie Glück: ihr wurde die Stelle einer Hilfsschwester in einem Altersheim angeboten. Gern nahm sie das Angebot an. Sie empfand ihre Arbeit als sinnvoll, ihre Tätigkeit machte ihr Freude. Voller Schwung setzte sie sich für die alten Leute ein. Sie war bei allen beliebt.

Claudias Selbstbewußtsein wuchs. Sie machte ihre Arbeit gut und wurde deshalb gelegentlich zum Nachtdienst eingeteilt. Da sie dabei oft wenig zu tun hatte und Zeit für sie blieb, entdeckte sie in diesen freien Nachtstunden für sich die Astrologie und die Handlesekunst. Auch zu Hause widmete sie sich in jeder freien Minute diesen ihren neuen Interessen. Die beiden Kinder nahmen ihr einen Teil der Hausarbeit ab, und so blieb ihr Zeit, immer tiefer in diese Grenzwissenschaften einzudringen. Das Erstellen von Horoskopen lernte sie aus guten Büchern, ebenso die richtige Deutung der Handlinien.

Natürlich blieben Claudias neue Interessengebiete den Bewohnern des Altersheims nicht verborgen. Besonders auf die Handlesekunst wurde sie häufig angesprochen, und viele waren oft sehr verblüfft, was Claudia ihnen aus den Handlinien über das bisherige Leben sagen konnte. Claudia staunte über sich selbst. Sie hatte offenbar eine bisher verborgene Begabung an sich entdeckt.

Bald sprachen sich ihre Fähigkeiten herum. Bald suchten sie Menschen aus der näheren und weiteren Umgebung auf. Auch als sie für ihre Tätigkeit ein bescheidenes Honorar verlangte, blieben die Interessenten nicht aus. Heute hat es Claudia zu mehreren hundert Kunden gebracht, die sie regelmäßig konsultieren. Die Stelle im Altersheim mußte sie aus Zeitmangel aufgeben. Für ihre Kunden freilich ist sie fast zu jeder Zeit erreichbar. Während die meisten Astrologen nur das Horoskop anbieten, offeriert sie auch eine kostenlose Beratung. Das spricht sich natürlich herum.

Claudia geht ihrer Tätigkeit mit Begeisterung und viel Verantwortungsbewußtsein nach. Sie sagte mir: »Jeder Klient sollte prüfen, ob sein Interesse an der Astrologie und der Chirologie nicht etwa bloß der Ausdruck der Lebensangst ist. Dann besteht nämlich die Gefahr, daß jemand ›horoskopsüchtig‹ wird und sich in seinen Alltagsentscheidungen abhängig macht. Wer das tut, verkennt den Nutzen der Astrologie und verliert seine innere Freiheit. Je höher sich ein Mensch geistig entwickelt, desto mehr freien Willen hat er, die Zukunft positiv zu gestalten. Je mehr jemand bereit ist, sich zu wandeln, desto weniger unterliegt er anderen Einflüssen.«

Claudia ist selbst ein Beispiel für die Gültigkeit des letztgenannten Prinzips. Aufgrund ihrer Erfolge ist sie selbstsicher geworden. Die Enttäuschung über die gescheiterte Ehe hat sie schon lange überwunden. Sie fühlt sich heute glücklicher, als sie es je in ihrer Ehezeit war. Die grauen Haare, die sie bekommt, stören sie nicht. Sie weiß: Graue Haare und Falten wirken bei einer Astrologin höchstens noch überzeugender.

9. Albert Schweitzer: sein neuer Weg führte nach Afrika

Albert Schweitzer wurde 1875 in Kaysersberg im Oberelsaß als zweites Kind eines Pfarrverwesers geboren. Als er fünf Jahre alt war, erhielt er von seinem Vater auf einem alten Tafelklavier den ersten Musikunterricht. Mit acht Jahren waren seine Füße lang genug, daß er die Pedale erreichen konnte, und er erlernte das Orgelspiel. Mit neun Jahren vertrat er zum erstenmal den Organisten im Gottesdienst. Auf dem Gymnasium interessierte er sich besonders für Geschichte und Naturwissenschaften. Im Juni 1893 bestand er die Reifeprüfung mit mittelmäßigen Noten. Noch im selben Jahr begann er mit dem Studium der Theologie, Philosophie und Musik.

Als er in seiner Studienzeit 1896 die Pfingstferien im Hause seiner Eltern in Günsbeck verbrachte, befiel ihn an einem herrlichen Sommermorgen ein Gedanke mit besonderer Macht. Es wurde ihm bewußt, was für ein glückliches Leben er führen durfte: er war in harmonischen Familienverhältnissen aufgewachsen, hatte keine materiellen Sorgen und obendrein das Vergnügen, sich der Kunst und der Wissenschaft widmen zu können. Er war der Meinung, das Glück nicht als etwas Selbstverständliches hinnehmen zu dürfen.

Während draußen die Vögel sangen, nahm er sich vor, sich Wissenschaft und Kunst nur bis zu seinem dreißigsten Lebensjahr zu widmen und dann sein Leben in den Dienst am Nächsten zu stellen. Über die Art eines solchen Wirkens hatte er allerdings noch keine Vorstellung. Erst als er einige Jahre später seine Studien abgeschlossen hatte, wurde ihm das Ziel klar. Ein Bericht über die Not der Kongomission entschied über die Richtung seines neuen Berufes. Im Oktober 1905 gab ALBERT SCHWEITZER einen Brief zur Post. In diesem teilte er seinen Eltern und nächsten Bekannten mit, daß er Medizin studieren werde, um später als Arzt nach Äquatorialafrika zu gehen.

Was war die Folge? Die Angehörigen und Freunde versuchten, ihn von seinem Vorhaben abzubringen. Man wollte einfach nicht verstehen, wie jemand eine verheißungsvolle Doppelkarriere als Wissenschaftler und Organist einem »Hirngespinst« zuliebe verwerfen könnte. Er hörte sich das an, ließ sich aber um kein Jota von seinem Vorhaben abbringen.

Jahre intensiver Arbeit begannen. Neben seinem Medizinstudium wirkte er weiter als Organist; er war arbeitsmäßig sehr überlastet. Oft mußte er mit aller Macht dagegen ankämpfen, im Hörsaal vor lauter Müdigkeit einzuschlafen. Mit der Veröffentlichung seines Buches über

Johann Sebastian Bach und seinen ansehnlichen Konzerthonoraren war er jeglicher Geldsorgen enthoben. Im Oktober 1911 bestand er das medizinische Staatsexamen.

Noch während der Arbeit an seiner Doktorarbeit traf er bereits Vorbereitungen für seine Reise nach Afrika. Seine Frau Helene unterstützte ihn dabei. Alles, was zur Ausstattung eines Spitals gehörte, mußte ja in Europa gekauft und nach Afrika geschafft werden: Instrumente, Medikamente, Verbandsstoffe und noch vieles mehr. Da seine eigenen finanziellen Reserven für diese Ausstattung nicht ausreichten, begab er sich auf Bittgänge zu seinen Bekannten. Einen beträchtlichen Teil der Mittel erhielt er von der Straßburger Pfarrgemeinde St. Nicolai, wo er früher Hilfsprediger gewesen war. Die Mittel flossen reichlich, und es schien, als sei der Betrieb des Spitals für ein Jahr gesichert. Dann machte er einer Pariser Missionsgesellschaft das Angebot, für sie auf seine eigenen Kosten in Lambarene (in Gabun an der Westküste Afrikas) als Missionsarzt zu arbeiten. Als er von der strengen Gemeinde zu einem Glaubensexamen bestellt wurde, lehnte er eine solche Prüfung ab. Man einigte sich schließlich darauf, daß er nur einen Besuch bei den einflußreichen Gemeindemitgliedern zu machen brauchte. Nachdem das erfolgt war, nahm die Gemeinde sein Angebot an. Ausschlaggebend aber war das dem Arzt abgerungene Versprechen, in Afrika nicht als Missionar tätig zu werden. Im Februar 1913 wurden schließlich siebzig Kisten zugeschraubt und nach Lambarene abgesandt.

Gleich zu Anfang mußte Albert Schweitzer feststellen, daß das Elend unter den Eingeborenen in Afrika viel größer war, als er je angenommen hatte. In Lambarene nahm er seine Arbeit in einem Hühnerstall als Sprechzimmer auf. Erst im Herbst konnte er in eine acht Meter lange und vier Meter breite Wellblechbaracke einziehen, die auch einen Operationssaal enthielt. Um diesen Bau herum standen Bambushütten, in denen die kranken Eingeborenen untergebracht wurden. In dieser Zeit seiner Arzttätigkeit und seines ständigen Umgangs mit den Eingeborenen prägte er den Begriff der »Ehrfurcht vor dem Leben«. Seine Lebensbejahung zielte darauf ab, der materiellen, geistigen und ethischen Höherentwicklung des Menschen und der Menschheit zu dienen.

In den Kriegswirren mußten er und seine Frau Afrika verlassen. Er wurde Assistenzarzt und wiederum Prediger der St. Nicolai-Kirche. Er wurde zu Vortragsreisen in ganz Europa eingeladen, auch war sein internationaler Ruhm als Organist ungebrochen. Um die Schulden zurückzuzahlen, die er während des Krieges für den Betrieb seines Spitals gemacht hatte, gab er in Schweden mehrere Konzerte. Er faßte neuen Mut, seine Arbeit in Lambarene fortzusetzen. 1921 gab er seine Anstellungen in Straßburg auf und begann eine freie schriftstellerische und künstlerische Tätigkeit. Er gab Konzerte und hielt Vorträge in mehreren Ländern Europas.

Drei Jahre später verfügte er wieder über genügend finanzielle Mittel, um von neuem als »Urwaldarzt« nach Lambarene zu gehen. Um die zunehmende Zahl der Kranken besser versorgen zu können, legte er drei Kilometer stromaufwärts ein neues, geräumigeres Spital an.

Wir wollen hier das Leben ALBERT SCHWEITZERS nicht in allen Einzelheiten weiterverfolgen. Der skizzenhafte Abriß zeigt deutlich, welche Schwierigkeiten er überwand, um neue Wege zu gehen. Als der selbstlose Arzt und Wohltäter schließlich 1965 im Alter von neunzig Jahren starb, hatte er es auf insgesamt dreizehn Aufenthalte in Lambarene gebracht; einer davon hatte fast zehn Jahre gewährt. Neben seiner aufopfernden Arbeit hat er in seinem bewegten Leben insgesamt neunzehn Bücher geschrieben. 1952 erhielt er den Friedensnobelpreis.

ALBERT SCHWEITZER ist ein sehr deutliches Beispiel dafür, zu welchen Leistungen ein Mensch fähig sein kann, wenn er seinen eigenen Weg geht. Er wußte, wie schwer es jeder hat, zu sich selbst zu finden. Das Geheimnisvolle im Leben eines jeden Menschen zu erkennen, ist ein Prozeß, der zur Ehrfurcht vor dem Leben führt. »Weil ich auf die Kraft der Wahrheit und des Geistes vertraue«, bekannte er, «glaube ich an die Zukunft.«

Glauben auch Sie an die Zukunft? Haben auch Sie ein so positives Weltbild wie dieser einzigartige Mann? Wenn das der Fall ist, werden auch Sie den Mut finden, Ihren eigenen Weg zu gehen. Suchen auch Sie etwas, von dem Sie überzeugt sind. Setzen Sie sich dafür ein. Lassen Sie sich weder von Ihrer Umgebung noch von Schwierigkeiten entmutigen.

10. Ein Erlebnis stellt die Weiche für die Zukunft

Ein junger Mann berichtete mir über sein Leben Folgendes: »In den vergangenen Jahren fühlte ich mich wie in einem Gefängnis. Auch meine Mitmenschen sah ich in der gleichen Situation. Jeder lebt gleichsam hinter Gitterstäben. Niemand ist frei. An einem schönen Samstagmorgen fuhr ich mit meinem Wagen zu einem nahegelegenen Dorf. Am Rande eines Waldes stellte ich mein Auto ab und spazierte über die Wiesen. Ich blickte auf die sonnenbeschienenen Felder und nahm mit all meinen Sinnen den herrlichen Tag wahr. Ich roch das Heu, das auf den Wiesen lag, blickte den wandernden Wolken nach und hörte den Gesang der Vögel. Ich dachte über nichts nach. Ich hatte meine Sorgen und geheimen Ängste hinter mir gelassen; ich erlebte voll die Gegenwart.

Vergangenheit und Zukunft beschäftigten mich nicht, es schien sie überhaupt nicht zu geben. Die vielen Eindrücke, die ich aufnahm, lösten in mir ein großes Glücksgefühl aus. Ein Schmetterling kam auf mich zugeflogen und flatterte an mir vorbei. Ganz in der Ferne hörte ich die Geräusche eines Flugzeuges. Dann führte mein Weg in einen Wald. Es wurde dunkel und kühl. Hier und dort sah ich ein Lichtbündel, das durch die Bäume fiel. Bald hatte ich den Wald durchschritten. Ich stieß auf einen Feldweg, der zum nächsten Dorf führte.

Plötzlich fühlte ich mich völlig frei. Ich war frisch und unbeschwert. Das Druckgefühl im Kopf war weg, ebenso die verschiedenen Verspannungen. Eine große Freude kam in mir auf. Ich empfand, wie sich alles von Augenblick zu Augenblick verändert. Trotz der ständigen Veränderung alles Beobachteten fühlte ich mich mit meiner Umwelt eins. Ich empfand intuitiv, wie stark Leben und Sterben miteinander verbunden sind. Dabei war ich weder lebensmüde noch von einer Todessehnsucht befallen. Für mich hatte nur auf einmal der Tod das Schreckliche verloren. Ich begriff, daß ich mich weder an etwas klammern noch an irgend etwas festhalten könne.

Ich fühlte mich ganz frei. Ich war glücklich, ganz ich selbst zu sein. Ich fühlte mich so frei wie der Vogel in der Luft. Ich wollte nicht mehr so leben wie bisher. Ich wußte: Ich habe die Kraft, mein Leben zu verändern.

Langsam wanderte ich zu meinem Auto zurück. Zwei Stunden lief ich durch die Landschaft. Die Sonne sank auf den Horizont herab. Mein Körper warf einen langen Schatten. Mir fielen die Worte des indischen Dichters RABINDRANATH TAGORE ein: ›Was du bist, siehst du nicht; was du siehst, ist nur dein Schatten.‹ Ich jedenfalls hatte mein innerstes Wesen gespürt, hatte mein Selbst erlebt, das, so weiß ich es seither, gegenüber Leid und Tod nicht berührbar ist.

Ich fuhr in die Stadt in meine Wohnung zurück. Am nächsten Tag verwirklichte ich ein Anliegen mit einem Entschluß, vor dem ich mich bisher immer gescheut hatte.«

11. Alles Neue bereichert und macht Freude

Hier soll etwas über die Freude gesagt werden, die jemand empfindet, wenn er in oder nach der Mitte des Lebens noch etwas Neues lernt.

Bis zu seinem sechsundvierzigsten Lebensjahr waren Helmut und seine zwei Jahre jüngere Frau Irmgard der Ansicht, daß der Schilanglauf der gesündeste Wintersport sei. Seit vielen Jahren betrieben sie ihn regelmäßig. Sie drehten bedächtig ihre Runden auf den Langlaufloipen und ließen sich von Abfahrtsläufern, die da elegant den Hang hinunterwedelten, überhaupt nicht beeindrucken. »Beim Langlauf brechen wir uns nichts«, pflegte Helmut zu sagen. Erst mit Sechsundvierzig wurde ihm klar, daß er sich beim Wintersport gewohnheitsmäßig an eingefahrene Verhaltensweisen angeklammert hatte. »Und warum probieren nicht auch wir einmal den alpinen Spaß?« sagte er zu seiner Frau. »Was kann uns eigentlich passieren? Wenn wir vorsichtig fahren, werden wir uns schon nicht die Beine brechen.« Seine Frau war einverstanden.

Ausgerüstet mit Leihschi und -schuhen, schrieben sie sich in einen Schikurs ein. Von Anfang an hatten die beiden großen Spaß an dem neuen Sport. Natürlich ging es nicht ohne Stürze ab, aber sie ließen sich nicht entmutigen. Im Schikurs waren zwei Ehepaare ungefähr gleichen Alters, und sie freundeten sich schnell miteinander an. Als der Kurs beendet war, brachte zwar weder Helmut noch Irmgard perfekte Parallelschwünge zustande, aber immerhin bewältigten sie mit Anstand die breite Piste. Sie waren einfach begeistert, etwas Neues erlebt zu haben – da kam es auf Perfektion wahrhaftig nicht an. Am Ende waren die beiden der Ansicht, schon lange nicht mehr einen so herrlichen Urlaub verbracht zu haben.

Es ist nie zu spät, etwas Neues zu unternehmen. Sie können sogar noch mit Siebzig schifahren lernen. Es gibt sogar Schischulen, die Kurse speziell für ältere Menschen eingerichtet haben. Solche Seniorenkurse sind immer gut belegt, und die Schilehrer haben, wie mir versichert wurde, an den gelehrigen und bemühten Senioren ihre Freude.

Nun geht es nicht unbedingt um das Schifahren. Sie können auch etwas anderes tun, das Ihnen Freude macht. Haben Sie keine Angst vor dem Unbekannten. Wagen Sie etwas Neues. Es spielt dabei keine Rolle, ob Sie es zu Hause oder im Urlaub tun. Viele Aktivitäten liegen im Bereich Ihrer Möglichkeiten. Sie können zum Beispiel mit Vierzig Geige oder Klavier spielen lernen. Selbst wenn Sie es nicht zur Meisterschaft bringen, zur Hausmusik wird es gewiß reichen. Es gibt sogar Menschen, die mit Siebzig und älter noch ein Studium beginnen. Häufig schneiden sie beim Examen besser ab als so mancher junge Student.

Doch nicht auf das, was andere tun, kommt es an. Ihre eigenen Ziele sind entscheidend. Die Beispiele sollen Ihnen nur zeigen, wozu Menschen fähig sind. Auch Sie verfügen über die nötigen Kräfte.

12. Auf der Suche nach einer neuen Identität

Als der dreiundvierzigjährige Filialleiter Manfred Kühn (Name geändert) erfuhr, daß nicht er, sondern ein anderer Mitarbeiter der Sparkasse zum Direktor befördert wurde, war er völlig entsetzt. Eine Welt brach für ihn zusammen. Seit etwa zehn Jahren hatte er alles darangesetzt, diesen Posten zu erhalten. Der Beruf war seine ganze Lebenserfüllung gewesen. Nun aber verspürte er plötzlich eine große Leere. Auf einmal wurde ihm bewußt, wie eingeengt sein Leben bisher verlaufen war.

Zunächst gab er seiner Familie die Schuld an seinen unbefriedigenden Lebensumständen. Seine Frau, die ihr eigenes Wertbewußtsein vom Erfolg ihres Mannes abhängig machte, war beinahe noch tiefer als er enttäuscht. Wahrscheinlich hätte sie ihm weniger Vorwürfe gemacht, wenn sie selbst zu einer eigenen Identität gefunden hätte. Mit ihren Vorwürfen verschärfte sie die Krise ihres Mannes. Beiden Eheleuten wurde zunächst nicht bewußt, daß sie mit großer Wahrscheinlichkeit früher oder später in dieselbe Krise geraten wären.

Warum ist das zu vermuten? Der Mensch sucht nach dem Glück, ohne eine genaue Vorstellung davon zu haben, was Glück ist. Für Herrn Kühn wäre Glück die Beförderung gewesen. Aber dieses Glück stellte sich nicht ein. Deshalb könnte nun eine endlose Jagd nach dem Glück beginnen, und sie bliebe genauso erfolglos. Wo liegt da der Fehler?

Der Fehler liegt in der Ansicht, daß das Glück von äußeren, von materiellen Umständen abhängig sei. Es wird übersehen, daß alles Materielle nur so lange reizvoll ist, als man es nicht hat. Glück kann man nicht besitzen, man kann nur glücklich sein. Glücklichsein aber ist ein Zustand des Bewußtseins, es ist unabhängig von der Außenwelt. Glück stellt sich dort ein, wo der Mensch sich seiner Aufgabe bewußt wird und innere Werte entwickelt. Glück liegt im Erleben.

Doch das erkannte zu jener Zeit weder der enttäuschte Filialleiter noch seine Frau. Er begann, öfter Tennis zu spielen und sein Jogging-Programm auszuweiten. Sie übertraf sich in gesellschaftlichen Veranstaltungen. Beide stürzten sich in einen Wirbel zwanghafter Aktivitäten.

Ihm wurde es zuerst bewußt. Er erkannte, daß er seine Kräfte nur deshalb an Äußerlichkeiten vergeudete, weil er fürchtete, seine innere Leere gewahrzuwerden. Ihm wurde plötzlich klar: Es lag an ihm, seinem Leben einen neuen Inhalt zu geben, indem er sein Rollenverhalten aufgeben und außerhalb des Berufes zu seinem Lebenssinn finden mußte.

Der Mann erinnerte sich, daß er als Schüler gern gemalt hatte. Er kaufte sich Aquarellfarben und begann zu malen. Wenn er die Farben auf das Papier brachte, war er hellwach, konzentriert und entspannt zugleich. Sein ganzes Denken kam zur Ruhe. Malend fühlte er sich glücklich und pflichtlos. Es war für ihn eine Hingabe an die optischen Reize der Farben und zugleich an die seelischen Schwingungen der eigenen Empfindungen. Er ließ jeden Ehrgeiz hinter sich. Er genoß den Augenblick seiner schöpferischen Tätigkeit. Er erfuhr, wie sich ihm eine neue, die innere Welt erschloß. Es wurde ihm bewußt, wie glücklich spontanes Handeln macht.

Die Beschäftigung mit der Malerei war für Manfred Kühn erst der Anfang seiner inneren Entwicklung. Beruflich fand er auch Freude darin, sich drei Tage im Monat der Ausbildung jüngerer Mitarbeiter zu widmen. Zu seiner Freude am Malen gesellte sich ein großes Interesse für die alten südamerikanischen Kulturen und für Tropenpflanzen. Die Arbeit war für ihn nicht mehr Ersatz für ein ungelebtes Leben. Seine Frau begann Orchideen zu züchten.

Gemeinsam beschloß das Ehepaar, eine Südamerikareise und einen längeren Ausflug in den Dschungel des Amazonas zu machen. Die Reise wurde für beide ein großartiges Erlebnis. Auf dieser Reise lernte der Mann nicht nur die faszinierende Urwaldwelt, sondern auch seine Innenwelt kennen.

Diese innere Veränderung wirkte sich positiv auf seinen Beruf aus. Bei den Auszubildenden war er sehr beliebt, und auch die Kundschaft schätzte seine Aufgeschlossenheit. Ein Jahr später starb der ihm vorgezogene Direktor an einem Herzinfarkt. Manfred Kühn wurde sein Nachfolger.

In einer stillen Stunde dachte er über die Ereignisse der letzten Monate nach. War es für ihn nicht besser gewesen, nicht sofort die erwünschte Karriere zu machen? Hätte er sich anders dazu aufgerafft, seinem Leben mehr Sinn zu geben und nicht ausschließlich für den Beruf dazusein? Ein gütiges Schicksal hatte es offenbar gut mit ihm gemeint. Es hatte ihm neue Impulse geschenkt, vor allem den, nach seiner eigenen inneren Autorität zu handeln. Der Weg dann war nicht einfach gewesen. Der Schock der beruflichen Enttäuschung hatte erst überwunden werden müssen. Erst in seiner schmerzlichen Betroffenheit gelangte er zur Einsicht, daß er gar nicht gezwungen war, sich von den gesellschaftlichen Regeln des Strebens nach äußerem Erfolg weiter versklaven zu lassen.

Er erinnert sich gern an das, wie er sagt, große Gefühl der Befreiung, als ihm bewußt wurde, daß es, um glücklich zu sein, überhaupt nicht notwendig ist, dem Streben nach Anerkennung seitens der Mitmenschen alles zu opfern. Er war stolz darauf, zu einer Neubewertung seines Lebens gelangt zu sein. Seine Einsicht bewahrte ihn übrigens davor, sich nach der Beförderung wiederum nur beruflichen Belangen zu widmen.

Welche Veränderungen auch immer im Leben auf Sie zukommen mögen, begreifen Sie diese als positiv. Wenn Sie die Umstände zwingen, Ihr Leben neu zu bewerten und neu zu gestalten, so können Sie nur zu einer ungeahnten Ausweitung Ihres Selbst gelangen. Sie erleben den Prozeß einer Erneuerung, die Sie zu einer neuen Identität führt. Natürlich können Sie sich auch ohne äußeren Anstoß auf die »Reise« machen und sich von altgewohnten Verhaltensweisen befreien. Sie können heute oder morgen, am besten jetzt Ihre alte Rolle aufgeben und auf Ihrem neuen Weg auf jedwedes Reisegepäck ohnehin immer fragwürdig bleibender Sicherheiten verzichten. Werden Sie Sie selbst, werden Sie frei!

13. Seine Identität findet man nicht im Partner

Man kann nicht über neue Wege schreiben, wenn man nicht zumindest kurz auch auf die Wege der Liebe eingeht. Daß es nicht ohne Sensibilität geht, wurde schon in Kapitel 8 erwähnt. Doch eine andere Notwendigkeit spielt für die Entfaltung der Liebesfähigkeit ebenfalls eine große Rolle. Es ist das Problem der Identität eines Menschen.

Nicht wenige Menschen sind der Ansicht, daß eine Liebesbeziehung um so besser sei, je mehr der eine Partner vom anderen abhängig ist. So habe ich zum Beispiel sagen hören: »Mein Mann gibt mir Sicherheit und Geborgenheit.« Und: »Meine Frau ist die Quelle all meiner Tatkraft.« Dem liegt die Befürchtung zugrunde, daß man vom Partner verlassen werden könnte, wenn er nicht von uns abhängig ist. Das Gegenteil ist der Fall! Lieben oder Geliebtwerden heißt nämlich nicht, vom Partner abhängig zu sein. Wer seine Sicherheit in sich selbst hat, der sieht seine Individualität in der Partnerbeziehung nicht gefährdet. Liebe bedeutet zweifellos nicht, seine Identität vom Partner her zu beziehen. Liebe bedeutet aber auch nicht, daß die Partner immer das gleiche tun müssen.

Es geht vielmehr darum, den Partner in all dem zu unterstützen, was er tun will, selbst wenn man keinen Geschmack daran findet. Nur so ist die Dauerhaftigkeit der Beziehung gewährleistet. Allein diese Grundeinstellung zum Partner hilft die Liebe zu bewahren. Das ist besonders notwendig, wenn sich ein Partner in einer Übergangsphase zu einem neuen Lebensabschnitt befindet. Menschen, die sich im Übergang zur zweiten Lebenshälfte befinden, werden häufig Eigenschaften, Interessen und Tendenzen an sich entdecken, die mit ihrem bisherigen Rollenverständnis nicht in Einklang zu bringen sind.

So werden Männer in diesem Alter oft empfindsamer, wogegen ihre gleichaltrigen Frauen häufig aktiver und dynamischer, sozusagen männlicher werden. Nicht wenige Frauen in den Vierzigern wenden sich wieder einem Beruf zu, nachdem die Kinder aus dem Haus sind. Sie bauen sich eine zweite Karriere auf. Ihr Bedürfnis, von allen geliebt zu werden, nimmt ab. Oft verlieren sie sogar die Angst davor, ohne Mann zu leben. Sie finden den Mut, sich aus Abhängigkeiten und Gewohnheiten zu befreien, und bauen sich ein selbständiges Leben auf.

Männer in den Fünfzigern beginnen häufig, sich künstlerischen oder anderen sublimen Tätigkeiten zu widmen. Es treten sozusagen feminine Wesenszüge zutage, die sie früher infolge ihres Ehrgeizes verdrängt haben. In diesem Alter schränken Männer häufig das unbedingte Karrierestreben ihrer früheren Jahre ein. Welche Schwierigkeiten würden nun aber einer Ehe bevorstehen, wenn jeder Partner auf die bisherige, die von früher her bekannte Identität des anderen angewiesen wäre!

Nun kommt es natürlich auch vor, daß eine Partnerschaft auseinanderbricht. Dann erscheint in einem solchen Moment alles trüb und grau, und es gilt, eine gescheiterte Beziehung zu überwinden. Wer einen neuen Anfang machen will, muß lernen, vergangenes Unglück zu vergessen, selbst wenn es ihn oder sie noch so sehr belastet hat. Es muß die Phase der Loslösung vollzogen werden. Das schaffen allerdings die meisten Menschen, zumindest am Anfang, nicht. Sie wollen nicht vergessen, was ihnen der Partner angetan hat. Sie denken nur an das erlittene Leid, und so verbauen sie sich jede Zukunftschance.

Als Susanne, eine achtunddreißigjährige, geschiedene Frau, einen ebenfalls geschiedenen Arzt kennenlernte, war sie anfangs von ihm sehr eingenommen. Er sah gut aus und hatte ein sympathisches Wesen. Zunächst konnte sie nicht verstehen, daß ein solcher Mann nicht schon längst wieder eine neue Partnerin gefunden hatte. Doch bald begriff sie, warum sich alle Frauen von ihm abwandten.

»Wenn wir uns trafen«, so berichtete sie, »kam er nach wenigen Minuten immer auf seine ehemalige Frau zu sprechen. Am Anfang war das für mich noch interessant. Ich hörte, wie wenig sich die Frau für den Beruf des Mannes interessiert und daß sie ihn einmal mit einem Schilehrer und wiederholt mit einem Rechtsanwalt betrogen hatte. Mir wurden all die Missetaten der Frau berichtet, mit denen sie versucht hatte, ihren Mann zu demütigen. Selbst bei unserem vierten Treffen unterhielt sich der Arzt mehrere Stunden über seine ehemalige Frau.

Alles drehte sich in der Unterhaltung nur um sie. Über mich sprachen wir höchstens fünf Minuten. Als sich nach einer weiteren Woche daran immer noch nichts geändert hatte, brach ich die Beziehung ab.«

Nicht wenige Menschen haben schon eine solche Erfahrung gemacht. Wenn jemand ständig über seinen ehemaligen Partner spricht, dann zeigt er deutlich, daß er ihn noch nicht vergessen hat. Er ist noch nicht reif, eine neue Beziehung einzugehen. Vielleicht ist außerdem die neue Bekannte nicht die richtige Partnerin für ihn oder er nicht der richtige Partner für sie.

Wer eine neue Beziehung aufbauen will, muß bereit sein, warten zu können. Er darf sich nicht ungeduldig in eine neue Partnerbeziehung stürzen. Jeder braucht nach einer Enttäuschung eine Zeit, um sie zu überwinden und zu sich selbst zu finden. Diese Pause der »Regeneration« ist unbedingt notwendig. Sonst läuft man die Gefahr, den falschen Partner zu wählen.

14. Es besteht kein Grund zur Torschlußpanik

Zwischen Vierzig und Fünfzig erleben Männer wie Frauen irgendwann eine unangenehme Phase ihrer Entwicklung. Wie der Mann bekommt auch die Frau Angst vor dem vermeintlichen Verfall des Äußeren und vor dem Tod. Häufig versuchen sowohl Männer als auch Frauen ihr jugendliches Selbstbild durch neue sexuelle Erfahrungen aufzupolieren. Der Mann bricht aus der Ehe aus und sucht sich eine jüngere Geliebte. Doch meist empfindet er das neue Verhältnis auch als beengend und kehrt zu Frau und Kind zurück. Der neue Weg hat sich als Sackgasse erwiesen.

Die Frau ist in einer ähnlichen Situation. Sie wird von der Vorstellung geplagt, bald ihr gutes Aussehen zu verlieren. Sie hat Angst und denkt, es sei jetzt ihre letzte Chance, außerhalb der Ehe noch sexuelle

Erfahrungen zu sammeln. Wenn die Kinder erwachsen werden, fühlt sich die Frau häufig überflüssig. Sie stellt sich aus diesem Gefühl heraus die Frage, ob sie wieder berufstätig werden soll, nachdem sie bislang nur für die Familie da war.

Männer wie Frauen erleben den Schock des Gefühls, daß ihnen die Zeit davonläuft. Sie fragen sich, ob sie überhaupt noch das erreichen können, was zu schaffen sie sich vorgenommen haben, was sie tun müssen, damit es nicht zu spät wird.

Das veränderte Zeitgefühl zwingt jeden Menschen, die Pläne für die Zukunft realistischer zu gestalten. Nur zu oft sehen Menschen dann ihre Zukunft verkürzt. Sie meinen, es sei zu spät, etwas Neues beginnen zu können. Hinter einer solchen Einstellung verbirgt sich sehr oft ein großer Mangel an Vertrauen in die eigene Zukunft. Was ist die Folge? WILHELM VON HUMBOLDT sagte: »Es liegt im Alter selbst, daß man die Flüchtigkeit der Zeit beschleunigt findet. Je weniger man zustandebringt, desto kürzer erscheint sie.«

Setzen Sie sich also Ziele und verfolgen Sie sie. Dann gelangen Sie wieder zu einem gesunden Zeitempfinden. Natürlich muß man sich zuvor überlegen, welche Bedürfnisse befriedigt werden können und welche nicht. Besonders wichtig ist es, Vertrauen in die eigenen Fähigkeiten zu setzen. Das wird ihnen erst gelingen, wenn Sie herausfinden, wer Sie in der zweiten Hälfte Ihres Lebens sein wollen. Wenn Sie sich zu Ihren Zielen bekennen, dann sehen Sie Ihre Zukunft nicht mehr verzerrt und haben deshalb Vertrauen in die Zukunft. Langeweile und Depressionen werden verschwinden.

Ich kenne viele Menschen, die sich um die Lebensmitte neuen Tätigkeiten zugewandt haben. Dies kann, wie gesagt, ein Hobby wie Malen oder beispielsweise der Einsatz für ein öffentliches Anliegen sein. Da in diesem Alter viele Menschen die Vergänglichkeit des Materiellen begreifen, richten sie nun ihre Interessen auf die Verwirklichung innerer Werte aus wie zum Beispiel der Liebe als tätiger Nächstenliebe.

Vergiften Sie nicht Ihr Leben durch die Fehlannahme, es gäbe nur einen Höhepunkt in Ihrem Leben und Sie hätten ihn bereits überschritten. Verstehen Sie das Überschreiten der Schwelle der Lebensmitte als Aufbruch zu etwas Tiefergehendem. Der anfangs vermeintliche Abstieg wird sich als ein neuer Anstieg erweisen, wenn Sie sich nur neue Ziele setzen.

Zusammenfassung

1. Wer bereit ist, einen neuen Anfang zu machen, wird bald auch neue Lebensfreude empfinden. Sie vermögen Ihr Leben zu ändern, wenn es Ihnen zu eintönig geworden ist.
2. Überlegen Sie, welche neuen Erfahrungen Sie machen wollen. Unternehmen Sie etwas, das Sie aus der gewohnten Routine herausreißt.
3. Die Beispiele von Auswanderern zeigen, wozu ein Mensch fähig ist, wenn er Pläne hat und einen neuen Anfang machen will.
4. Wer seine Neigungen nicht im Beruf verfolgen kann, kann seine Interessen in der Freizeit wahrnehmen.
5. Glücklichsein ist ein Zustand des Bewußtseins, das unabhängig ist von der Außenwelt. Materielles ist nur so lange reizvoll, als man es nicht hat. Innere Veränderungen wirken sich positiv auch auf den Beruf aus.
6. Lieben besteht nicht darin, vom Partner und seinen Eigenschaften abhängig zu sein. Steigern Sie Ihre Liebesfähigkeit im Vollbewußtsein Ihrer eigenen Identität.
7. Geben Sie Ihrem Partner die Freiheit, sich nach seinen Vorstellungen zu entfalten und sich selbst zu verwirklichen.
8. Wer in der Liebe einen neuen Partner sucht, muß eine vergangene Beziehung vergessen können. Nach einer Liebesenttäuschung ist eine Pause zur inneren Regeneration notwendig. So vermindern Sie das Risiko, den falschen Partner zu wählen.
9. In der Mitte ihres Lebens erleben viele Männer wie auch Frauen das schockartige Gefühl, daß die Zeit für sie kurz wird. Das veränderte Zeitgefühl in dieser Entwicklungsphase führt oft zu einer Überprüfung der eigenen Zielvorstellungen.
10. Wer sich neue Ziele setzt, verliert sein verzerrtes Zeitempfinden und hat Vertrauen in die Zukunft.
11. In der Mitte des Lebens begreifen viele Menschen die Vergänglichkeit des Materiellen und bemühen sich um die Entwicklung innerer Werte.

Kapitel 10

Der Tod als Kontrapunkt des Lebens

1. Sinnsuche, die über das Leben hinauszielt

Ein Mann, den ich nur flüchtig kannte, vertraute sich mir eines Tages an. »Ich habe in meinem Beruf erreicht, was ich wollte«, begann er. »Die Arbeit macht mir viel Freude, obwohl sie mich häufig sehr beansprucht. Meine Freizeit widme ich meiner Frau und meinen Kindern. Daneben beschäftige ich mich mit der Kunst, sofern mir dafür noch Zeit bleibt. Obwohl ich also genug ausgelastet und nicht unglücklich bin, zogen neulich vor dem Einschlafen unerwartet ganz neue und teilweise beunruhigende Gedanken durch meinen Kopf.

Ich dachte: Du bist jetzt bereits vierzig Jahre alt. Vielleicht hast du die Mitte deines Lebens schon überschritten. Irgendwann kommt der Tod auf dich zu. Wie wirst du dann auf dein Leben zurückblicken? Und gibt es ein Weiterleben nach dem Tod? Alle Religionen bejahen diese Frage. Was wird mit dir im Jenseits, wenn es ein solches gibt? Hat die Art und Weise, wie du dein Leben verbringst, Einfluß auf das Leben nach dem Tod? Wenn das der Fall ist, wie müßtest du dein Leben ändern? Fragen, Fragen!«

Er hielt eine Weile inne und fuhr dann fort: »Natürlich weiß ich, daß ich nicht von heute auf morgen zu einer sicheren Beantwortung all dieser Fragen gelangen kann. Außerdem rechne ich nicht damit, daß sich alles genau beweisen ließe. Teilbeweise würden mir schon genügen, ebenso Tatsachenmaterial, das diesen oder jenen Schluß nahelegt. Eine Frage läßt mich seit jener Nacht nicht mehr los: Gibt es ein ganz bestimmtes Ziel in meinem Leben, das über mein irdisches Leben hinausweist? Wenn ich dies nicht erkenne, würde ich ja am Wichtigsten meines Lebens vorbeigehen.«

Nicht nur dieser Mann stellt sich solche Fragen. Die Menschen haben sich zu allen Zeiten mit der Frage nach dem höheren Sinn ihres Lebens konfrontiert gesehen. Dem liegt die Vermutung oder Ahnung zugrunde, daß es eine entscheidende Rolle spielt, was sie in ihrem Leben tun. Sie wollen die Wahrheit über sich selbst und ihren Weg wissen: Wozu lebe ich? Woher komme, wohin gehe ich?

2. Was legen uns die Erlebnisse Sterbender nahe?

In seinem Buch *Leben nach dem Tod* veröffentlichte der amerikanische Arzt und Psychologe Raymond A. Moody viele Erlebnisse, die Menschen an der Grenze des Todes hatten. Was erlebt nach diesen Berichten ein Mensch, wenn er stirbt?

Das Bewußtsein löst sich vom Körper. Der Mensch kann aber seine Umgebung noch wahrnehmen, selbst wenn er klinisch schon für tot erklärt worden ist. Der Sterbende erfährt, wie er aus seiner materiellen Körperhülle herausgehoben wird. Tief aufgewühlt erlebt er von dem Beobachtungsposten außerhalb des Körpers aus, wie an ihm Wiederbelebungsversuche gemacht werden. Er meint, nun einen feinstofflichen Körper zu besitzen, der sich von dem physischen Körper unterscheidet. Nach einiger Zeit gewöhnt er sich an diesen Zustand. Das Bewußtsein existiert nun unabhängig vom Körper. Es verläßt die Umgebung des Körpers und bewegt sich in anderen Sphären. Es wird von herrlichen Formen und Farben überflutet und erlebt die Klänge wunderbarer Musik. Dann wird dieses Bewußtsein der Lichtwesen bereits Gestorbener gewahr, und eines von ihnen drängt ihn, das Leben als Ganzes zu bewerten. In einer blitzartigen Rückschau erlebt der Sterbende sein ganzes Leben in Bildern. Er wird von überwältigenden Gefühlen der

Freude, des Friedens und der Liebe erfüllt. Menschliche Worte vermögen die Erlebnisse nicht auszudrücken.

Solche Erfahrungen haben viele Menschen berichtet, die sich an der Schwelle des Todes befanden. Ein Mann, der einen schweren Unfall wie durch ein Wunder doch noch überlebt hat, sagte: »Seit meinem Sterbeerlebnis beschäftigt mich ständig, was ich mit meinem Leben angefangen habe und was ich aus ihm machen soll. Ich bin mit meinem Leben nicht mehr zufrieden. Ich möchte nur noch Dinge tun, die Sinn haben. Ich will etwas tun, das gut ist, und nicht etwas tun, nur weil es für mich gut ist.«

Andere, die ein Sterbeerlebnis hatten, hörten auf, sich Sorgen zu machen, und gingen ganz im Hier und Jetzt auf und freuten sich an den schönen Seiten des Lebens. Es gab auch Menschen, die nach einem solchen Sterbeerlebnis glaubten, die Ausstrahlungen der Mitmenschen aufnehmen zu können.

Fast alle Menschen, die Sterbeerlebnisse hatten, betonten, wie wichtig es für sie geworden sei, die Liebe zu anderen Menschen zu vertiefen. Ein großer Teil betonte auch die Notwendigkeit, sich mehr Wissen anzueignen. »Es spielt keine Rolle, wie alt man ist, man darf nie aufhören zu lernen«, äußerte ein älterer Mann.

Ein Mädchen hatte im Zustand des klinischen Todes folgendes Erlebnis: Nachdem sich sein Bewußtsein vom Körper gelöst hatte, kam ihm ein leuchtendes Wesen entgegen, das sich ihm als sein Bruder vorstellte, der, sagte das Wesen, schon vor Jahren gestorben sei. Seine Aufgabe sei es, die Schwester ins Jenseits zu begleiten. Das kleine Mädchen war darüber sehr verwundert, da es von einem Bruder nichts wußte. Als es genesen war, berichtete es seinem Vater das seltsame Erlebnis. Er war davon sehr betroffen. Es habe tatsächlich einen Bruder gegeben, der allerdings lang vor der Geburt des Schwesterchens gestorben sei. Die Familie hatte dem Mädchen davon nichts erzählt.

Dieses Wissen des Mädchens – das Innewerden, daß es einen Bruder gab, der gestorben ist – kann man natürlich auch sehr einfach erklären mit dem Phänomen der außersinnlichen Wahrnehmung (ASW). Wie die moderne Parapsychologie erwiesen hat, stimulieren dramatische Lebenslagen die ASW-Fähigkeit der Betroffenen. Das Mädchen hätte demnach in der wahrhaft dramatischen Situation seines Sterbeerlebnisses aufgrund seiner außersinnlichen Wahrnehmung – volkstümlich würde man sagen: hellseherisch – das Wissen über den Bruder erlangt.

Auch abstürzende Bergsteiger, die den Tod vor Augen hatten, erlebten übrigens Ähnliches wie all jene, die ihre Erfahrungen auf dem Sterbebett machten. Auch sie sahen ihr Leben in wenigen Sekunden vor ihren Augen abrollen, hatten Lichterlebnisse und ein Gefühl des Befreitseins.

Fest steht: Erlebnisse Sterbender, die sich an der Grenze des Todes befanden, veranlaßten die Überlebenden, mit Entschlossenheit innere Werte zu verwirklichen. Alle diese Menschen waren von dem Gefühl durchdrungen, daß sie eine Aufgabe im Leben zu erfüllen hätten. Obwohl sie die Angst vor dem Tod verloren hatten, sehnten sie sich nicht nach dem Jenseits. Sie gingen tatkräftig an die Aufgaben ihres Lebens heran.

Aus der Zeit vor etwa tausend Jahren stammt das *Tibetanische Totenbuch*. Noch heute wird unter Buddhisten Sterbenden in den letzten Augenblicken ihres Lebens aus ihm vorgelesen. Die Texte sollen einem Sterbenden helfen, die Erscheinungen zu begreifen, denen er bald begegnen wird, damit er sich ihnen gegenüber richtig verhält. Außerdem sollen die Texte den Hinterbliebenen helfen, sich positiv einzustellen. Aus diesem Grund beschreiben die Texte die verschiedenen Stadien des Durchgangs in das Jenseits sehr ausführlich, und erstaunlicherweise ergeben sich, zumindest was die ersten Stadien des Durchgangs in das Jenseits anbelangt, viele Übereinstimmungen mit den vorstehend geschilderten Erfahrungen Sterbender.

Angesichts der Erlebnisse Sterbender müssen wir uns allerdings bewußt bleiben, daß noch kein Mensch je aus dem Jenseits zurückgekommen ist. Es handelt sich dabei um Erlebnisse, die den Betroffenen an der Schwelle des Todes zuteil wurden. Prof. Dr. MILAN RÝZL, einer der führenden Pionierforscher der Parapsychologie, hat darauf hingewiesen, daß viele Mißverständnisse in diesem Zusammenhang auf die Unbestimmtheit zurückzuführen sind, mit der man den Begriff »Tod« definiert und benutzt. Unzutreffenderweise würden Laien, aber auch so manche Fachleute, den Tod mit dem Aufhören klinisch feststellbarer Lebensfunktionen (der Mensch hört auf zu atmen, sein Herz steht still usw.) definieren. Aufgrund moderner Wiederbelebungstechniken ist es jedoch schon wiederholt gelungen, ein stehengebliebenes Herz wieder zum Schlagen zu bringen.

Im Hinblick auf die Fortschritte der Herzchirurgie und auch auf rechtliche Erwägungen haben sich die Mediziner eher auf den »Hirntod« als Kriterium des eintretenden Todes festgelegt, dies gestützt auf die Tatsache, daß fünf bis sechs Minuten nach dem Erlöschen der Blutzirkulation das Hirngewebe normalerweise irreversible Veränderungen erfährt, die zu einer bleibenden Schädigung seiner Funktion führen. Auch diese Definition erscheint jedoch nicht befriedigend angesichts der Tatsache, daß es in besonderen Situationen gelungen ist, Menschen wieder ins Leben zurückzuholen, selbst wenn die Blutzufuhr zum Gehirn zwanzig oder mehr Minuten aufgehört hatte. Es konnten beispielsweise unter solchen Umständen wiederholt in eiskaltem Wasser Ertrunkene gerettet werden.

Als richtige Definition des Todes komme daher, sagt der Wissenschaftler, nur »das irreversible Aufhören der Lebensfunktionen« in Frage. »Mit anderen Worten: Eine erfolgreiche Wiederbelebung impliziert, daß der betreffende Mensch nicht wirklich tot war. Wäre er tot gewesen, würde eine Wiederbelebung von der Definition her unmöglich sein.«

Zu Recht widerlegt MILAN RÝZL in seinem Buch *Der Tod und was danach kommt* die vielen angeblichen »Beweise«, die für ein Weiterleben nach dem Tod in Anspruch genommen werden. Seine eigenen Aussagen über ein Jenseits stützt er auf Wahrnehmungen von ASW-begabten Menschen, die er nach seinen Angaben in überprüfbaren Versuchen getestet hat.

Mein Standpunkt zum Weiterleben nach dem Tod ist folgender: Die moderne Parapsychologie hat keine wesentlichen Beiträge dazu geliefert, die über das hinausgehen, was im Buddhismus schon seit über zwei Jahrtausenden bekannt ist. Wie komme ich zu dieser Meinung? Ein zentrales Anliegen des Buddhismus ist es, daß jeder Mensch die eigene Erfahrung in den Vordergrund stellt und die Wirklichkeit so sieht, wie sie ihm erscheint. Meditation ist also in diesem Fall nicht »eine Form der Selbstsuggestion«, wie es manche Parapsychologen mißverstehen. Sie ist eine Bewußtseinsintensivierung. Ab einem bestimmten Sammlungsgrad (er wird als vierte Vertiefung bezeichnet) entwickeln sich durch Meditation beim Menschen magische und höhere Geisteskräfte, die zu den ASW-Fähigkeiten gerechnet werden. Mit Hilfe dieser Fähigkeiten werden umfangreiche Wahrnehmungen über die verschiedenen Formen (Existenzebenen) des Bewußtseins nach dem Tode gemacht. Solche Wahrnehmungen legen zwar nahe, ein Weiterleben des Bewußtseins nach dem Tode anzunehmen, sie sind aber nicht absolut beweiskräftig. Da sich sowohl die moderne Parapsychologie als auch der Buddhismus veränderter Bewußtseinszustände als Untersuchungsmethoden bedienen, kann zu der Frage des Weiterlebens nach dem Tod die Parapsychologie nicht beweiskräftigere Aussagen als der Buddhismus machen.

3. Weshalb Bewußtseinsveränderungen in eine höhere Wirklichkeit führen

Schon seit mehr als zweitausend Jahren lehrt der Buddhismus in anderen Worten das, was Prof. Dr. Milan Rýzl in seinem schon zitierten Buch als Ergebnis seiner Forschungen herausgestellt hat, daß nämlich »unsere physikalische Welt der Materie nur ein Teil einer von Raum, Zeit und Stofflichkeit unabhängigen ›höheren Welt‹ ist.« Zu dieser höheren Welt haben wir aufgrund unseres »Normalbewußtseins« keinen Zugang. Wir können diesen Zugang nur finden, indem wir unser Bewußtsein verändern. Weshalb ist das so?

Sie kennen aus der Physik den Begriff Resonanz (lateinisch: *resonare* = zurückklingen). Mit einem Ton können Sie eine Stimmgabel nur dann zum Schwingen bringen, wenn der Ton ihrer Eigenfrequenz entspricht. Ist das nicht gegeben, dann kann die Stimmgabel den Ton nicht aufnehmen. Ein Radio, das nur auf Mittelwelle empfängt, kann keine Langwellen aufnehmen. Sie gehören nicht zu seiner Empfangsfrequenz.

Ebenso braucht der Mensch für jede seiner Wahrnehmungen die Fähigkeit, »innerlich mitzuschwingen«. Er kann nur die Bereiche der Wirklichkeit wahrnehmen, für die er eine »Empfangsfrequenz« hat. Das, was außerhalb der eigenen Wahrnehmungsfähigkeit liegt, existiert für den Menschen nicht. Daher glaubt er, die Gesamtheit der ganzen Wirklichkeit zu kennen, und er meint, daß es außerhalb der von ihm mit seinen Sinnen wahrgenommenen Realität nichts mehr gäbe. Das ist aber ein Irrtum.

Manchmal kommt es zu Veränderungen der Bewußtseinsfrequenz, und neue Erfahrungen stellen sich ein. Auf solche Erfahrungen wurde in Kapitel 8, Abschnitt 12 und 13, hingewiesen. Es wurde schon erwähnt, daß eine Veränderung des Bewußtseins durch Meditieren bewirkt werden kann. Die dabei erreichte Feingestimmtheit der äußeren und inneren Wahrnehmung ermöglicht es, sich jenen Bereichen zu nähern, in die manche Menschen aufgrund ihrer Sterbeerlebnisse vorgestoßen sind. In meiner langjährigen Praxis als Leiter von Meditationsseminaren konnte ich viele Erfahrungen auf diesem Gebiet sammeln.

In welcher Beziehung zueinander stehen nun die Wirklichkeit unserer materiellen Welt und die Wirklichkeit dieser höheren Welt oder, so könnte man auch sagen, das Diesseits und das Jenseits zueinander? Sie sind nicht räumlich getrennte Bereiche, sondern in Wirklichkeit *eine* Welt. Es existiert kein Nebeneinander dieser Realitäten, sondern sie durchdringen sich gegenseitig. Wenn Sie die »Empfangsebene« Ihres Bewußtseins verlagern, vermögen Sie Ausschnitte einer höheren Wirklichkeit wahrzunehmen, die Sie mit Ihren Sinnesorganen nicht registrieren.

4. Ihr Bewußtsein schafft sich seine eigene Welt

Wenn das menschliche Bewußtsein den körperlichen Tod überlebt, dann liegt es nahe anzunehmen, daß die Bewußtseinsinhalte in ihm erhalten bleiben. Das hieße dann: Nach dem Durchgang durch die Todespforte ist der Mensch der gleiche wie vorher, nur ohne Körper. Diese Vermutung steht im Einklang mit dem *Tibetanischen Totenbuch*, das deutlich sagt, die nächste Welt eines jeden Menschen sei zu einem großen Teil von seinen bisherigen Denk- und Verhaltensgewohnheiten bestimmt. Dieser buddhistischen Quelle zufolge bleibt die geistige Entwicklungsstufe dieselbe wie vorher; Laster und Tugenden bleiben bestehen; der Verlust des Körpers befreit die Seele des Menschen nicht von ihren – positiven und negativen – Anlagen und Inhalten.

Ähnliche Visionen hatten auch christliche Mystiker. MEISTER ECKHART, der große deutsche Mystiker des Mittelalters, sagte: »Was hienieden der Menschen Wesen ist, das bleibt ihr Wesen auch nach dem Tode.« Wir würden gut daran tun, wenn wir aufgrund solcher auf innere Erfahrung gestützter Erkenntnisse erleuchteter Menschen – mögen die Erkenntnisse auch hypothetisch bleiben und objektiver Beweise ermangeln – zur Schlußfolgerung finden könnten wie folgt: Wer im irdischen Leben in Habgier, Zorn, Haß und anderen negativen Bewußtseinszuständen lebt, schleppt diese Inhalte als Last im Jenseits weiter. Auch sollten wir nicht glauben, nach unserem Tod würden uns nur wegen konventioneller Frömmigkeit ewige Freuden zuteil. Dies hätte allenfalls der Mensch verdient, der schon zu Lebzeiten gelernt hat, den »Himmel« in sich zu schaffen und innere Werte wie Liebe, Güte und Hilfsbereitschaft zu entwickeln und im Leben zur Geltung zu bringen. Gott macht keine Sprünge, auch nicht im Dunkel unseres Todes. So betrachtet erweist sich unser Leben stärker als der Tod.

JESS STEARN, der Autor des Buches *Der schlafende Prophet*, beschreibt mit den Worten von EDGAR CAYCE, der als begabtester Hellseher und Wunderheiler unseres Jahrhunderts gilt (und eben der »schlafende Prophet« genannt wurde), ein Tranceerlebnis, bei dem

Cayce folgende Erfahrungen machte: »Ich sehe mich als winzigen Punkt, der sich von meinem irdischen Leib gelöst hat . . . Irgendwie wird mir klar, daß mich eine bedrückende Finsternis umfängt, und ich habe das Gefühl einer schrecklichen Einsamkeit. Plötzlich empfinde ich einen Strahl weißen Lichtes. Als kleiner Punkt, der ich nun bin, strebe ich aufwärts, dem Ursprung des Leuchtens, der Quelle des Lichtes entgegen, und ich weiß, daß ich sie erreichen muß oder verloren sein werde. Während ich den Lichtpfad emporsteige, werde ich mir immer mehr bewußt, daß ich an verschiedenen Ebenen vorbeikomme, auf denen es sich regt.«

Cayce beschreibt dann den Wechsel der Szenen und Stimmungen, bis er an seinem Ziel angelangt ist. Dort kann er sich mit anderen in Verbindung setzen. Es sind Wesen, mit denen er sich geistig verwandt fühlt. Cayce war in der Lage, die Wirklichkeit der höheren Welt soweit innezuwerden, wie sie seiner Bewußtseinslage entsprach. Und genauso vermag jeder Mensch auch nur in die Sphäre höherer Wirklichkeit vorzustoßen, als diese seiner eigenen Welt, seinem eigenen Bewußtseinszustand, entspricht.

Fassen wir zusammen, inwiefern die vorstehenden Erörterungen und Überlegungen Ihnen eine neue Sicht vermitteln können: Die Befreiung von negativen Bewußtseinsinhalten wie zum Beispiel Habgier oder Haß und die Entwicklung positiver Werte wie zum Beispiel Liebe und Hilfsbereitschaft verhilft Ihnen nicht nur hier und jetzt zu einem glücklicheren Leben. Mit großer Wahrscheinlichkeit werden sie Ihnen auch nach Ihrem Eingehen in die Wirklichkeit der höheren Welt des Geistes zugute kommen. In Kapitel 1 wurde schon gesagt, daß menschliche Werte geistiger Natur über Raum und Zeit hinweg bestehen und nicht vergehen können.

Vom Hintergrund unseres Lebens in dieser Welt hebt sich diese intuitiv erfaßte Wahrheit wie ein kosmisches Gesetz ab, das niemand außer Kraft setzen kann. Begreifen wir also das zeitliche Leben als Vorbereitung für unser anderes Leben. Unsere Werke folgen uns nach, und damit ernten wir »drüben« nur, was wir hier bereits gesät haben.

Was wir als jenseitig bezeichnen, gehört zur Wirklichkeit einer höheren Welt, die wir auch durch die in Kapitel 8 erwähnten Grenzerfahrungen und kosmisch-mystischen Erfahrungen innewerden können. Das gelingt Ihnen am ehesten, indem Sie ihre Sensibilität und Sensitivität entwickeln und meditieren.

5. Die innere Autorität offenbart sich intensiv

In Kapitel 6, Abschnitt 5, haben wir die Stimme des Gewissens erörtert und darauf hingewiesen, daß sie nicht ein Produkt der Umweltbeeinflussung ist. Durch die Stimme des Gewissens erreichen uns »Schiedssprüche«, die im Einklang mit den Prinzipien der höheren Wirklichkeit stehen. Wie wir wissen, sind die als »Jenseitserfahrungen« bezeichneten Erlebnisse der höheren Wirklichkeit sehr intensiv. Deshalb liegt es nahe zu vermuten, daß sich bei solchen Erlebnissen die Stimme des Gewissens eindringlicher und deutlicher vernehmen läßt. Hierzu zwei weitere Beispiele.

In seinem Buch *Bericht vom Leben nach dem Tod* schildert ARTHUR FORD ein eigenes Sterbeerlebnis – mit allen Vorbehalten – wie folgt: ». . . wenige Augenblicke später schwebte ich über meinem Bett . . . Dann fiel ich ins zeitlose Leere. Als ich mein Bewußtsein wiedererlangt hatte, schwebte ich durch den Raum . . . Einige, mit denen ich früher durch enge Bande verbunden war, zeigten sich nicht sonderlich an mir interessiert. Dafür wurden andere, die ich nur flüchtig gekannt hatte, jetzt meine Gefährten. Ich erfuhr, daß dies richtig und natürlich sei. Hier bestimme das Gesetz der Geistesverwandtschaft unsere Beziehungen.«

Dann beschreibt er, wie ihn diese Wesen zu einer Bestandsaufnahme seines Lebens bringen. »Was mir Kummer machte, schien für sie weniger gravierend zu sein. Die herkömmlichen Sünden, vor denen man mich als Kind gewarnt hatte, wurden kaum beachtet. Aber es gab ernste Besorgnis wegen solcher Delikte wie Selbstsucht, Egoismus, Dummheit. Wiederholt fiel das Wort Verschwendung – nicht im Sinne von Ausschweifung und Liederlichkeit, sondern als Vergeudung von Energien, Talenten und Gelegenheiten. Auf der anderen Seite wurden lobend einige geringfügige Dinge erwähnt, die wir alle von Zeit zu Zeit tun, ohne ihnen irgendwelche Bedeutung beizumessen. Die Richter versuchten, die Grundzüge meines Lebens herauszufinden. Sie erwähnten, daß ich versäumt hätte, das zu erfüllen, ›wovon er wußte, daß er es fertigzustellen haben würde‹. Es hatte einen Plan für mein Leben gegeben, den ich nicht begriffen hatte ... Ich öffnete die Augen und blickte in das Gesicht einer Krankenschwester. Ich hatte mehr als zwei Wochen im Koma gelegen.«

Der folgende Bericht zeigt sehr deutlich, mit welcher Klarheit sich das Gewissen äußern kann. Am 16. September 1964 erlitt der in Zürich lebende Architekt und Ingenieur STEPHAN VON JANKOVICH bei Bellinzona im Kanton Tessin als Beifahrer einen schweren Autounfall. Sein authentischer Bericht über seine Sterbeerlebnisse ist von Prof. Dr. MILAN RÝZL im Anhang seines schon erwähnten Buches *Der Tod und was danach kommt* veröffentlicht worden.

Ich will aus dem durch die Unmittelbarkeit des Erlebens bestechenden Bericht an dieser Stelle nur das zitieren, was für unsere Betrachtungen interessant erscheint. Der Verunglückte sah zunächst sein Leben in einer schnellen Folge von Bildern ablaufen. Dann schaltete sich der innere Richter ein.

»Mein Gewissen wertete mein Handeln und meine Gedanken sofort aus und beurteilte mich selbst, ob diese oder jene Tat gut oder schlecht war ... Ich selber fällte das Urteil. Nicht irgendein Gott oder astraler Richter ... Ich selber hatte die Bilanz zu ziehen. Ich spürte klar, ob ich in dieser oder jener Situation richtig handelte oder mich richtig verhielt, das Problem richtig löste, eine Probe bestand oder nicht. Mit meiner plötzlich sehr sensitiv gewordenen Seele oder durch den göttlichen Funken konnte ich das Urteil verspüren ... Ich beurteilte mich nicht nach irdischen Moralgesetzen, sondern nach dem kosmischen Harmoniegesetz der Liebe.«

Stephan von Jankovich beschreibt, daß zum Beispiel Gedanken der Machtgier, der Habsucht, des Neids und der Rache negativ gewertet wurden, ebenso alle Taten, die daraus folgten, selbst wenn sie von der Welt positiv beurteilt wurden. Schlecht befunden wurde auch alles Handeln, mit dem er sein eigenes Wesen unterdrückte. Entscheidend ist seine Feststellung: »Es war ganz seltsam: Ich spürte, daß das ganze Leben eine Prüfung war, voll von Problemen, Hindernissen und Hürden.«

Die Übereinstimmung einer solchen Aussage mit dem *Tibetanischen Totenbuch* der Tibeter ist erstaunlich. Dieses spricht davon, daß im Sidpa-Bardo, einer der Phasen des Durchgangs ins Jenseits, der Verstorbene sein ganzes Leben von der Geburt bis zum Tod in Geschehensbildern erlebt. Selbst kleinste Einzelheiten werden aufs neue lebendig. Die Geschehnisse in ihren Zusammenhängen werden ebenso klar erhellt wie die tiefsten persönlichen Beweggründe. Dieses Totenbuch weist darauf hin, daß der innere Richter – von uns Lebenden als Gewissen bezeichnet – den Verstorbenen zu tiefsten Einsichten über die Motive seines Denkens, Wollens und Handelns gelangen läßt. Der Verstorbene sieht sich nicht mehr so, wie er sich gern sehen würde, sondern so, wie er tatsächlich war. Er erkennt, warum sein Leben so und nicht anders abgelaufen ist. Anliegen und Erfahrungen, die man für wichtig gehalten hat, erweisen sich nun als unwesentlich. Als unwichtig erachtete Gedanken und Handlungen erhalten Gewicht. Eine ganz neue Perspektive tut sich auf. Der Prozeß der Wandlung beginnt mit dem inneren Selbstgericht.

Braucht es noch weiterer Ausführungen, um auf die Bedeutung Ihrer »inneren Autorität« hinzuweisen? Erkennen Sie die Verpflichtung, auf Ihre innere Stimme zu hören?

6. Die Auseinandersetzung mit dem Tod verweist uns auf das Wichtige

Als der achtundfünfzigjährige Angestellte Klaus Gera nach einem Herzinfarkt vorzeitig in den Ruhestand versetzt wurde, beschloß er, jede Woche einige Stunden seiner Zeit den Insassen eines Altersheims zu widmen. Über seine Erfahrungen berichtet er wie folgt:

»Die Menschen sind glücklich, wenn sie mit mir über das reden können, was sie bewegt. Oft brauche ich nur zuzuhören. Ich habe auch Kontakt zu Menschen, die in den nächsten Monaten sterben werden. Deutlich kann man mehrere Phasen der Entwicklung beobachten, die diese Menschen durchlaufen. Anfänglich wollen sie die Tatsache, bald sterben zu müssen, nicht wahrhaben. Dann durchlaufen sie eine Phase der Auflehnung: ›Warum gerade ich? Weshalb muß das mir passieren?‹ Das ist die Reaktion der meisten von ihnen. In der dritten Phase versuchen fast alle mit dem Schicksal zu handeln. ›Ich möchte noch so lange leben, daß ich die Hochzeit meines Sohnes erlebe!‹ Oder: ›Könnte ich nur noch den Schulabschluß meiner Tochter erleben!‹

Wenn das Schicksal diese Wünsche erfüllt, kämpfen sie um anders begründete neue Aufschübe. Wenn der Todkranke schließlich seine Krankheit nicht länger verleugnen kann und er immer schwächer und elender wird, verfällt er oft in tiefe Depressionen. Bleibt ihm dann noch genügend Zeit, so nimmt er schließlich sein Schicksal an; er ist nicht länger zornig oder niedergeschlagen.

Wenn Menschen erfahren, daß sie in einigen Monaten sterben werden, nehmen sie sich häufig zum erstenmal die Zeit, ihr eigenes Leben zu überdenken. Sie fragen sich, was sie aus ihrem Leben gemacht haben.

Besonders beschäftigt sie die Frage, wie sie die ihnen verbleibende Zeit noch nutzen können. Oft genug brachten sie den Mut auf, sich selbst richtig zu sehen. Wichtiges wurde von Unwesentlichem geschieden. So vermochten sie zum eigentlichen Kern ihrer Existenz vorzudringen.

Ich habe von den Todkranken viel gelernt. Daß jeder von uns sterben muß, ist eine unumgängliche Tatsache. Allerdings versuchen die meisten, sie zu verdrängen. Die Beschäftigung mit den Todkranken hat mich nicht traurig gemacht, ganz im Gegenteil. Von den Patienten habe ich ein ganz neues Feingefühl gelernt. Ich bin jetzt mehr aufgeschlossen für das Schöne des Lebens, für die Liebe und andere menschliche Werte. Wenn jemand weiß, daß er sterben wird, dann fragt er nicht nach den Grundstückspreisen in München oder Zürich. Dann interessiert ihn auch nicht, welche politische Partei die Wahl gewinnen wird. Auf dem Sterbebett wird deutlich, was für den Menschen wirklich wichtig ist.

Wenn wir vor Gott treten, dann werden wir sicher nicht nach der Größe unseres Hauses oder nach unserer Automarke gefragt. Gott wird uns, glaube ich, nur fragen, ob wir ein Leben in Liebe und Aufgeschlossenheit gelebt haben. Jeder von uns sollte sich vorher überlegen, was er dann wird antworten können. Und natürlich sollten wir versuchen, das uns noch verbliebene Leben nach diesen Erkenntnissen auszurichten.«

Die Erfahrungen des Klaus Gera haben auch schon andere gemacht. Eine solche Erfahrung kommt auch schon in den Versen des *Tibetanischen Totenbuches* zum Ausdruck:

O Zögernder, der du nicht an das Kommen des Todes denkst,
Indem du dich den nutzlosen Dingen dieses Lebens widmest,
Leichtsinnig bist du, deine große Gelegenheit zu vergeuden,
Irrig ist dein jetziges Trachten, wenn du mit leeren Händen
aus diesem Leben zurückkommst.

7. Die wichtigste Zeit in Ihrem Leben ist die Gegenwart

Materialisten sind einseitig orientiert; die höhere Wirklichkeit überlassen sie anderen. Sie begreifen nicht, daß sie genauso real ist wie das, was sie als »Realität« anerkennen. Andere Menschen wieder – viele von denen, die sich als religiös bezeichnen – sind einseitig auf das Jenseits ausgerichtet; für sie ist die Erde ein Tal der Tränen, während »drüben« das Glück auf sie wartet. Beide Positionen sind einseitig.

Wir aber wollen die Ganzheit anstreben und nicht vergessen: Die wichtigste Zeit in unserem Leben ist die Gegenwart. Diese gilt es zu meistern und zu nutzen. In meinem Buch *Die Kunst, Ihr Leben zu meistern* habe ich dargelegt, wie Sie das tun können. Sie stehen voll in der Wirklichkeit Ihres Lebens, doch immer auch offen für innere Erfahrungen, die Sie mit der Wirklichkeit einer höheren Welt verbindet. Erkennen Sie die Aufgaben, denen Sie sich stellen müssen. Packen Sie sie unversehens an!

Aus der Gegenwart heraus gestalten Sie Ihre Zukunft. Im Hier und Jetzt haben Sie es in der Hand, auf Ihre Entwicklung Einfluß zu nehmen. Die Gegenwart ist der Acker, auf dem Sie die Saat für die Zukunft ausbringen. Von der Gegenwart aus gestalten Sie Ihr Schicksal im diesseitigen Leben wie auch »danach«. Halten Sie sich an das, was Ihnen die Liebe zu tun gebietet!

Zusammenfassung

1. Wenn Menschen sich die Frage nach dem Wozu, Woher und Wohin ihres Lebens stellen, haben sie das intuitive Empfinden, daß es entscheidend ist, wie sie ihr Leben verbringen.
2. Sterbeerlebnisse legen nahe anzunehmen, daß das menschliche Bewußtsein den Tod überdauert. Das jenseitige Leben besteht darin, daß das Bewußtsein Anteil an einer höheren Wirklichkeit hat.
3. Das Bewußtsein Sterbender nimmt herrliche Formen und Farben und wunderbare Musik wahr. In einer blitzartigen Rückschau erlebt der Sterbende sein Leben, das in einer Bilderfolge abläuft.
4. Sterbeerlebnisse sind nicht alle gleichartig. Aber fast allen gemeinsam ist die Erfahrung tiefer Freude, des Friedens und unvorstellbarer Harmonie.
5. Menschen, die Sterbeerlebnisse hatten, gelangten zu einer neuen Lebenseinstellung. Sie versuchen, dem Leben mehr Sinn zu geben. Sie haben das Gefühl, daß sie eine Aufgabe im Leben zu erfüllen haben, und es drängt sie, menschliche Werte zu verwirklichen. Sie setzen sich besonders für solche Ziele ein, die über die eigenen Interessen hinausgehen.
6. Obwohl die »Jenseitserlebnisse« für die Menschen, die sich an der Schwelle des Todes befanden, unbeschreibbar schön waren, sehnten sie sich nicht nach dem Jenseits. Sie machten sich tatkräftig an die Aufgaben ihres Lebens.
7. »Jenseitserfahrungen« sind schon seit Jahrtausenden bekannt. Solche finden sich zum Beispiel im *Tibetanischen Totenbuch*. Sie können den Menschen Mut machen, die Angst vor dem Sterben zu verlieren. Der Tod ist nur ein Durchgangsstadium.
8. Ein ausgeprägter Sammlungsgrad der Meditation, der im Buddhismus als »vierte Vertiefung« bezeichnet wird, bewirkt die Entwicklung magischer und höherer Geisteskräfte. Ein solcher veränderter Bewußtseinszustand ermöglicht es, Erfahrungen zu machen, die dem normalen Bewußtsein nicht zugänglich sind. Es ist zwar naheliegend, aber nicht bis zum letzten bewiesen, daß das Bewußtsein auf Ebenen der veränderten Erfahrung nach dem Tode weiterexistiert.
9. Wenn Sie die »Frequenz« Ihres Bewußtseins durch Meditieren verändern, so finden Sie Zugang zur Wirklichkeit der höheren Welt, zum Beispiel in Grenzerfahrungen und kosmisch-mystischen Erlebnissen. Das »Jenseits« ist Teil der höheren Wirklichkeit. Materielle und höhere Wirklichkeit sind eine einzige Welt; ihre Realitäten durchdringen einander gegenseitig.
10. Bei Sterbeerlebnissen wird die Stimme des Gewissens als eine eigene, innere Autorität sehr intensiv erlebt. Dank dieser inneren Stimme gelangt der Mensch zu tiefsten Einsichten über die Motive seines Denkens und Handelns.

11. Negativ werden von der inneren Autorität Gedanken und Taten gewertet, die zum Beispiel aus Neid, Haß, Machtgier und Geldgier erwuchsen. Schlecht wird auch befunden, wenn sich jemand zu etwas zwingt, das seiner Persönlichkeit zuwider ist und diese unterdrückt.
12. Die Beschäftigung mit dem Sterben und dem Tod hilft Ihnen, das für Ihr Leben Wichtige zu erkennen. Erkennen Sie: Sie gestalten von der Gegenwart aus Ihre Zukunft, Ihr Schicksal. Deshalb sollten Sie sie nutzen.

Kapitel 11

Handgepäck für Ihre Reise in ein neues Leben

1. Die Bereitschaft zum Wandel

Ebenso wie die Natur im Frühling und im Herbst macht der Mensch Prozesse der Wandlung und neuen Werdens mit. Viele Menschen wollen das nicht wahrhaben, wenn es um sie selbst geht. Sie sträuben sich gegen Wandlung und glauben, ab einem bestimmten Zeitpunkt sei der Höhepunkt ihres Lebens überschritten und eine Neuerung nicht mehr möglich. Dabei bedeutet eine Krise ja nur, daß sich das Selbst des Menschen darauf ausrichtet, neuen Aspekten seines Wesens zum Durchbruch zu verhelfen.

Vielleicht stehen Sie an einem Scheideweg. Sie fragen sich, in welche Richtung Sie gehen sollen. Sie wissen selbst, in welchem Abschnitt Ihres Lebens Sie sich befinden. Zugegeben, jeder Mensch ist vom anderen verschieden, keiner gleicht dem anderen.

Doch trotz der Einmaligkeit und Einzigartigkeit jedes einzelnen Menschen machen alle eine ähnliche Entwicklung durch. Der Abschied von der Kindheit, der Abschluß der Berufsausbildung, die Jahre um die Dreißig, die Zeit um die Mitte des Lebens und die folgenden Jahre – zu Beginn all dieser neuen Lebensabschnitte müssen wir immer wieder von unserem bisherigen Ich Abschied nehmen.

Mit solchem Abschiednehmen geraten wir meist in Perioden der Unsicherheit und Ungewißheit, die wir bewältigen müssen. Jeder von uns hat mit dem Prozeß des Reifens und inneren Wachstums seine

Schwierigkeiten. Niemandem fällt es leicht, in eine neue Lebensphase hineinzuwachsen.

Es wird Ihnen aber leichterfallen, wenn Sie die Ihnen innewohnenden Fähigkeiten und Kräfte nutzen. Sollten Ihnen die in diesem Buch enthaltenen Hinweise nicht genügen, lesen Sie vielleicht mein Buch *Die universellen Kräfte Ihrer Psyche*, in dem ich diese Thematik ausführlich beschrieben habe. Diese inneren Kräfte, einmal aktiviert und mobilisiert, befähigen Sie, Änderungen herbeizuführen, auch wenn Sie heute nicht mehr »blutjung« sein sollten. In dem erwähnten Buch habe ich auch einfache, aber zielführende Techniken, mit deren Hilfe Sie Ihre inneren Kräfte wecken und für Ihre Zwecke mobilisieren können, beschrieben. Bedienen Sie sich Ihrer Möglichkeiten, sich zu wandeln. Leben bedeutet, sich weiterzuentwickeln, und dazu sind Veränderungen nötig.

Als eine Schauspielerin im reifen Alter ein unerwartetes Comeback feierte, wurde sie von einem Kritiker nach den Geheimnissen ihres Erfolges gefragt. »Ich habe keine Geheimnisse zu bieten«, entgegnete sie lächelnd. »Ich habe nur eine neue Einstellung gewonnen. Nicht wenige ältere Menschen klammern sich voller Angst an das Vergangene ihres Lebens. Sie wollen das festhalten, was einst gewesen war. Doch so verschließen sie sich dem, was in ihnen wachsen will. Das neue Leben kann nicht durch das alte zum Durchbruch gelangen. Ich habe erkannt, daß alles Vergangene nur Vorbereitung auf das Zukünftige ist. Reif sind die, die nicht am Alten hängen. Nur mit dieser Einstellung vermag das Neue in uns zum Durchbruch zu kommen – was notwendig ist, wenn wir am Leben voll teilhaben wollen.«

Machen Sie sich die Haltung der Dame zu eigen. Eine solche Einstellung hilft Ihnen, das in die Tat umzusetzen, was in Ihnen steckt. Scheuen Sie sich nicht, einen neuen Anfang zu machen.

2. Die richtige Einstellung zum Alter

JOHANN CHRISTIAN LICHTENBERG, der große Spötter und Weise, sagte einmal: »Nichts macht schneller alt als der immer vorschwebende Gedanke, daß man älter wird.« Darum ist es notwendig, nicht rückwärts, sondern vorwärts zu blicken und auch im Alter vom Leben Schönes zu erwarten. Die Voraussetzungen sind da. Die geistigen Fähigkeiten und Kräfte des Menschen wachsen im Alter, und je erfüllter ein Leben ist, desto länger dauert es im allgemeinen. Die häufig vertretene Auffassung, daß die entscheidenden Leistungen des Menschen in mittleren Jahren zustande kommen und das im Alter Geschaffene nur noch Fortsetzung und Abglanz früherer Größe sei, ist falsch.

Zum Beispiel gründete WILHELM MAYBACH als Einundachtzigjähriger, zusammen mit dem siebzigjährigen Grafen ZEPPELIN, eine Fabrik für Luftschiffmotoren, MICHELANGELO schuf mit Sechsundsechzig das *Jüngste Gericht*, mit Achtundsiebzig die *Kreuzesabnahme* und mit Sechsundachtzig das großartige Modell der Kuppel des Petersdoms. Der Maler MARC CHAGALL und der Schriftsteller GEORGE BERNARD SHAW waren noch im Alter von über neunzig Jahren künstlerisch produktiv. TIZIAN starb im Alter von neunundneunzig Jahren an der Pest. GOETHE vollendete mit Dreiundachtzig sein Hauptwerk, den *Faust*. Viele Philosophen, Wissenschaftler, Musiker und Dichter taten es ihnen gleich.

Wer aufgrund einer umfassenden Lebenszielsetzung geistig und körperlich aktiv bleibt, erfährt im Alter eine ungeahnte Aufwärtsentwicklung. All diese Beispiele zeigen, daß es keinen Stillstand in der seelisch-geistigen Weiterentwicklung gibt. Das Alter kann eine Zeit höchster Produktivität und größter Fortschritte sein.

Bleiben Sie daher auch im Alter aufgeschlossen. Seien Sie geistig aktiv und gehen Sie neue Wege! Wer wie die erwähnte Schauspielerin im Leben die Notwendigkeit und Möglichkeit ständigen Fortschreitens sieht, der macht die Gegenwart, wie immer er in sie eingebettet ist, zur wichtigsten Phase seines Lebens.

3. Die Annahme des »Schicksals«

Aufgabe eines jeden Menschen ist es, die in seinem Inneren schlummernden Begabungen zu entfalten und entsprechende Fähigkeiten zu entwickeln. Noch nicht Entfaltetes drängt dazu, sich zu entwickeln. Jeder neue Schritt im Lernprozeß ist ein Schritt in Richtung erstrebenswerter Vollkommenheit. Man könnte sagen, das Schicksal konfrontiere den Menschen nur deswegen mit immer neuen Erfahrungen, damit er sich weiterentwickle. Daher ist es so wichtig, mit dem Schicksal nicht zu hadern. Denn nur wenn Sie sowohl das Erfreuliche als auch die Bürden Ihres Lebens, ohne mit Gott und der Welt zu hadern, als gegeben hinnehmen, gelangen Sie zu innerer Ruhe, zu Frieden und Glück.

Bejahen Sie Ihr Schicksal? Oder tragen Sie schwer an Lasten aus der Vergangenheit – an Erinnerungen an Ereignisse oder Menschen, die Sie traurig machen? Versuchen Sie es mit einer einfachen Übung.

Setzen Sie sich oder legen Sie sich in einer ruhigen Stunde hin. Schließen Sie die Augen. Denken Sie an eine vergangene Situation, die Sie bedrückt, belastet. Vergegenwärtigen Sie sich die Situation. Sehen Sie vor Ihrem geistigen Auge die Umstände, die handelnden Personen.

Werden Sie sich klar darüber, daß dieses Erlebnis eine notwendige Stufe auf Ihrem Lebensweg war. Machen Sie sich bewußt, daß Sie ohne dieses Ereignis heute nicht dort ständen, wo Sie stehen.

Sie sollen zu der Einsicht gelangen, daß alles so, wie es gekommen ist, seinen Sinn hatte. Wenn es Ihnen gelingt, zu dem betreffenden Ereignis Abstand zu gewinnen, indem Sie es ruhig, ohne inneren Aufruhr, gewärtig haben können, dann gehen Sie zu einer anderen Lebenssituation über, die Sie belastet. Meistens steigen sogleich andere Ereignisse vor Ihrem inneren Auge auf, so daß Sie nach ihnen gar nicht zu forschen brauchen. Unterdrücken Sie belastende Geschehnisse nicht, weil Sie vom Verstand her meinen, mit diesen schon längst »innerlich im reinen« zu sein.

Vielleicht fällt Ihnen die Übung anfänglich schwer. Wenn Sie sie jedoch mehrmals wiederholen, erleben Sie, wie der innere Druck schwindet. Sie haben nämlich Ihren langgehegten Widerstand gegenüber diesen Sie belastenden Ereignissen aufgegeben.

Der Vorgang läßt sich an einem einfachen Beispiel verdeutlichen. Drücken Sie mit beiden Händen auf den Tisch oder gegen die Wand. Je stärker Sie drücken, desto stärker verspüren Sie den Widerstand des Tisches oder der Wand. Er läßt erst dann nach, wenn Sie nicht mehr dagegen drücken. Die Feststellung erscheint fast selbstverständlich. Dennoch verhalten sich die meisten Menschen nicht so, wie es diese Binsenwahrheit nahelegt. Sie stehen an der Wand irgendeines Ereignisses und stemmen sich dagegen. Sie meinen, Druck gegen die Wand ausüben zu müssen, weil sie sonst von der Wand erdrückt würden.

Doch das ist ein Irrtum. Wenn Sie in Ihrem Druck gegen die Wand nachlassen, stürzt sie keineswegs ein oder auf Sie. Erkennen Sie das Vorhandensein der Wand als gegeben an, dann brauchen Sie sich nicht gegen sie zu stemmen und ersparen sich so die Last und das Leid. Stellen Sie sich vor, die Wand sei Ihr Schicksal. Wenn Sie es als gegeben hinnehmen, sind Sie in der besten Ausgangsposition, mit ihm fertig zu werden.

4. Das Vertrauen auf das Ewige

Johann Wolfgang von Goethe sagte: »Wohl ist alles in der Natur Wechsel, aber hinter dem Wechselnden ruht ein Ewiges.« Im Werden und Vergehen entfaltet sich das Leben. Hinter allem Wechsel und Wandel aber steht ein Ewiges. Die Hinwendung zum Ewigen in innerer Sammlung und Meditation ist für jeden Menschen eine Quelle großer Kraft. Jeder Mensch ist tatsächlich fähig, im Strom des Werdens und Vergehens in sich eine Insel des Friedens und des ewigen Lebens zu schaffen.

Wer versucht, von der Oberfläche eines rein dem Materiellen verhafteten Lebens wegzukommen, gewinnt zwei Erkenntnisse:

- Unsere irdische Existenz vollzieht sich als ein Prozeß ständigen Lernens und Weiterentwickelns.
- Alles, was geschieht, ist sinnvoll und bringt uns in unserem Reifungsprozeß voran. Voraussetzung ist nur, daß wir die richtige Einstellung haben.

Bei tieferer Einsicht erweist sich alles Geschehen als sinnvoll. Religiöse Menschen sehen darin zu Recht den Ausdruck göttlicher Fügung.

5. Die Bereitschaft, an sich zu arbeiten

In diesem Buch haben Sie erfahren, wie notwendig es ist, sich von Fremdbestimmungen zu lösen und Ihrem Leben aus eigenem Sinn zu geben. Sie wissen, wie Sie den Schwierigkeiten begegnen können, die sich Ihnen auf diesem Weg entgegenstellen. Sie sind in der Lage, sich von dem schädlichen Drang nach Bestätigung zu lösen. Doch das bloße Wissen über all das reicht nicht aus, wenn Sie neue Wege gehen wollen. Sie müssen sich konsequent aus Abhängigkeiten jeder Art lösen; dann wird Ihnen ein neuer Anfang gelingen.

Dieses Buch zeigt viele Möglichkeiten auf, wie Sie Ihrem Leben Sinn geben können. Sie sollen unter allen Möglichkeiten diejenige wählen, die für Sie die richtige ist. In diesem Bestreben sollten Sie sich von Konventionen und Gewohnheiten lösen und auf Ihre innere Stimme hören. Machen Sie sich die Mühe, in sich hineinzulauschen. Ihre innere Stimme ist für Sie Führung im Einklang mit den universellen Prinzipien der höheren Wirklichkeit. Sie verhilft Ihnen, den Sinn Ihres Lebens zu entdecken und zu verwirklichen. Durch die Intensivierung Ihrer Sensibilität öffnen Sie sich neuen Erfahrungen. Sie wissen um die Begrenztheit Ihres Lebens. Doch Sie wissen auch um Erfahrungen, die über dieses Leben hinausweisen, und sind bereit, aus solchen inneren Erkenntnissen Schlüsse für Ihr Leben zu ziehen und danach zu handeln.

Stagnation, Trägheit macht nicht glücklich. Sie wissen, daß Sie über immense Energien verfügen, die Sie befähigen, neue Wege zu gehen.

Und indem Sie neue Wege gehen, wachsen Ihre Energien. Darin liegt der Segen der Tat. Neue Möglichkeiten eröffnen sich Ihnen tagtäglich. Ihr Horizont erweitert sich. Das Leben wird für Sie zum Abenteuer.

Viel Neues und Aufregendes erwartet Sie. Lassen Sie sich nicht durch Ihr Alter entmutigen. Ihre Bereitschaft, sich zu entwickeln, erhält Sie innerlich jung. So liegt noch viel Schönes vor Ihnen. Nutzen Sie Ihre Möglichkeiten. Nehmen Sie Ihre Chance wahr: das Abenteuer, sinnvoll zu leben – Sie selbst sind der »Steuermann«!

Zusammenfassung

1. Ebenso wie die Natur im Frühling und im Herbst macht der Mensch Prozesse der Wandlung und neuen Werdens mit. Der Mensch ist einmalig und einzigartig, aber ein jeder muß einen ähnlichen Reifungsprozeß an sich erfahren.
2. Wer festzuhalten versucht, was vorbei ist, der verschließt sich dem Neuen. Alles Vergangene ist nur Vorbereitung auf das Neue der Zukunft. Auch im Alter läßt sich noch Neues und Schönes erwarten.
3. Das Leben vieler Großer des Geistes, der Kunst und der Wissenschaft beweist das.
4. Wer sich weiterentwickelt, bleibt innerlich jung. Das Alter kann eine Zeit höchster Produktivität und größter Fortschritte sein.
5. Wer sein »Schicksal« annimmt, vermag daran innerlich zu wachsen. Sie sollten die Freuden und Bürden Ihres Lebens als gegeben hinnehmen, ohne mit Gott und der Welt zu hadern. Alles, was geschieht, hat seinen Sinn.
6. Im Strom des Werdens und Vergehens ist Ihr Selbst unvergänglich und ewig. Innere Sammlung und Meditation sind für Sie eine Quelle großer Kraft.
7. Horchen Sie in sich hinein. Ihre innere Stimme ist für Sie Führung im Einklang mit den universellen Prinzipien der höheren Wirklichkeit.
8. Sie verfügen über immense Energien, neue Wege zu gehen. Nehmen Sie Ihre Chance wahr: das Abenteuer, sinnvoll zu leben – Sie selbst sind der »Steuermann«!

Leserdienst

Sie wissen, wie wichtig es ist, als Persönlichkeit zu reifen, sich von Zwängen zu befreien und Hindernisse zu überwinden. Das setzt voraus, daß Sie die eigenen Probleme erkennen und lösen. Nur so verwirklichen Sie Ihre Wünsche, nur so können Sie sich entfalten und Ihrem Leben Sinn geben. Natürlich sollten Sie die in diesem Buch dargelegten Grundsätze nicht nur kennen, sondern vor allem auch Tag für Tag in die Praxis umsetzen.

Nun weiß ich aus Erfahrung, daß so manche Leser auch daran interessiert sind, die in diesem Buch empfohlenen Techniken in einem Intensivtraining zu erlernen und zu üben. Diese Möglichkeit bieten die Wochenendseminare, die unter meiner Mitwirkung im Institut für angewandte Psychologie in Gummersbach durchgeführt werden. Die Seminare können Ihnen helfen, Ihre Ziele zu erkennen und zu verwirklichen. Es wird geübt, wie Sie sich der Macht Ihres Unterbewußtseins und der großen Möglichkeiten Ihres Tiefenbewußtseins bedienen. Sie lernen, in neue Bereiche Ihrer Existenz vorzustoßen, aus verborgenen Kraftquellen zu schöpfen und innere Geborgenheit zu entwickeln.

Solche Wochenendseminare sind schon von vielen Menschen aus allen Bevölkerungsschichten Deutschlands, Österreichs und der Schweiz besucht worden. (Übrigens werden Seminare auch in der Schweiz durchgeführt.) In Verbindung mit dem Seminar kann Ihnen ein persönliches Gespräch ganz besonders helfen. Der Wunsch danach ist verständlich, denn nicht jeder Teilnehmer wird, selbst in der besten Atmosphäre der Seminarrunde, all das sagen wollen, was ihn vielleicht besonders bewegt oder an ganz persönlichen Problemen bedrückt. Ein solches Gespräch hilft Ihnen, ein eventuelles Problem zu erkennen, es richtig anzupacken und ein Leben nach Ihren Vorstellungen zu führen.

Unterlagen über die verschiedenen Seminare werden Ihnen bei Anfrage kostenlos und unverbindlich übersandt. Schreiben Sie bitte an folgende Anschrift:

Institut für angewandte Psychologie
Postfach 210346
D-5270 Gummersbach 21
Telefon 02261/51549

Literaturverzeichnis

EINSTEIN, Albert: Mein Weltbild. Ullstein Taschenbuch, Frankfurt am Main, Berlin, Wien, 1979.

ERAUS-WENTZ, W. Y. (Herausgeber): Das tibetanische Totenbuch. Mit Kommentar von C. G. Jung. 1948.

FRANKL, Viktor E.: Der Wille zum Sinn. Huber, Bern, Stuttgart, Wien, 1972.

FORD, Arthur: Bericht vom Leben nach dem Tode. Droemer Knaur Taschenbuch, München, Zürich, 1980.

HESSE, Hermann: Die Kunst des Müßiggangs. Suhrkamp Taschenbuch, Frankfurt am Main, 1973.

LERSCH, Philipp: Der Aufbau der Person. Barth, München, 1970.

MOODY, Raymond, A.: Leben nach dem Tod. Rowohlt, Reinbek bei Hamburg, 1977.

MURPHY, Joseph: Die Macht Ihres Unterbewußtseins. Ariston, Genf, 32. Auflage 1984.

NIETZSCHE, Friedrich: Du sollst werden, der du bist. Kindler, München, 1976.

RIEFENSTAHL, Leni: Korallengärten. Deutscher Taschenbuch-Verlag, München, 1982.

RYBORZ, Heinz: Die geheime Kraft Ihrer Wünsche. Schweizer Verlagshaus, Zürich, 3. Auflage 1983.

– : Die universellen Kräfte Ihrer Psyche. Ariston, Genf, 2. Auflage 1981.

– : Die Kunst zu überzeugen. Ariston, Genf, 3. Auflage 1984.

– : Die Kunst, Ihr Leben zu meistern. Ariston, Genf, 1982.

– : Jeder kann es schaffen. Schweizer Verlagshaus, Zürich, 1982.

RÝZL, Milan: Der Tod und was danach kommt. Ariston, Genf, 1981.

– : Parapsychologie. Ariston, Genf, 6. Auflage 1984.

– : ASW-Training. Ariston, Genf, 5. Auflage 1983.

SADAT, Anwar El: Unterwegs zur Gerechtigkeit. Molden, Wien, München, 1981.

STEARN, Jess: Der schlafende Prophet. Ariston, Genf, 20. Auflage 1984.